Beginning
BIBLICAL
HEBREW

"I used *Beginning Biblical Hebrew* in draft form with twenty undergraduates this year, and the textbook succeeded grandly. Having taught Hebrew students for the past thirty years, I can say that this present class is the most advanced I have ever had. This grammar is characterized by current terminology, new discussions that reflect the best of what current research has to offer, and well-considered exercises and readings. I highly recommend it."

—**Martin Abegg Jr.**, Dead Sea Scrolls Institute, Trinity Western University

"Cook and Holmstedt's grammar is a breath of fresh air. It engages students at multiple levels through inductive and holistic approaches to language acquisition. If you want your students to learn Biblical Hebrew in a deep and substantial way, and help them enjoy the process as well, then this grammar is exactly what you are looking for."

—**Charles Halton**, Houston Baptist University

"This phenomenal book accomplishes many things that I want a contemporary Biblical Hebrew textbook to do. The use of illustrations is a great step forward in vocabulary acquisition, but better still is the use of Hebrew to teach Hebrew. *Beginning Biblical Hebrew* is sure to invigorate the teaching and learning of Biblical Hebrew in many classrooms."

—**Chris Heard**, Pepperdine University

"An innovative guide to the acquisition of Biblical Hebrew that effectively utilizes the best of contemporary linguistics and pedagogy while maintaining interest through interactive techniques and an emphasis on comprehending texts rather than grammatical principles."

—**Mark A. Throntveit**, Luther Seminary

"Preeminent Semitic linguists and proven teachers Cook and Holmstedt have brought us the verified successes of childlike learning and second-language acquisition strategies. An uncluttered, learner-friendly path to joyfully *understanding* Biblical Hebrew."

—**Gary A. Long**, Bethel University

"A welcome contribution to teachers of Biblical Hebrew. Current in its philosophy of language, relevant in its presentation and pedagogy, and thoroughly focused on the ancient Hebrew text, this beginning grammar will serve Biblical Hebrew language learners for years to come."

—**Heath A. Thomas**, Southeastern Baptist Theological Seminary

"Because it not only embraces fresh methods but also rethinks their linguistic and pedagogical foundations, this volume will stand out in the crowded market of introductory Biblical Hebrew textbooks. To have these creative ideas assembled into this ambitious synthesis will allow instructors to try out new approaches with relative ease."

—**Christopher B. Hays**, Fuller Theological Seminary

Beginning BIBLICAL HEBREW

A Grammar *and Illustrated Reader*

JOHN A. COOK AND
ROBERT D. HOLMSTEDT
ILLUSTRATED by PHILIP WILLIAMS

BakerAcademic
a division of Baker Publishing Group
Grand Rapids, Michigan

Online resources for this textbook are available at www.bakeracademic.com/beginningbiblical hebrew. Students can view flashcards for reviewing vocabulary and hear audio files of Hebrew exercise sentences, lesson vocabulary, and readings. Professors can request sample quizzes and exams, lesson plans, and an instructor's manual with answer key.

© 2013 by John A. Cook and Robert D. Holmstedt

Published by Baker Academic
a division of Baker Publishing Group
P.O. Box 6287, Grand Rapids, MI 49516-6287
www.bakeracademic.com

Printed in the United States of America

Library of Congress Cataloging-in-Publication Data
Cook, John A. author.
    Beginning biblical Hebrew : a grammar and illustrated reader / John A. Cook and
  Robert D. Holmstedt ; Illustrated by Philip Williams.
       pages cm
    Includes bibliographical references and index.
    ISBN 978-0-8010-4886-9 (pbk.)
    1. Hebrew language—Grammar—Textbooks. I. Holmstedt, Robert D. author.
  II. Williams, Philip, illustrator. III. Title.
  PJ4567.3.C66 2013
  492.4′82421—dc23   2013019362

ISBN Unless otherwise indicated, all Scripture quotations are the authors' translations.

Scripture quotations labeled NRSV are from the New Revised Standard Version of the Bible, copyright © 1989, by the Division of Christian Education of the National Council of the Churches of Christ in the United States of America. Used by permission. All rights reserved.

Contents

Preface

Background

As is the case with most elementary textbooks of Classical or Biblical Hebrew, this textbook was born out of the authors' dissatisfaction with the available grammars. Its development began during our time at the University of Wisconsin as graduate instructors of first-year Biblical Hebrew courses, from 1996 to 2002. In our years of teaching Hebrew since graduate school, in a variety of institutional contexts, we have continued to shape and alter the textbook, refining its focus and distinctives. In this process we have come to realize that our dissatisfaction is shared by other Hebrew teachers, despite the deluge of new Hebrew textbooks in recent years, and that a market remains for a textbook with a different approach for teaching Biblical Hebrew, an approach grounded in modern methods for teaching languages.

Distinctives

This textbook has seven (often interrelated) distinctives that justify its creation amid the mass of currently available textbooks.

1. Learning an Ancient Language and Second-Language Acquisition

We have sought to incorporate more recent ideas about pedagogy into the shaping of the grammar explanations and the exercises. The most obvious feature of the textbook represents its unique strength: the use of illustrated episodes from Genesis to learn Hebrew. Moreover, all the exercises based on the illustrated readings use as much Hebrew as possible. That is, we avoid using the model that dominates in other textbooks: the grammar-translation model. Instead of teaching Hebrew as an object to be decoded and then recoded into the students' native language (e.g., English), the goal of this textbook is to provide the student with competency in reading, listening, and even producing Hebrew. In other words, rather than mastering Hebrew for translation, our aim is that students achieve the ability *to comprehend Biblical Hebrew texts*. At the same time, we admit practical limits to such second-language acquisition approaches in the teaching and learning of ancient, textual corpus-bound languages. As such, there remains a philological realism to our pedagogy coupled with our use of second-language acquisition (SLA) techniques. In particular, the exercises included in the textbook center around self-contained narratives from the Bible and include visual and audio aids for vocabulary memorization and narrative comprehension. In addition, we have provided additional audiovisual aids for developing oral fluency. Beyond this, there is choice: the instructor may maintain a text-based atmosphere, focusing on the given exercises, or establish a conversation-based atmosphere, in which the given exercises are used as a platform for extemporaneous modification (and thus greater competency in the productive aspect of learning Hebrew).

2. Language Pedagogy and Grammar Presentation

One of the points of dissatisfaction with grammars currently on the market is that they tend to provide too much grammatical information for a first-year textbook. The effect is that students are overwhelmed and instructors are faced with cutting out the unnecessary clutter. Rather than produce a textbook that is a stand-in for an intermediate grammar, we have included a minimal amount of grammar to give students facility in reading actual Hebrew texts, and we have left to the instructor's discretion the introduction of more advanced descriptions. To put it in SLA terms, our selection of grammar in the textbook has been guided by the goal of *acquiring* the ancient Hebrew language as opposed to simply *learning* its grammar. Organizationally, the most notable result of this approach is our decision to relegate summaries of weak verb forms to an appendix, along with the customary verb paradigms. In this way we aim to give these discussions their proper place in grammar study, as explanations of forms in the context of reading texts rather than complex morphological explanations abstracted from the practice and skills of reading Hebrew.

3. Organization

The organization of the textbook centers around discrete grammatical issues. The lessons do not present the grammar in the traditional sequence of phonology-morphology-syntax, but recognize that language is learned in small chunks of information that alternate through the various aspects of grammar (including a greater focus on syntax and semantics, areas neglected by current introductory textbooks). The material is also organized to maximize the use of repetition, a key to language acquisition. For example, paradigms are often broken into halves, so that presentation of the second half reinforces the material already learned.

4. Text-Based Exercises

The lessening of the morphology burden in the grammar has allowed us space to incorporate discussions of grammar that are conducive to reading and understanding Hebrew literature. In particular, we have several lessons that introduce students to important aspects of the syntactic, semantic, and pragmatic systems of Biblical Hebrew, illustrated with examples from the same texts (Genesis episodes) used for the exercises.

5. Recognition of the Diversity of Hebrew in the Bible

Our choice of a particular corpus (discrete episodes from Genesis) from which to draw examples for the discussion of Hebrew syntax, semantics, and pragmatics comes out of a recognition that Biblical Hebrew is not a monolithic or uniform language. Rather, preserved in the biblical corpus and extrabiblical ancient epigraphs and texts (e.g., Ben Sira, Qumran) is an array of grammatical peculiarities and divergences. Rather than fall into the philological trap of trying to be exhaustive, we have chosen to focus our analysis and draw our examples from a small, uniform corpus of prose literature appropriate for first-year readings.

6. Modern Linguistic Background

Our textbook incorporates more recent linguistic explanations of Biblical Hebrew in a way that is as jargon-free as possible and understandable to beginning students. The currently available textbooks of Biblical Hebrew are often astonishingly behind the times in their grammar descriptions and terminology. Nineteenth-century theories of the Hebrew verb continue to be presented not because they are correct, but because they "work." However, we are convinced that explanations should be presented that are both accurate and understandable. Biblical Hebrew grammar instruction has also been plagued with idiosyncratic and archaic vocabulary. In place of outmoded Latinate terms such as *status constructus*, we have sought to employ terms native to language itself and/or in current use in Hebrew linguistic studies, such as *nismach*.

7. Nonconfessional Orientation

The textbook is nonconfessional. Religious and theological aims for studying Biblical Hebrew have shaped the concerns of many textbooks to the point that they sometimes wed their grammar lessons to theological insights from the text. Such overtly confessional approaches unnecessarily preclude other interests in studying Hebrew, such as cultural or linguistic insights. Although we are not averse to confessional approaches to the Bible (one author teaches at a theological seminary), we think that a textbook written without a confessional stance will serve a wider community of language learners and institutions.

Acknowledgments

The detail and complexity of writing an introductory language textbook exceeded our wildest dreams. It is entirely possible that if we had not begun this project as ambitious, energetic doctoral students, we might never have begun it at all. Certainly, we are indebted to the eagle eyes of numerous instructors at the University of Wisconsin, Asbury Theological Seminary, the University of Toronto, and many other institutions who willingly accepted the challenge of using a draft textbook, either in early forms of this work or in its current design. In particular, we are grateful for the feedback provided in the last ten years by Martin Abegg, Krzysztof Baranowski, Laliv Clenman, Brauna Doidge, John Hobbins, Jason Jackson, Andrew Jones, James Kirk, Michael Lyons, Tim Mackie, Cynthia Miller-Naudé, Kent Reynolds, and all other Hebrew instructors who agreed to test draft versions in their classrooms. Thank you all.

John A. Cook • Wilmore, Kentucky
Robert D. Holmstedt • Toronto, Ontario
January 2013

N
Haran
Tigris R.
MEDIA
EAST
SEMITIC
Euphrates R.
WEST
SEMITIC
MEDITERRANEAN SEA
MESOPOTAMIA
Damascus
CENTRAL
SEMITIC
CANAAN
Jordan R.
Syrian
Desert
ELAM
Hebron
Beersheba
Ur
Giza
ARABIA
PERSIAN
GULF
0
200 mi
0
200 km
EGYPT
SOUTH SEMITIC

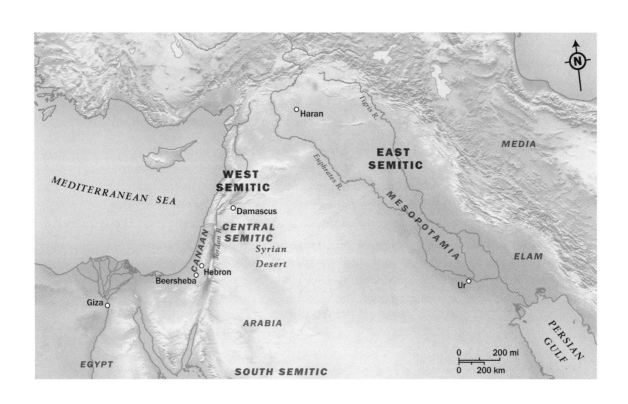

Introduction

Hebrew Is a Semitic Language

Ancient Hebrew emerged as a distinct dialect sometime in the second millennium BCE in the region of Canaan—the land between the Jordan River Valley and the Mediterranean Sea (see map). In fact, one of the earliest references to Hebrew calls it "the language of Canaan" (שְׂפַת כְּנַ֫עַן; Isa. 19:18).[1]

The language is also referred to in the Bible as יְהוּדִית "Judahite" (2 Kings 18:26, 28, etc.), but by the Roman period it was known as "Hebrew" (Greek *Hebraios*; Israeli Hebrew עִבְרִית). However, in late antiquity, especially in Jewish literature, it frequently was called "the holy language" (לְשׁוֹן הַקֹּדֶשׁ) because Scripture was written in the language.

Any notion that Hebrew was somehow special among languages since it was the language of Scripture was dispelled in the eighteenth century, when philological study was able to trace Hebrew back to the Semitic language family. It was in that century that the name Semitic was coined to refer to languages spoken in those areas of the Near East that the Bible purports to have been settled by descendants of Shem:

> To Shem also, the father of all the children of Eber, the elder brother of Japheth, children were born. The descendants of Shem: Elam, Asshur, Arpachshad, Lud, and Aram. (Gen. 10:21–22 NRSV)

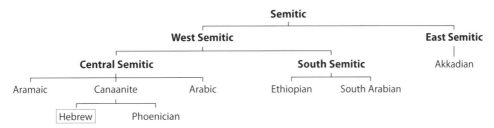

As one of the oldest and longest-used language families, the Semitic language family is over 5,000 years old. Its history can be traced back through written evidence to the third millennium BCE, although it was likely much older than that. Though many branches of the family have fallen into disuse (e.g., Akkadian, Phoenician; see diagram), the language family today consists of about seventy different languages or dialects spoken by nearly 500 million speakers.

---

1. Throughout the main text of this book, the mark ˋ indicates that a Hebrew word is stressed on a non-final syllable. Hebrew words without this accent mark are stressed on the last syllable (see appendix A.2c). Note that we *do not* use the accent mark in the text of the reading illustrations.

Several features distinguish Semitic languages from non-Semitic:

Semitic languages use common distinctive sounds in their alphabet such as the "guttural" consonants (i.e., pharyngeal and laryngeal sounds made in the throat) (see appendix C.3).

Semitic languages originally had only three vowels—*a, i, u*—each of which could be pronounced long or short.

Semitic languages possess a large shared vocabulary, such as "father" *ab* (Hebrew), *abba* (Aramaic), *abu* (Arabic).

The vocabulary of Semitic languages predominantly has triconsonantal roots. Semitic words are formed from roots of *three* consonants. Different parts of speech (verbs, adjectives, nouns) are derived by adding prefixes and/or suffixes and changing the vowels which occur between the consonants. For example, the triconsonantal root P-Q-D is associated with the following words:

> *paqad* (he attended to)
>
> *piqqed* (he mustered)
>
> *puqqad* (he was mustered)
>
> *pəquda* (mustering)
>
> *mipqad* (appointed place)

According to the family tree for Semitic (above), Hebrew is classified as a Central West Semitic language, and more specifically a member of the Canaanite grouping. Features distinguishing Central West from Southwest Semitic languages include:

The development of the Perfect verbal conjugation

The change of *w* to *y* when the letter begins a word

The most notable distinguishing feature of Canaanite languages is the "Canaanite Shift": sometime in the second half of the second millennium BCE, long *a* vowels changed to long *o* vowels in Canaanite languages (e.g., "peace" Hebrew *šālōm* versus Aramaic *šalām* / Arabic *salām*).

The relative closeness of languages on the family tree is based on the degree of similarity among languages. As a result, those languages most closely related to Hebrew (e.g., other Canaanite languages like Phoenician and Moabite, and the major West Semitic language Aramaic) often provide textual remains that shed light on ancient Hebrew and ancient Israelite culture.

Hebrew Is One of the Most Significant Semitic Languages

Hebrew may be considered one of the most historically and religiously significant of the Semitic languages, both because of the size of its textual remains by comparison with the other Semitic languages and the enduring religious nature of the primary text. That is, the Hebrew Bible contains the single largest body of ancient Semitic literature and has remained a core religious text for Judaism and Christianity for over two thousand years. Indeed, the impact of Hebrew on Western culture can scarcely be overstated.

While knowledge of Hebrew was preserved for centuries mainly by Jewish scholars, Hebrew increasingly gained wider attention during the Renaissance and following periods. Christian scholars revived the use of Hebrew in the study of the Bible in the fifteenth century, and in the sixteenth century it was increasingly used for vernacular translations of the Bible, such as Martin Luther's German translation (1534). This increased interest is manifest in cultural artifacts like Rembrandt's painting of Moses with the Ten Commandments, in which the second half of the commandments legibly appears (Exod. 20:13–17):

לֹא תִּרְצָח: לֹא תִּנְאָף: לֹא תִּגְנֹב: לֹא־תַעֲנֶה בְרֵעֲךָ עֵד שָׁקֶר:
לֹא תַחְמֹד בֵּית רֵעֶךָ: לֹא־תַחְמֹד אֵשֶׁת רֵעֶךָ וְעַבְדּוֹ וַאֲמָתוֹ
וְשׁוֹרוֹ וַחֲמֹרוֹ וְכֹל אֲשֶׁר לְרֵעֶךָ:

You shall not kill. You shall not commit adultery. You shall not steal. You shall not testify against your neighbor as a false witness. You shall not covet your neighbor's house. You shall not covet your neighbor's wife or his man servant or his maidservant or his ox or his donkey or anything of your neighbor's.

Hebrew was especially influential on the English language through the attention to the Hebrew Bible given by the Puritans in England. From 1549 Hebrew was a required language for an MA degree at Cambridge. The poet John Milton (1608–74) read and wrote Hebrew fluently, and he was appointed Secretary for Foreign Languages by Cromwell. The noted legal scholar John Selden (1584–1654) studied biblical and talmudic legal writings in helping to reshape British jurisprudence. Most important, the rather literal rendering of the Hebrew Bible by the translators of the King James Bible (1611) has made numerous Hebrew idioms and proverbial expressions commonplace in modern English:

"to lick the dust" (Ps. 72:9)

"to fall flat on one's face" (Num. 22:31)

"heavy heart" (Prov. 25:20)

"to pour out one's heart" (Lam. 2:19)

"the land of the living" (Job 28:13)

"nothing new under the sun" (Eccles. 1:9)

"sour grapes" (Ezek. 18:2)

"rise and shine" (variant on "arise, shine" in Isa. 60:1)

"pride goes before a fall" (Prov. 16:18)

"the skin of my teeth" (Job 19:20)

"to put words in one's mouth" (Exod. 4:15)

"like a lamb to the slaughter" (Isa. 53:7)

"a drop in a bucket" (variant on "a drop from a bucket" in Isa. 40:15) "a fly in the ointment" (from Eccles. 10:1)

"to see the writing on the wall" (from Dan. 5:5)

"a man after his own heart" (1 Sam. 13:14)

In addition, many Hebrew words, like *amen*, have entered into the English language. Others include *abbot, alphabet* (through Greek *alpha-beta* < *aleph-bet*), *Armageddon* (from *har megiddo* "Mount Megiddo"), *behemoth, camel, cherubim, hallelujah, hosanna, jubilee* (from the fiftieth-year celebration when all slaves were to be set free), *leviathan, mammon, manna, messiah, rabbi, sabbath, sack, satan, seraphim, shibboleth, sodomy* (after city of Sodom), and *Torah*. The Hebrew Bible is also the origin of many proper names in English, such as *Adam, Eve, Noah, Abraham, Sarah, Isaac, Rebekah, Jacob, Rachel,* and many more. In fact, the name *Michael*—which comes from Hebrew מִיכָאֵל, "Who is like God?"—may be humanity's oldest continuously used name. It entered English and other European languages from Hebrew, but before Hebrew it existed in Eblaite, a third-millennium BCE Semitic language that is closely related to Akkadian.

The Puritan reverence for Hebrew carried over to the North American schools, beginning with Harvard and Yale. In these early schools, which were influenced very much by Cambridge and Oxford, the study of Hebrew sometimes rivaled that of Greek and Latin, to the point that several early commencement addresses were given in Hebrew. Moreover, the mark of Hebrew's influence on these schools endures in one of Harvard's commencement anthems (a metrical rendering of Ps. 78) and Yale's coat of arms (see illustration). The Hebrew motto אורים ותמים (*Urim and Thummim*) is accompanied by the Latin rendering *lux et veritas* (light and truth). In the Hebrew Bible, the Urim and Thummim identify a device or process for divination associated with the priestly breastplate (Exod. 28:30). However, the Hebrew roots are related to the Hebrew words for "light" and "integrity."

Ancient Hebrew: A Window into Ancient Israel

Just as ancient Hebrew has influenced later culture, the language is itself the product of an ancient culture. Studying ancient Hebrew thus provides a window into that culture inasmuch as it provides an entry into a different worldview than our own. Understanding the ancient Israelite worldview through ancient Hebrew helps us appreciate its contribution to our own modern worldview and at the same time may free us to examine issues from a viewpoint different from our own. In turn, we may come to understand our own worldview more deeply through comparison with that of ancient Israel as manifest in ancient Hebrew.

Abbreviations

*	designates a hypothetical Hebrew form
1	first person (when appearing as 1CS, 1CP, etc.)
2	second person (when appearing as 2MS, 2MP, etc.)
3	third person (when appearing as 3MS, 3MP, etc.)
A	active
ADJ	adjective
ADV	adverb
ART	article
ATTCH	attached
BDB	*A Hebrew and English Lexicon of the Old Testament*, ed. Francis Brown, S. R. Driver, and Charles A. Briggs (Oxford: Clarendon, 1907)
C	common (gender)
CDCH	*The Concise Dictionary of Classical Hebrew*, ed. David J. A. Clines (Sheffield: Sheffield Phoenix, 2009)
COLL	collective
COMP	complementizer
COND	conditional
CONJ	conjunction
DEM	demonstrative pronoun
DET	determiner/article
DU	dual
EXST	existential
F	feminine
HALOT	*The Hebrew and Aramaic Lexicon of the Old Testament*, ed. Ludwig Koehler,

	Walter Baumgartner, and M. E. J. Richardson, 2 vols. (Leiden: Brill, 2001)
HI	Hifil
HIT	Hitpael
HO	Hofal
IMPF	Imperfect
IMPV	imperative
INF	infinitive
INTER	interrogative
INTJ	interjection
JUSS	Jussive
L	lesson
LOC	locative
M	masculine
NI	Nifal
NIS	נִסְמָךְ/bound form
NUM	numeral
P	plural
PASS	passive
PAST	Past Narrative
PERF	Perfect
PI	Piel
PN	proper noun
PREP	preposition
PRON	independent pronoun
PTCP	participle
PU	Pual
Q	Qal
R	reading
R$_{1,2,3}$	first, second, or third root consonant
S	singular
TR	transitive
VB	verb
W.	with

Grammar Lessons

Lesson 1

The Consonants

The Hebrew אָלֶף-בֵּית (alphabet) is composed of the following.

It consists of twenty-three consonants read right-to-left:

א ב ג ד ה ו ז ח ט י כ ל מ נ ס ע פ צ ק ר שׂ שׁ ת ← read this

Five letters have alternate final forms that are used when the letter occurs at the end of a word:

Regular form: כ מ נ פ צ

Final form: ך ם ן ף ץ (e.g., שמים)

Six letters, בּ גּ דּ כּ פּ תּ (mnemonically referred to as the בְּגַד כְּפַת [*BeGaD KeFaT*] letters), can appear with a "dot" in them, called a דָּגֵשׁ קַל (*dagesh qal*). For three of these letters, the presence or absence of the dot affects how the letter is pronounced:

בּ like *b* in *Boy* BUT ב like *v* in *Voice*
כּ like *k* in *Keep* BUT כ like *ch* in *BaCH*
פּ like *p* in *Pie* BUT פ like *f* in *Fish*
גּ AND ג like *g* in *Give*
דּ AND ד like *d* in *Dog*
תּ AND ת like *t* in *Tide*

Notice that the Hebrew alphabet has several letters that are pronounced the same:

א and ע	silent
ב and ו	like *v* in *Voice*
ח and כ	like *ch* in *BaCH*
ט and תּ/ת	like *t* in *Tide*
כּ and ק	like *k* in *Keep*
ס and שׂ	like *s* in *Sit*

Four consonants pronounced in the back of the throat are often called gutturals: אהחע.

Name		Form (Final)	Pronunciation	Script (Final)	Print (Final)
ʾálef[a]	אָלֶף	א	glottal stop or silent		
bet	בֵּית	בּ	b in Boy		
		ב	v in Voice		
gímel	גִּימֶל	ג גּ	g in Give		
dálet	דָּלֶת	ד דּ	d in Dog		
heʾ	הֵא	ה	h in Hat		
vav	וָו	ו	v in Voice		
záyin	זַיִן	ז	z in Zip		
chet	חֵית	ח	ch in BaCH		
tet	טֵית	ט	t in Tide		
yod	יוֹד	י	y in Yellow		
kaf	כַּף	כּ	k in Keep		
		כ ך	ch in BaCH		
lámed	לָמֶד	ל	l in Letter		
mem	מֵם	מ ם	m in Mother		
nun	נוּן	נ ן	n in Noon		
sámech	סָמֶךְ	ס	s in Sit		

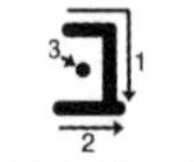

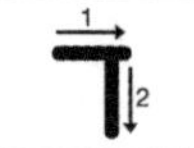

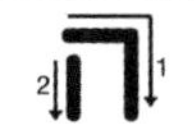

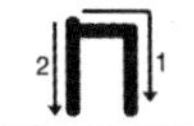

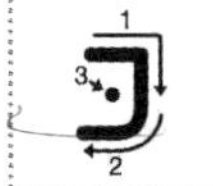

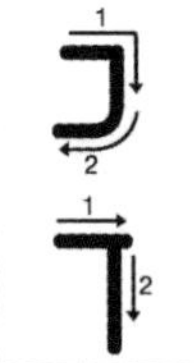

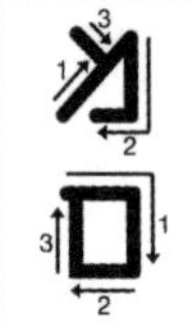

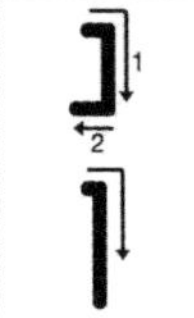

[a] Here and elsewhere in this table, the accent indicates which syllable is stressed when pronouncing the name of the letter.

Name		Form (Final)	Pronunciation	Script (Final)	Print (Final)
ʿáyin	עַ֫יִן	ע	pharyngeal or silent		
peʾ	פֵּא	פּ	p in Pie		
		פ ף	f in Fish		
tsáde	צָדֵ֫י	צ ץ	ts in caTS		
qof	קוֹף	ק	k in Keep		
resh	רֵישׁ	ר	r in Race		
sin	שִׂין	שׂ	s in Sit		
shin	שִׁין	שׁ	sh in SHin		
tav	תָּו	תּ ת	t in Tide		

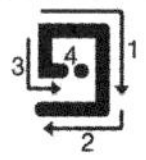

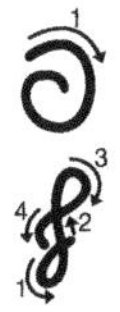

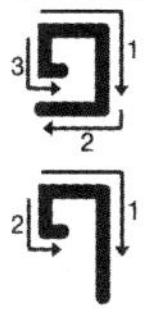

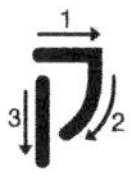

א. תִּכְתֹּב *(Write)*

Using the alphabet chart as a guide, write out on a separate sheet of paper a full line of each consonant of the Hebrew alphabet.

ב. תְּמַלֵּא אֶת־הַמָּקוֹם *(Fill in the Blank)*

1. Fill in the blank with the missing consonant according to the order of the alphabet (ignore the absence/presence of דָּגֵשׁ), like this: א ב ג ד.

א) כ ל ___ נ
ב) ק ר ___ שׁ
ג) א ___ ___ ___
ד) צ ק ___ שׁ
ה) ל ___ נ ס
ו) ד ה ___ ז

ז) ח ט י ___
ח) ___ פ צ ק
ט) ג ד ___ ו
י) ר ___ ___ ת
כ) ___ ___ מ נ
ל) ___ ___ ___ ח

2. Fill in the blank with an English word that has the sound of the Hebrew letter in it, such as **בּ** as in **boat**. Do not use the words given in the chart above.

א)	ד as in d in Damp	מ)	פּ as in p in Pocket
ב)	ה as in h in Horse	נ)	פ as in f in Fair
ג)	ו as in v in Van	ס)	צ as in ts in TenTS
ד)	ס as in s in Sun	ע)	ק as in k in Kane
ה)	ג as in g in Golden	פ)	י as in y in Yak
ו)	ז as in z in Zap	צ)	כּ as in k in Kane
ז)	ח as in ch in BaCH	ק)	כ as in ch in BaCH
ח)	ט as in t in Tote	ר)	ל as in l in Laugh
ט)	ר as in r in Roam	ש)	שׁ as in sh in SHape
י)	שׂ as in s in Swim	ת)	ת as in t in Tote
כ)	בּ as in b in Boat	אא)	מ as in m in Map
ל)	ב as in v in Van	בב)	נ as in n in Name

ג. תַּתְאִים אֶת־הָאוֹתִיּוֹת/אֶת־הַדְּבָרִים *(Match the Letters/Words)*

1. Draw lines to connect each letter with its corresponding final form.

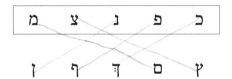

מ צ נ פ כ

ן ף ך ם ץ

2. Draw a line from the Hebrew proper name to the English equivalent.

Judah	יִשְׂרָאֵל	Tamar	יוֹסֵף
Jacob	מֹשֶׁה	Esau	כְּנַעַן
Israel	יְהוּדָה	Levi	חִזְקִיָּה
Philistine	יְהוֹשֻׁעַ	Rachel	שָׂרָה
Shadrach	אָדָם	Hezekiah	נְבוּכַדְנֶאצַּר
Jerusalem	אַהֲרֹן	Saul	תָּמָר
Abraham	יַעֲקֹב	Joseph	עֵשָׂו
Adam	יְרוּשָׁלַיִם	Canaan	שָׁאוּל
Moses	פְּלִשְׁתִּי	Solomon	רָחֵל
Pharaoh	פַּרְעֹה	Nebuchadnezzar	לֵוִי
Aaron	אַבְרָהָם	Leah	שְׁלֹמֹה
Joshua	שַׁדְרַךְ	Sarah	לֵאָה

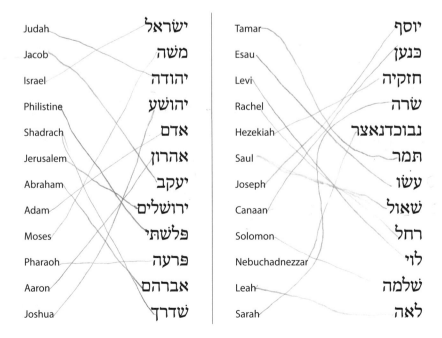

ד. תִּמְצָא אֶת־הַדְּבָרִים *(Find the Words)*

Find and circle the names of the letters of the alphabet in the puzzle (no left-to-right or otherwise backward spellings).

שׂין	פא	מם	טית	הא	אלף
שׁין	צדי	נון	יוד	וו	בית
תו	קוף	סמך	כף	זין	גימל
	ריש	עין	למד	חית	דלת

ן	י	ע	ט	כ	ג	ן	ט	ן	ט	ג	ל
ע	א	ב	מ	מ	ן	י	ף	ו	ק	ט	ו
מ	י	ב	ה	ל	ת	א	ז	ר	ד	ז	ו
ת	ן	ו	נ	מ	ט	ו	ם	ר	ד	מ	ס
ס	נ	ג	שׂ	י	מ	ג	י	ר	כ	ו	צ
נ	ת	ן	ם	ג	א	שׂ	ב	ן	י	ז	כ
כ	ל	ה	י	ם	א	י	ד	צ	ג	ם	ד
ג	ד	פ	ן	שׂ	ד	א	א	ד	ד	ו	י
צ	ן	ם	מ	ד	ל	שׂ	ו	ד	מ	ל	ח
ג	ת	י	ח	ף	ד	מ	צ	ה	א	ע	ל
ט	ל	ב	שׂ	ד	ו	ת	ל	א	פ	מ	ד
ס	א	ה	י	ס	ן	ף	כ	ק	ה	ו	מ

ה. הַפְּסוּקִים *(Verses)*

1. Say aloud the *names of the letters* in the following verse.

כה אמר יהוה עשׂו משׁפט וצדקה והצילו גזול מיד עשׁוק וגר יתום
ואלמנה אל־תנו אל־תחמסו ודם נקי אל־תשׁפכו במקום הזה

Thus says Yhwh: Act with justice and righteousness, and deliver from the hand of the oppressor anyone who has been robbed. And do no wrong or violence to the alien, the orphan, and the widow, or shed innocent blood in this place. (Jer. 22:3)

2. Circle the letters that are *final forms.*

לשׁלל שׁלל ולבז בז להשׁיב ידך על־חרבות נושׁבת ואל־עם מאסף מגוים
עשׂה מקנה וקנין ישׁבי על־טבור הארץ

. . . to seize spoil and carry off plunder; to assail the waste places that are now inhabited, and the people who were gathered from the nations, who are acquiring cattle and goods, who live at the center of the earth. (Ezek. 38:12)

Lesson 2

The Vowels

The system of Hebrew vowels has the following characteristics:

The vowels appear under, over, or following the consonant after which they are pronounced: יָד "hand" is [*yad*] (sounds like "odd").

The אָ, called קָמֵץ (*qamets*), most often says [a] (as in "father") but in some contexts says [o] (as in "go"). Unless instructed otherwise, say [a] when you see a קָמֵץ; you will learn to distinguish the [o] sound with experience (or you can see appendix A.3).

Sometimes ה, ו, and י are used with vowel points to indicate the vowel sound (see appendix A.4).

In the chart below, the ב is serving as a placeholder to show the position of the vowel (see also appendix A.1–3).

Name		Form	Pronunciation
pátach	פַּתַח	בַ	a in Father
qamets(-he)	קָמֵץ(־הֵא)	בָ/בָה	
segol	סְגוֹל	בֶ	e in Met
tsére(-yod)	צֵרֵי(־יוֹד)	בֵ/בֵי	ey in They
chíreq(-yod)	חִירֶק(־יוֹד)	בִ/בִי	i in Machine
qamets-chatuf	קָמֵץ־חָטוּף	בָ	o in Go
chólem(-vav)	חוֹלֶם(־וָו)	בֹ/בוֹ	
qibbuts	קִבּוּץ	בֻ	u in Rude
shúreq	שׁוּרֶק	בוּ	

א. תִּכְתֹּב

1. Hebrew vowel signs
    a. Write each of the Hebrew vowel signs with each of the consonants.
    b. Pronounce aloud the combination of consonant and vowel as you write them (e.g., אַ אָ אָה אֶ אֵ אֵי אִ אִי אָ אֹ אוֹ אֻ אוּ).

2. Without looking at the chart above, read aloud the name of each vowel and write the correct sign under, over, or following the box.

א) חִירֶק □	ז) חוֹלֶם □
ב) צֵרֵי־יוֹד □	ח) סְגוֹל □
ג) שׁוּרֶק □	ט) קָמֵץ־חָטוּף □
ד) קָמֵץ □	י) צֵרֵי □
ה) פַּתַּח □	כ) חוֹלֶם־וָו □
ו) קִבּוּץ □	ל) חִירֶק־יוֹד □

ב. תִּמְצָא אֶת־הַדְּבָרִים

Find and circle the names of the Hebrew vowels in the puzzle (no left-to-right or otherwise backward spellings).

שׁוּרֶק	פַּתַּח	צֵרֵי	קָמֵץ־חָטוּף
חוֹלֶם	קָמֵץ	חִירֶק־יוֹד	קִבּוּץ
חִירֶק	צֵרֵי־יוֹד	סְגוֹל	חוֹלֶם־וָו

נ	ז	ע	ד	ח	ח	ם	ל	ד	ל	ר	ד
ח	א	ע	א	ו	שׁ	ת	ד	ג	ק	ג	ס
שׁ	ו	ד	ג	צ	י	מ	ע	א	א	א	ל
י	ר	צ	ו	מ	א	ק	ד	ף	ס	א	ך
צ	ץ	צ	ק	ף	ט	ח	ר	ג	ט	ק	י
ץ	א	ל	ו	ג	ס	ז	צ	י	ך	ח	צ
ו	ק	א	ו	ו	ם	ל	ו	ח	ח	ך	ל
ב	ם	נ	ב	ץ	פ	ד	ו	י	י	ר	צ
ק	ו	מ	ע	מ	ף	ו	ט	ח	ץ	מ	ק
מ	ר	ק	ל	ק	ר	י	ח	ג	שׁ	נ	צ
ו	ל	ו	ס	ס	ף	ט	ח	ו	ח	ת	פ
ח	ק	ר	שׁ	ט	ז	א	ל	ם	ל	ו	ח

ג. תְּמַלֵּא אֶת־הַמָּקוֹם

1. Identify a close *sounding* English word for each Hebrew word (e.g., כָּר = car).

א) פּוּשׁ = ________

ב) בֵּין = ________

ג) רֵד = ________

ד) מִי = ________

ה) כֵּן = ________

ו) בּוֹר = ________

ז) פֶּן = ________

ח) פּוֹר = ________

ט) דִּין = ________

י) עִיר = ________

כ) הוּא = ________

ל) שִׂים = ________

מ) עֵת = ________

נ) רוּם = ________

ס) רַק = ________

ע) שׁוֹר = ________

פ) לִין = ________

צ) לֹא = ________

ק) פֵּן = ________

ר) אוֹר = ________

ש) הִיא = ________

ת) אֵם = ________

אא) רוּץ = ________

בב) שִׂיר = ________

2. Spell how these English words *sound* with Hebrew letters (e.g., bed = בֶּד).

a. shed = ________

b. sheet = ________

c. see = ________

d. said = ________

e. road = ________

f. ooze = ________

g. root = ________

h. soul = ________

i. hot = ________

j. near = ________

k. say = ________

l. peat = ________

m. key = ________

n. ray = ________

o. vote = ________

p. coal = ________

q. tar = ________

r. sew = ________

s. name = ________

t. cave = ________

u. cots = ________

v. red = ________

w. doze = ________

x. go = ________

Lesson 3

שְׁוָא (Shəva)

The שְׁוָא (*shəva*, "nothingness") is pronounced like the "hurried" *a* as in *a*bove and transliterated with *ə*:

at the *beginning* of a word: שְׁ-מוֹ [***shə***-*mo*]
when the *second* of two consecutive shevas: מְ in יִשְׁ-מְ-רוּ [*yish*-***mə***-*ru*]

In all other cases, the שְׁוָא is silent:

as under the דְ in מִדְבָּר [***mid***-*bar*]

Under the guttural consonants, the שְׁוָא is often modified so that it has a bit more sound:

אֲשֶׁר instead of *אְשֶׁר

This type of שְׁוָא is called חָטֵף שְׁוָא (abbreviated as חָטֵף) and is a combination of the שְׁוָא and one of the three basic vowels:

Sign	Name		Pronunciation
בֲ	*chatef-pátach*	חָטֵף־פַּתַח	*a* in Aríse
בֱ	*chatef-segól*	חָטֵף־סְגוֹל	*e* in Excúse
בֳ	*chatef-qamets*	חָטֵף־קָמֵץ	*o* in Omít

(New Words)	דְּבָרִים חֲדָשִׁים
YHWH (unpronounceable) PN	יְהוָה
master, lord; Lord (of God)	אָדוֹן; אֲדֹנָי
God, gods	אֱלֹהִים

א. תִּכְתֹּב

Write each חָטֵף שְׁוָא with each of the guttural consonants, pronouncing aloud the combination of consonant and vowel as you write them (e.g., אֲ אֱ אֳ).

ב. תִּקְרָא *(Read)*

Identify each שְׁוָא as *silent* or *vocal*, and then practice reading the following verse until you can do so smoothly.

- אֱמֹר כֹּה אָמַר אֲדֹנָי יְהוִה תִּצְלָח הֲלוֹא אֶת־שָׁרָשֶׁיהָ יְנַתֵּק וְאֶת־פִּרְיָהּ יְקוֹסֵס
וְיָבֵשׁ כָּל־טַרְפֵּי צִמְחָהּ תִּיבָשׁ וְלֹא־בִזְרֹעַ גְּדוֹלָה וּבְעַם־רָב לְמַשְׂאוֹת אוֹתָהּ
מִשָּׁרָשֶׁיהָ

Say: Thus says the Lord YHWH: Will it prosper? Will he not pull up its roots, cause its fruit to rot so that it withers, so that its fresh sprouting leaves fade? No strong arm or mighty army will be needed to pull it from its roots. (Ezek. 17:9) lene always makes the letter hard

Lesson 4

דָּגֵשׁ (Dagesh)

In lesson 1 you learned about the six consonants (ב ג ד כ פ ת) called בְּגַד כְּפַת (*BeGaD KeFaT*) letters, which may have a dot called a דָּגֵשׁ קַל (*dagesh qal*) in them. A דָּגֵשׁ קַל usually appears in a בְּגַד כְּפַת letter where there is not a vowel (or vocal שְׁוָא) preceding it.

The same dot can represent another type of דָּגֵשׁ called the דָּגֵשׁ חָזָק (*dagesh chazaq*, "strong" דָּגֵשׁ). A דָּגֵשׁ חָזָק can occur in *any* consonant (except gutturals and ר) and *lengthens* it:

בִּקֵּשׁ = בִּק-קֵשׁ [*biq-qesh*] he sought

The בְּגַד כְּפַת letters can also have a דָּגֵשׁ חָזָק. In addition to lengthening the consonant, this דָּגֵשׁ also makes the pronunciation of בּ, כּ, and פּ a *stop* just like the דָּגֵשׁ קַל:

הַבֵּן = הַב-בֵּן [*hab-ben*] the son/child

א. תִּקְרָא

Practice reading the following verse until you can do so smoothly.

וּבָאוּ הַכַּשְׂדִּים הַנִּלְחָמִים עַל־הָעִיר הַזֹּאת וְהִצִּיתוּ אֶת־הָעִיר הַזֹּאת בָּאֵשׁ
וּשְׂרָפוּהָ וְאֵת הַבָּתִּים אֲשֶׁר קִטְּרוּ עַל־גַּגּוֹתֵיהֶם לַבַּעַל וְהִסִּכוּ נְסָכִים לֵאלֹהִים
אֲחֵרִים לְמַעַן הַכְעִסֵנִי׃

The Chaldeans who are fighting against this city shall come and kindle this city with fire and burn it, along with the houses upon whose roofs they burned incense to Baal and poured libations to other gods so as to anger me. (Jer. 32:29)

ב. תִּכְתֹּב

Place a דָּגֵשׁ קַל in each letter requiring it in the following verse; be able to explain why.

כֹה אָמַר יְהוָה עֲשׂוּ מִשְׁפָט וּצְדָקָה וְהַצִּילוּ גָזוּל מִיַּד עָשׁוֹק וְגֵר יָתוֹם
וְאַלְמָנָה אַל־תֹנוּ אַל־תַחְמֹסוּ וְדָם נָקִי אַל־תִשְׁפְכוּ בַמָּקוֹם הַזֶּה׃

Thus says YHWH: "Act with justice and righteousness, and deliver from the hand of the oppressor anyone who has been robbed. And do no wrong or violence to the alien, the orphan, and the widow, or shed innocent blood in this place." (Jer. 22:3)

Lesson 5

Subject Pronouns: Singular

Hebrew has a set of pronouns that are used as **subjects** of clauses. These correspond to English *I*, *you*, *he*/*she*, *we*, *they*. For example, אֲנִי יוֹסֵף I [am] Joseph (Gen. 45:3). The following chart lists the singular subject pronouns (see appendix B.3):

Plural L11	he	הוּא	3MS
	she	הִיא	3FS
	you	אַתָּה	2MS
	you	אַתְּ	2FS
	I	אֲנִי	1CS

דְּבָרִים חֲדָשִׁים

word, thing M	דָּבָר (דְּבָרִים)
yes[1]	כֵּן
no	לֹא
peace (greeting) M	שָׁלוֹם

א. תְּדַבְּרוּ אִישׁ אֶל־רֵעֵהוּ (Speak, Each to His Neighbor = Dialogue)

1. Break into groups of three and introduce yourselves to one another (the brackets indicate that you must make the proper choice between the two given options):

א) שָׁלוֹם.	א) שָׁלוֹם.
ב) אֲנִי ________. וְ{אַתָּה/אַתְּ}?	ב) אֲנִי ________. {הוּא/הִיא} ________.

1. The word כֵּן, while frequent in Biblical Hebrew, usually means "thus, so" and not "yes." Affirmative responses are more frequently expressed by repeating the question in statement form. The latter, meaning "yes," is found in Modern Hebrew and is included here because it is useful for constructing dialogue.

ג) {כֵּן/לֹא}, אֲנִי _____ .	ג) {אַתָּה/אַתְּ} _____ ?
ד) {כֵּן/לֹא}, {הוּא/הִיא} _____ .	ד) {הוּא/הִיא} _____ ?

2. Now form new groups of three people. Using the second- and third-person pronouns (i.e., הוּא and הִיא), take turns introducing the other people in the group to each other.

ב. תְּתַרְגֵּם (Translate)

Translate these simple sentences (the names are from characters in the book of Genesis).

א) אֲנִי יְהוָה. _____

ב) הִיא חַוָּה. _____

ג) אַתָּה יְהוּדָה. _____

ד) הוּא אַבְרָהָם. _____

ה) אַתָּה יַעֲקֹב. _____

ו) הוּא יִצְחָק. _____

ז) אֲנִי יוֹסֵף. _____

ח) אַתְּ שָׂרָה. _____

ט) אַתָּה יִשְׂרָאֵל. _____

י) אֲנִי אָדָם. _____

Lesson 6

Copular Clauses

As you have already seen with the example in the previous lesson, אֲנִי יוֹסֵף "I (am) Joseph" (Gen. 45:3), Hebrew does not always use a "to be" verb (i.e., a copula, or "linking" verb). There are four ways to indicate the "to be" copula. Below are three methods; the fourth is presented in lesson 12.

1. Most often the copula is omitted. The context will indicate whether the meaning is past ("was"), present ("is"), or future ("will be"):

   אֲנִי יוֹסֵף I (am) Joseph (Gen. 45:3)

2. Use of the verbal copula הָיָה "to be":

   הַנָּחָשׁ הָיָה עָרוּם the snake was crafty (Gen. 3:1)

3. Use of the third-person subject pronoun as a substitute copula:

   חָם הוּא אֲבִי כְנָעַן Ham is the father of Canaan (Gen. 9:18)

דְּבָרִים חֲדָשִׁים

man M	אִישׁ (אֲנָשִׁים)
woman F	אִשָּׁה (נָשִׁים)
young man M	נַ֫עַר (נְעָרִים)
young woman F	נַעֲרָה (נְעָרוֹת)
was (3MS)	הָיָה
was (3FS)	הָיְתָה
who?	מִי
name M	שֵׁם (שֵׁמוֹת)

א. מִי אֲנִי?

Break into groups of three and use copular expressions to ask about one another. Answer using appropriate vocabulary from the lesson. If you want to be even more creative, look ahead to the first reading (r-7) and act out some of the characters from it, asking your classmates to guess **מִי אֲנִי**? Be sure to intermix the different types of copular expressions.

מִי אֲנִי?	{אַתָּה/אַתְּ} ____________.
מִי {הוּא/הִיא}?	{הוּא/הִיא} ____________.

ב. תְּתַרְגֵּם

Translate these copular sentences.

א) הִיא הָיְתָה נַעֲרָה. ____________________

ב) יְהוָה הוּא אֱלֹהִים. ____________________

ג) אִישׁ אַתָּה. ____________________

ד) לֹא אִשָּׁה אַתְּ. ____________________

ה) מִי הוּא אֱלֹהִים? ____________________

ו) נַ֫עַר הָיָה הוּא. ____________________

ג. תִּכְתֹּב

Write one example of each type of copular clause from your vocabulary.

____

____

____

Lesson 7

Nouns: Singular

Most Hebrew nouns are formed from a *triconsonantal root* (שֹׁרֶשׁ) and are inflected for *gender* and *number*. Endings added to the שֹׁרֶשׁ tell you if it is *masculine or feminine* and *singular or plural*.

Nouns that are *masculine* do not have an explicit *singular* inflectional ending:

אָח brother; נַ֫עַר young man

Feminine singular nouns

Often end with ָ ה-:

אֲדָמָה ground; בְּהֵמָה cattle; תּוֹרָה teaching

Sometimes end with ת-:

בְּרִית covenant; מַלְכוּת kingdom; חַטָּאת sin

But some common nouns, such as paired body parts or אֵם (mother), lack any overt feminine gender marking. These must simply be memorized:

יָד hand; עַ֫יִן eye; רֶ֫גֶל foot

Dual	Plural	Singular	
L10	L10	stallion סוּס	Masculine
		mare סוּסָה	Feminine

דְּבָרִים חֲדָשִׁים

father M	אָב (אָבוֹת)
mother F	אֵם (אִמּוֹת)
son M	בֵּן (בָּנִים)
daughter F	בַּת (בָּנוֹת)
male M	זָכָר
female F	נְקֵבָה
ground F	אֲדָמָה (אֲדָמוֹת)
covenant F	בְּרִית (בְּרִיתוֹת)

א. תִּבְחַר זָכָר אוֹ נְקֵבָה *(Choose Masculine or Feminine)*

Circle the correct pronoun for each noun and translate.

א) {הוּא/הִיא} אָב. _____

ב) {הוּא/הִיא} נַעַר. _____

ג) {הוּא/הִיא} בֵּן. _____

ד) {הוּא/הִיא} אֲדָמָה. _____

ה) {אַתְּ/אַתָּה} נַעֲרָה. _____

ו) {אַתְּ/אַתָּה} אֵם. _____

ז) {אַתְּ/אַתָּה} בַּת. _____

ח) {הוּא/הִיא} בְּרִית. _____

ב. תְּמַלֵּא אֶת־הַמָּקוֹם וּתְתַרְגֵּם *(Fill in the Blank, and Translate)*

Choose the correct gender copula to fill in the blank and translate.

א) הוּא {הָיְתָה/הָיָה} אָב. _____

ב) מִי {הִיא/הוּא} אֵם? _____

ג) בֵּן {הִיא/הוּא} אַתָּה. _____

ד) הִיא {הָיָה/הָיְתָה} בְּרִית. _____

Lesson 8

The Article הַ and the Interrogative הֲ

The *article* indicates that a noun is definite (Hebrew has no indefinite article like English *a/an*). The form of the article is הַ plus a דָּגֵשׁ חָזָק and a noun: הַ• + מִדְבָּר הַמִּדְבָּר = the wilderness.

The *interrogative* הֲ marks a clause as a yes-no question (like the English question mark does): הֲשָׁלוֹם לוֹ Is there peace to him? [i.e., Is he well?] (Gen. 29:6).

דְּבָרִים חֲדָשִׁים

בַּיִת (בָּתִּים)	house M
מָה	what?

א. מָה הוּא/הִיא *(What Is It?)*

You and a partner take turns drawing a vocabulary item from lessons 6–7 while the other one guesses what it is, using the following expressions. If you are unable to guess what it is, ask for the answer with the expression ?מָה הוּא/הִיא (What is it?).

Person 1	Person 2
הֲ- {הוּא/הִיא} ______________?	{לֹא/כֵּן} {הוּא/הִיא} ______________.

ב. תִּכְתֹּב

Add the definite article to six vocabulary items from lessons 5–7 and translate.

______________________ ______________________

______________________ ______________________

______________________ ______________________

Lesson 9

ל of Possession: Singular

In Hebrew the preposition ל (to, for) may be used in a copular clause to express possession:

> לְלוֹט הָיָה צֹאן־וּבָקָר וְאֹהָלִים To Lot were sheep, cattle, and tents. (Gen. 13:5; cf. English: Lot had sheep, cattle, and tents.)

When ל (or ב or כ prepositions; see L13) is attached to a noun with the article, the vocalization of the article is retained but the ה is replaced by the ל (e.g., לַיֶּלֶד הָיָה בַּיִת the child had a house).

Pronouns (see also L22) may also be attached to ל and express possession in a copular clause: e.g., "(belonging) to them"; "(belonging) to me":

> כָּל־אֲשֶׁר־לוֹ everything that (belonged) to him (Gen. 13:1)

The singular forms are listed below:

	(belongs) to him/for him	לוֹ	3MS
	(belongs) to her/for her	לָהּ	3FS
Plural L17	(belongs) to you/for you	לְךָ	2MS
	(belongs) to you/for you	לָךְ	2FS
	(belongs) to me/for me	לִי	1CS

דְּבָרִים חֲדָשִׁים

land, earth F	אֶרֶץ (אֲרָצוֹת)
king M	מֶלֶךְ (מְלָכִים)

א. מָה לְךָ/לָךְ? *(What Do You Have?)*

1. Break into groups of two and take turns asking each other about your possessions, using the vocabulary from lessons 6–7; try to vary the copula construction you use.

Person 2	Person 1
{הוּא/הִיא} ____________.	מָה {לְךָ/לָךְ}?

2. Now form new groups of three people and ask one another about the other person's possessions, replacing the first- and second-person expressions with third-person ones.

ב. תְּתַרְגֵּם

Translate the following possessive copular sentences.

א) בַּ֫יִת הוּא לוֹ. ____________________

ב) לֹא אִשָּׁה לָאִישׁ. ____________________

ג) נַעֲרָה הָיְתָה לָהּ. ____________________

ד) הֲלֹא בְּרִית לִי. ____________________

ה) אֶ֫רֶץ הִיא לַמֶּ֫לֶךְ. ____________________

ו) לְמִי אַתָּה? ____________________

ז) בַּת הָיְתָה לָאֵם. ____________________

ח) לְמִי הָאֲדָמָה? ____________________

ט) בֵּן הוּא לָאָב. ____________________

ג. תִּכְתֹּב

Using your vocabulary or glossary, write five possessive copular sentences in Hebrew.

____

____

____

____

____

Turn This Book Over, and Go to Reading 1 on Page r-7

Lesson 10

Nouns: Plural and Dual

Singular nouns were introduced in lesson 7. Here the plural and dual (= two) noun forms are introduced (see appendix B.1a):

Dual	Plural	Singular	
סוּסַ֫יִם	סוּסִים	stallion סוּס	Masculine
סוּסָתַ֫יִם	סוּסוֹת	mare סוּסָה	Feminine

There are some frequently occurring irregular nouns that do not follow this paradigm. These irregular forms must be memorized (see appendix B.2 for paradigms of the most common irregular nouns):

	Plural	Singular
father/fathers	אָבוֹת	אָב
woman/women	נָשִׁים	אִשָּׁה
man/men	אֲנָשִׁים	אִישׁ

The use of the dual is largely confined to things that occur naturally in pairs (eyes, feet, hands, etc.). Paired body parts are feminine:

	Dual	Singular
hand(s)	יָדַ֫יִם	יָד
ear(s)	אָזְנַ֫יִם	אֹ֫זֶן
foot/feet	רַגְלַ֫יִם	רֶ֫גֶל
eye(s)	עֵינַ֫יִם	עַ֫יִן
sandal(s)	נַעֲלַ֫יִם	נַ֫עַל

דְּבָרִים חֲדָשִׁים

hand(s) F	יָד (יָדַ֫יִם)
ear(s) F	אֹ֫זֶן (אָזְנַ֫יִם)
eye(s) F	עַ֫יִן (עֵינַ֫יִם)
brother(s) M	אָח (אַחִים)
sister(s) F	אָחוֹת (אֲחָיוֹת)
head(s) M	רֹאשׁ (רָאשִׁים)
foot/feet F	רֶ֫גֶל (רַגְלַ֫יִם)

א. תַּחֲלִיף לְ- *(Change to . . .)*

Change each sentence as indicated by the arrow (←) and translate (see appendix B.2 for irregular noun forms, and see the list above for frequently occurring dual nouns).[1]

א) dual ← sing. יָד לְאַבְרָם. ______________________

ב) pl. ← sing. אָחוֹת לְיוֹסֵף. ______________________

ג) sing. ← pl. מְלָכִים לְיִשְׂרָאֵל. ______________________

ד) sing. ← dual אָזְנַ֫יִם לְסוּסָה. ______________________

ה) pl. ← sing. רֹאשׁ לַבְּהֵמָה. ______________________

ב. תְּתַרְגֵּם

Translate these simple sentences.

א) בָּנִים לְיַעֲקֹב. ______________________

ב) רַגְלַ֫יִם לֹא לְנָחָשׁ. ______________________

ג) עֵינַ֫יִם לַנָּשִׁים. ______________________

ד) הָאֲנָשִׁים אַחִים. ______________________

ה) אֲדָמוֹת לְפַרְעֹה. ______________________

1. Proper nouns are set in gray type in the exercises to distinguish them from normal vocabulary words.

ג. תִּכְתֹּב

Using your vocabulary or glossary, write five Hebrew sentences with plural nouns.

_____

_____

_____

_____

_____

Lesson 11

Subject Pronouns: Plural

Below is the full set of independent personal pronouns, including the singular pronouns, which you already learned in lesson 5 (see appendix B.3):

they	הֵם	3MP	he	הוּא	3MS
they	הֵן	3FP	she	הִיא	3FS
you	אַתֶּם	2MP	you	אַתָּה	2MS
you	אַתֶּן	2FP	you	אַתְּ	2FS
we	אֲנַ֫חְנוּ	1CP	I	אֲנִ֫י	1CS

דְּבָרִים חֲדָשִׁים

city/cities F	עִיר (עָרִים)
all, every	כָּל-/כֹּל
were (3CP)	הָיוּ
servant(s) M	עֶ֫בֶד (עֲבָדִים)

א. תְּמַלֵּא אֶת־הַמָּקוֹם וּתְתַרְגֵּם

Choose the correct gender and number third-person pronominal copula to fill in the blank, and then translate.

א) כֹּל הָאֲנָשִׁים {הוּא/הִיא/הֵם/הֵן} אָבוֹת. ______________________

____

ב) הֲלֹא הָאֲדָמוֹת {הוּא/הִיא/הֵם/הֵן} לְךָ? ______________________

____

ג) לַיהוָה {הוּא/הִיא/הֵם/הֵן} הָאָֽרֶץ. ____________

____

ד) הַבַּת {הוּא/הִיא/הֵם/הֵן} לִי. ____________

____

ב. תְּתַרְגֵּם

Translate these sentences.

א) כֹּל הֶעָרִים לַמֶּֽלֶךְ. ____________

ב) אַחִים אֲנַֽחְנוּ. ____________

ג) אַתֶּם עֲבָדִים. ____________

ד) הַנָּשִׁים הָיוּ בָּנוֹת. ____________

ה) אַתֶּן נְעָרוֹת. ____________

ג. תִּכְתֹּב

Using your vocabulary or glossary, write five Hebrew sentences with plural pronouns.

____

____

____

____

____

Lesson 12

יֵשׁ and אֵין

Two grammatical words, יֵשׁ (is/are) and the negative אֵין (isn't/aren't), can be used as copulas (see above in L6):

יֶשׁ־לִי רָב much <u>is</u> to me (= I have much) (Gen. 33:9)

אֵין בּוֹ מָיִם water <u>was not</u> in it (= there was no water in it) (Gen. 37:24)

אָכֵן יֵשׁ יְהוָה בַּמָּקוֹם הַזֶּה Surely YHWH <u>is</u> in this place (Gen. 28:16)

וְהִנֵּה אֵין־יוֹסֵף בַּבּוֹר And look, Joseph <u>was not</u> in the pit (Gen. 37:29)

דְּבָרִים חֲדָשִׁים	
מָקוֹם (מְקוֹמוֹת)	place M
שָׁם	there ADV

א. תְּתַרְגֵּם

Translate these sentences.

א) אֵין לְשָׂרָה בֵּן. ______________________

ב) הֲיֵשׁ מָקוֹם לִי? ______________________

ג) יֶשׁ־לִי־כֹל. ______________________

ד) אֵין אִישׁ שָׁם. ______________________

ה) הֲיֵשׁ־לָךְ אָב? ______________________

ב. תִּכְתֹּב

Using your vocabulary or glossary, write five Hebrew sentences with a יֵשׁ or אֵין copula.

_____

_____

_____

_____

_____

Lesson 13

Conjunction וְ and Prepositions בְּ, כְּ, לְ, and מִן

Conjunctions connect words, phrases, clauses, and sentences to each other, such as *and, or, but*. The basic Hebrew conjunction (and the most frequent word in the Hebrew Bible) is -וְ or -וּ: יָמִים וְשָׁנִים days and years (Gen. 1:14).

The ו conjunction has *two functions*:

1. *It connects words and phrases together* (it may be translated with “and,” “or,” or “but”):

   הָעָם וְהַמֶּלֶךְ the people <u>and</u> the king

2. *It marks the beginning of a new clause* and is unnecessary to translate:

   וַיֹּאמֶר אֱלֹהִים יְהִי אוֹר (~~and~~) God said, “Let there be light!” (Gen. 1:3)

Prepositions relate a noun, noun phrase, pronoun, or clause syntactically to other words in the sentence and specify *location*, *direction*, *manner*, *means*, *time*, and *possession*. Below are the most common prepositions in Hebrew:

-בְּ	in, at
-כְּ	like, as
-לְ	to, for
מִן or -מִ	from, out of, more than (in comparisons)

These prepositions attach to a following word, or they may have pronouns attached, just as you have already seen with לְ (see L9 and appendix A.6). When מִן is attached to a following noun, it is written מִ plus a דָּגֵשׁ חָזָק. When the noun begins with a guttural, it is written מֵ, with no דָּגֵשׁ following:

מִשָּׁם ← שָׁם + מִן from there

מֵאִישׁ ← אִישׁ + מִן from a man

מִן can also be a separate word. In such cases, it is connected to the noun with a מַקֵּף (*maqqef*), a hyphen-like sign (־) indicating that the two words are stressed as a single unit: מִן־הַמֶּלֶךְ from the king.

Other prepositions are not directly attached to the following word but may be connected with מַקֵּף. The diagram below illustrates how the most common prepositions work to relate nouns temporally or spatially.

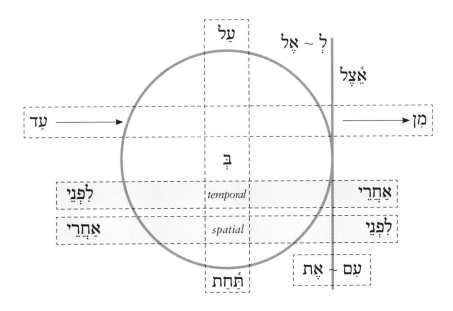

The circle represents an activity. Those prepositions to the left of the circle relate nouns "before" temporally or "behind" spatially. Those to the right relate "after" temporally or "in front of" spatially. Prepositions indicating "above" and "below" as well as "within" are also clearly situated. The vertical line to the right represents a static entity, such as a person or house. The prepositions relating to "toward," "with," or "alongside" are thus situated appropriately to the line.

דְּבָרִים חֲדָשִׁים

water M (only plural)	מַיִם
sea M	יָם (יַמִּים)
with PREP	עִם
heavens M (only plural)	שָׁמַיִם
upon, over PREP	עַל
before PREP	לִפְנֵי

א. תְּמַלֵּא אֶת־הַמָּקוֹם וּתְתַרְגֵּם

Choose the most appropriate preposition to attach to the word that follows and translate (if more than one makes sense, translate both).

א) אֵין {לְ/כְּ/בְּ}וֹ מַ֫יִם. ____________________

ב) הֵם הָיוּ {לִפְנֵי/בְּ/כְּ} אֱלֹהִים. ____________________

ג) כְּבֵן {לְ/כְּ/בְּ} אָב. ____________________

ד) אֱלֹהִים הָיָה {עִם/לְ/מִן} יַעֲקֹב. ____________________

ה) וְאַבְרָהָם {מִן/לִפְנֵי/כְּ} יְהוָה. ____________________

ב. תְּתַרְגֵּם

Translate these sentences.

א) יֵשׁ יְהוָה בַּמָּקוֹם. ____________________

ב) יוֹסֵף לִפְנֵי פַּרְעֹה. ____________________

ג) הַמַּ֫יִם הָיוּ מִן־בּוֹר. ____________________

ד) יֵשׁ מַ֫יִם בַּיַּמִּים. ____________________

ה) הַנָּחָשׁ הָיָה עַל־הָאָ֫רֶץ. ____________________

ג. תִּכְתֹּב

Using your vocabulary or glossary, write five Hebrew sentences with an attached preposition and/or ו conjunction.

____

____

____

____

____

Lesson 14

שְׁאֵלוֹת (Questions)

Yes-no questions in Hebrew are indicated by the attached הֲ at the beginning of the clause (see L8). Questions that expect an answer relating to circumstances (e.g., who? what? why?) are introduced by a small set of grammatical words.

דִּבְרֵי שְׁאֵלָה *(Question Words)*

מִי	Who? (see L6)
מָה	What? (see L8)
לָ֫מָּה, מַדּ֫וּעַ	Why?
בַּמֶּה, אֵיךְ	How?
כַּמָּה	How much, how many?
מָתַי	When?
אֵי, אַיֵּה, אֵיפֹה	Where?
מֵאַ֫יִן	From where?
אָן, אָ֫נָה	Where? To where?

דְּבָרִים חֲדָשִׁים

עוֹלָה (עוֹלוֹת)	burnt offering F

א. תְּתַרְגֵּם

Translate these sentences.

א) מִי אַתָּה? ____________________

ב) אֵיפֹה הֵם? ____________________

ג) לְמִי הַבְּהֵמָה? ____________________

ד) לָ֫מָּה אֵין לִי בָּנִים? ____________________

ה) וְאַיֵּה הַשֶּׂה לְעֹלָה? ____________________

ב. תִּכְתֹּב

Using your vocabulary or glossary, write five interrogative sentences in Hebrew.

____

____

____

____

____

Turn This Book Over, and Go to Reading 2 on Page r-10

Lesson 15

Verbs: A Preview

Like most lexical words in Hebrew, verbs can be derived from a *triconsonantal* שֹׁ֫רֶשׁ (see L7). Vowel patterns and affixes (e.g., prefixes, suffixes, or infixes) are applied to a שֹׁ֫רֶשׁ to derive a verb in a certain בִּנְיָן (*binyan*) and to indicate the verb's *conjugation* and *person*, *gender*, and *number*. This information is called a verb's "parsing."

בִּנְיָנִים (constructions) are the patterns by which verbs are formed. There are seven primary בִּנְיָנִים, whose traditional names derive from the 3MS Perfect form of the root פ-ע-ל "to do."[1]

Name	Example	
קַל or פָּעַל	שָׁמַר	he guarded
נִפְעַל	נִשְׁמַר	he was guarded
פִּעֵל	קִבֵּץ	he gathered (someone/thing)
פֻּעַל	קֻבַּץ	he/it was gathered
הִתְפַּעֵל	הִתְקַבֵּץ	he/it gathered together
הִפְעִיל	הִשְׁלִיךְ	he/it threw (something)
הָפְעַל	הָשְׁלַךְ	he/it was thrown

Because the meaning relationships among בִּנְיָנִים are not consistent, and the meaning of a verb is not predictable from the שֹׁ֫רֶשׁ, *the meaning of each verb* (consisting of a שֹׁ֫רֶשׁ in a בִּנְיָן) *must be memorized individually.*

Biblical Hebrew has two primary conjugations, the קָטַל/Perfect and the יִקְטֹל/Imperfect:

קָטַל/Perfect Conjugation	"whole" view aspect (perfective)	usually past-time reference
יִקְטֹל/Imperfect Conjugation	"partial/in progress" view aspect (imperfective)	usually non-past-time reference

1. The form by which Hebrew verbs are typically listed in a lexicon or dictionary is the 3MS קַל of the Perfect conjugation: e.g., שָׁמַר "he guarded."

Biblical Hebrew also has three secondary conjugations, the וַיִּקְטֹל/Past Narrative, the קוֹטֵל/Participle, and the קְטֹל/Imperative (and יַקְטֵל (HI)/Jussive).

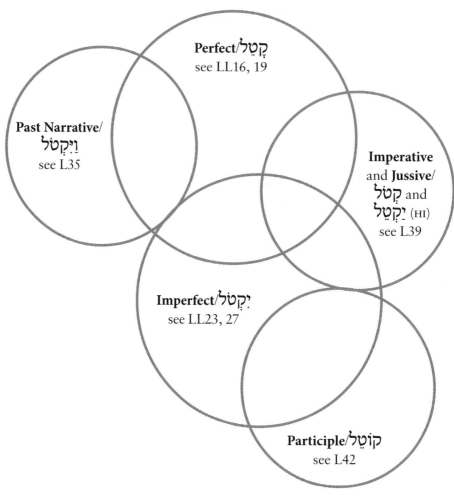

דְּבָרִים חֲדָשִׁים

speak PI	דִּבֵּר
gather PI (PU)	קִבֵּץ (קֻבַּץ)
send Q (NI)	שָׁלַח (נִשְׁלַח)
people M	עַם (עַמִּים)
throw HI (HO)	הִשְׁלִיךְ (הָשְׁלַךְ)
do/make (something) Q (NI)	עָשָׂה (נֶעֱשָׂה)
guard Q (NI)	שָׁמַר (נִשְׁמַר)
direct-object marker	אֶת־, אֵת
voice, sound M	קוֹל (קוֹלוֹת)

Lesson 16

קַל Perfect Conjugation: Singular

The קָטַל/Perfect is a perfective aspect conjugation (portraying an action or event as a whole) and can refer to events in past, present, or future time. However, this "whole view" aspect most often describes what has occurred in the past, and so we give simple past-tense English glosses in the chart below. A perfect-tense translation (i.e., using have/has) is also frequently appropriate.

Note: Because these person-gender-number suffixes apply to all בִּנְיָנִים of the Perfect verb, in the chart below they are listed both as attached to the Qal Perfect verb form and separately for ease of recognition.

	he guarded	—	הוּא שָׁמַר
	she guarded	ָ ה-	הִיא שָׁמְרָה
Plural L19	you guarded	תָּ-	אַתָּה שָׁמַ֫רְתָּ
	you guarded	תְּ-	אַתְּ שָׁמַרְתְּ
	I guarded	תִּי-	אֲנִי שָׁמַ֫רְתִּי

The verb הָיָה (be) is both frequent and irregular. Here is the singular inflection of the קַל Perfect conjugation (see appendix C.4f).

	he was	הוּא הָיָה
	she was	הִיא הָיְתָה
Plural L19	you were	אַתָּה הָיִ֫יתָ
	you were	אַתְּ הָיִית
	I was	אֲנִי הָיִ֫יתִי

דְּבָרִים חֲדָשִׁים

way, road M/F	דֶּ֫רֶךְ
call Q	קָרָא

walk, go Q	הָלַךְ
sit, inhabit Q	יָשַׁב
hear, listen Q	שָׁמַע
take, receive Q	לָקַח

א. תְּמַלֵּא אֶת־הַמָּקוֹם וּתְתַרְגֵּם

Choose the correct verb form to fill in the blank and translate.

א) אַתְּ {שמר} ____________ אֶת־הַדָּבָר.

____

ב) וְרִבְקָה {שמע} ____________ יִצְחָק.

____

ג) יְהוָה אָמַר אֶל־אַבְרָהָם "{היה} ____________ לְךָ לֵאלֹהִים."

____

ד) אַתָּה {הלך} ____________ בַּדֶּרֶךְ אֶל־כְּנַעַן.

____

ה) וְרִבְקָה {אמר} ____________ "אֲנִי {היה} ____________ מֵחָרָן."

____

ב. תְּתַרְגֵּם

Translate these sentences.

א) יְהוָה אֱלֹהִים לָקַח צֵלָע[1] מִן־הָאָדָם לְאִשָּׁה.

____

ב) יְהוָה קָרָא לַמַּיִם יַמִּים.

____

ג) שָׁמַרְתָּ אֶת־הַדֶּרֶךְ.

____

1. Rib.

ד) וַאֲבִימֶלֶךְ הָלַךְ אֶל יִצְחָק.

_____

ה) יָשַׁבְתָּ בְּגֹשֶׁן.

_____

ו) אֶת־הַקּוֹל שָׁמַעְתִּי בַּגָּן.

_____

ז) רִבְקָה שָׁלְחָה וְקָרְאָה לְיַעֲקֹב.

_____

ח) וְהָאָרֶץ הָיְתָה לְיִשְׂרָאֵל.

_____

ג. תִּכְתֹּב

Using your vocabulary or glossary, write five verbal sentences in Hebrew.

_____

_____

_____

_____

_____

Lesson 17

ל of Possession: Plural

The singular forms of the ל possessive phrases were introduced in lesson 9. Below both the plural and singular forms are given:

they have/theirs	לָהֶם	3MP	he has/his	לוֹ	3MS
they have/theirs	לָהֶן	3FP	she has/hers	לָהּ	3FS
you have/yours	לָכֶם	2MP	you have/yours	לְךָ	2MS
you have/yours	לָכֶן	2FP	you have/yours	לָךְ	2FS
we have/ours	לָנוּ	1CP	I have/mine	לִי	1CS

The prepositions בְּ, כְּ (with pronouns, כְּמוֹ-), and מִן (also מִמֶּ- with pronouns) may be combined with pronouns (see LL22 and 31 for the pronouns themselves) just like the preposition ל (see appendix B.5c):

כִּי בוֹ שָׁבַת מִכָּל־מְלַאכְתּוֹ Because <u>in it</u> he rested from all his work. (Gen. 2:3)

אֵין־נָבוֹן וְחָכָם כָּמוֹךָ No one is discerning and wise <u>like you</u>. (Gen. 41:39)

שִׁלְחוּ מִכֶּם אֶחָד Send one <u>from you</u> (P). (Gen. 42:16)

In addition to the possessive copular use of ל with attached pronouns, in non-copular clauses the construction is a prepositional phrase:

נָתַן־לִי לֶחֶם He gave <u>to me</u> bread. (Gen. 28:20)

הֲלֹא הוּא אָמַר־לִי אֲחֹתִי הִוא Did he not say <u>to me</u>, "She is my sister"? (Gen. 20:5)

דְּבָרִים חֲדָשִׁים

bread M	לֶחֶם
give, place, set Q	נָתַן

א. תְּתַרְגֵּם

Translate these sentences.

א) הֲלוֹא לָנוּ הֵם?

ב) הֲיֵשׁ לָכֶם אָח?

ג) בָּנִים לָהֶן.

ד) כָּל־הָאָרֶץ לָהֶם.

ה) יֶשׁ־לָנוּ אָב.

ו) יוֹסֵף נָתַן לָהֶם לֶחֶם.

_____

_____

_____

_____

_____

_____

ב. תִּכְתֹּב

Using your vocabulary or glossary, write five verbal 3MS sentences in Hebrew.

_____

_____

_____

_____

_____

Lesson 18

Word Order

Syntax is the system of relationships among words in a sentence. The two primary syntactic parts of a sentence are the subject and predicate (which is mostly a verb but in Hebrew can also be nonverbal copulas such as יֵשׁ).

קָצַף	פַּרְעֹה
was angry	Pharaoh (Gen. 41:10)
predicate	*subject*

Notice that an overt subject—one you can actually "see"—is often not present, because Hebrew allows the subject to be *null*. Like English, the basic order in the Hebrew sentence is Subject-Verb.

וְהַנָּחָשׁ הָיָה עָרוּם מִכֹּל חַיַּת הַשָּׂדֶה אֲשֶׁר עָשָׂה יְהוָה אֱלֹהִים
And the serpent was craftier than any wild animal that YHWH God had created. (Gen. 3:1)

However, Hebrew allows the words in a sentence to move around. Thus, Verb-Subject order is frequent.

כַּאֲשֶׁר־בָּא יוֹסֵף אֶל־אֶחָיו When Joseph came to his brothers (Gen. 37:23)

The example in Genesis 37:23 illustrates that Verb-Subject order is predictably common when some other sentence element comes before the Subject and Verb, such as כַּאֲשֶׁר. (Note that this inversion does *not* happen with participial or null-copula clauses.)

The words like כַּאֲשֶׁר or כִּי that trigger inversion to Verb-Subject order include the relatives אֲשֶׁר and שֶׁ; interrogatives (e.g., מָה, לָמָּה, -הֲ); negatives לֹא, אַל; and most other grammatical words (e.g., אִם, אָז, לְמַעַן, and פֶּן).

There are only a few grammatical words that *do not* generally trigger Predicate-Subject word order, notably the -וְ conjunction and עַתָּה.

דְּבָרִים חֲדָשִׁים

אָכַל	eat Q

א. תִּמְצָא וּתְתַרְגֵּם

Find and circle the *subject noun* and *predicate verb* in each example (if the subject is null, then insert the null/empty set symbol [Ø] where you think it ought to be), and translate.

א) וְהַנָּחָשׁ הָיָה חַיָּה בַּגָּן. ______________________

ב) וּלְאָדָם אָמַר . . . ______________________

ג) יוֹסֵף הָיָה נַעַר. ______________________

ד) וְרָחֵל שָׁמְרָה אֶת־הַדָּבָר. ______________________

ה) וְיַעֲקֹב הָלַךְ בַּדֶּרֶךְ. ______________________

ב. תּוֹסִיף וְתַחֲלִיף *(Add and Change)*

Add the given words to the front of each "normal" subject-verb example, *change* the word order accordingly, and then translate.

א) כִּי + הָאִשָּׁה אָכְלָה הַפְּרִי ______________________

ב) (הַמָּקוֹם) אֲשֶׁר + הָאֱלֹהִים אָמַר־לוֹ ______________________

ג) לָמָּה + יַעֲקֹב עָשָׂה כְּתֹנֶת לְיוֹסֵף ______________________

ד) לֹא + רָחֵל שָׁמְרָה אֶת־הַדָּבָר ______________________

ה) אִם[1] + יַעֲקֹב הָלַךְ בַּדֶּרֶךְ ______________________

ג. תִּכְתֹּב

Using your vocabulary or glossary, write two Subject-Verb sentences and two Verb-Subject sentences in Hebrew.

____

____

____

____

Turn This Book Over, and Go to Reading 3 on Page r-15

1. If.

Lesson 19

קַל Perfect Conjugation: Plural

In lesson 16 the singular forms of the קַל Perfect were introduced. Here the *plural* forms are added:

they guarded	-וּ	הֵם/הֵן שָׁמְרוּ	he guarded	—	הוּא שָׁמַר
			she guarded	-ָה	הִיא שָׁמְרָה
you guarded	-תֶּם	אַתֶּם שְׁמַרְתֶּם	you guarded	-תָּ	אַתָּה שָׁמַרְתָּ
you guarded	-תֶּן	אַתֶּן שְׁמַרְתֶּן	you guarded	-תְּ	אַתְּ שָׁמַרְתְּ
we guarded	-נוּ	אֲנַחְנוּ שָׁמַרְנוּ	I guarded	-תִּי	אֲנִי שָׁמַרְתִּי

For comparison, here is the קַל Perfect paradigm (singular and plural) of הָיָה (see appendix C.4f):

they were	הֵם/הֵן הָיוּ	he was	הוּא הָיָה
		she was	הִיא הָיְתָה
you were	אַתֶּם הֱיִיתֶם	you were	אַתָּה הָיִיתָ
you were	אַתֶּן הֱיִיתֶן	you were	אַתְּ הָיִית
we were	אֲנַחְנוּ הָיִינוּ	I was	אֲנִי הָיִיתִי

דְּבָרִים חֲדָשִׁים

know Q	יָדַע
stand Q	עָמַד

א. תְּנַתַּח הַדְּבָרִים *(Parse the Words)*

Identify the person, gender, and number of these קַל Perfect verbs and translate.

א) שְׁמַרְתֶּן ______________________

ב) שָׁלַח ______________________

ג) אָכַ֫לְנוּ ______________________

ד) הָיִ֫ינוּ ______________________

ה) אָמְרוּ ______________________

ו) הֲלַכְתֶּם ______________________

ז) שָׁמַ֫עְתְּ ______________________

ח) עָמַ֫דְתָּ ______________________

ט) לָקְחָה ______________________

י) יָדְעוּ ______________________

ב. תְּמַלֵּא אֶת־הַמָּקוֹם וּתְתַרְגֵּם

Fill in the blank with the correct form of the provided verb, and then translate.

א) אַתֶּן {שמר} ________ אֶת־הַדָּבָר.

____

ב) הָאִישׁ וְהָאִשָּׁה {אכל} ________ אֶת־הַלֶּ֫חֶם.

____

ג) אֲנַ֫חְנוּ {הלך} ________ אֶל־כְּנַ֫עַן אֲשֶׁר {ישב} ________ שָׁם.

____

ד) אֲנִי {שלח} ________ אֶת־הָאַחִים אֶל־מִצְרַ֫יִם.

____

ה) אַתֶּם {אמר} ________ אֶל־פַּרְעֹה.

____

ג. תִּכְתֹּב

Using your vocabulary or glossary, write five Hebrew sentences with a קַל Perfect verb in each.

____

____

____

____

____

Lesson 20

סְמִיכוּת (Bound Nouns)

Hebrew does not have any equivalent to the English preposition "of." Instead, *of*-relationships are expressed by using the bound form of a word. The relationship between the bound word and the following nonbound form is called סְמִיכוּת: it consists of two elements: the bound word, or נִסְמָךְ (supported), followed by the host word, or סוֹמֵךְ (supporting):

הַמֶּ֫לֶךְ	דְּבַר־
the king	(the) word of
סוֹמֵךְ	נִסְמָךְ

Below is a chart summarizing the noun both in and not in סְמִיכוּת form:

Dual	Plural	Singular		
דְּבָרִ֫ים	דְּבָרִים	דָּבָר	סוֹמֵךְ	Masculine
דִּבְרֵי	דִּבְרֵי	דְּבַר	נִסְמָךְ	
אַדְמָתַ֫יִם	אֲדָמוֹת	אֲדָמָה	סוֹמֵךְ	Feminine
אַדְמְתֵי	אַדְמוֹת	אַדְמַת	נִסְמָךְ	

Two nouns in סְמִיכוּת are treated as a compound: the נִסְמָךְ is *bound* to the סוֹמֵךְ noun so that the two words are stressed as one. Because nouns in סְמִיכוּת are treated as compounds, they are often attached by a מַקֵּף (see L13):

סוֹמֵךְ	דָּבָר	word
נִסְמָךְ	דְּבַר־יְהוָה	the word of YHWH (Ezek. 1:3)

A נִסְמָךְ noun *cannot* have a definite article. However, if the סוֹמֵךְ noun is definite (e.g., it is a proper noun or has the article), then the נִסְמָךְ *inherits* this definiteness:

נְבִיאֵי יְהוָה the prophets of YHWH (proper noun) (1 Kings 18:4)
זְהַב הָאָ֫רֶץ the gold of the land (article) (Gen. 2:12)

דְּבָרִים חֲדָשִׁים

אֹ֫הֶל	tent M

א. תְּתַרְגֵּם

Translate the following sentences and סְמִיכוּת phrases.

א) מִיַּד כָּל־חַיָּה וּמִיַּד הָאָדָם.

____

ב) יֶפֶת יָשַׁב בְּאָהֳלֵי־שֵׁם.

____

ג) אַבְרָם קָרָא בְּשֵׁם יְהוָה בְּאֶ֫רֶץ־כְּנַ֫עַן.

____

ד) מִצְרַיִם לָקְחוּ אֶת־שָׂרַי אֵשֶׁת אַבְרָם.

____

ה) כִּי־שָׁמַע אֱלֹהִים אֶל־קוֹל הַנַּ֫עַר.

____

ב. תִּכְתֹּב

Using your vocabulary or glossary, write five סְמִיכוּת phrases in Hebrew.

____

____

____

____

____

Lesson 21

The Irreal Use of the Perfect Conjugation

Biblical Hebrew conjugations may refer not only to situations that are "real" (e.g., description of events that have occurred or are occurring) but also events that are in some way "irreal" (e.g., events that are conditioned on another, commands, predictions, etc.).

The real and irreal moods are distinguished by word order: clauses with real mood have basic *Subject-Verb* word order; irreal-mood clauses have inverted *Verb-Subject* word order.

Real mood Perfect (Subject-Verb):

וְאָבִיו שָׁמַר אֶת־הַדָּבָר (and) his father <u>kept</u> the word (Gen. 37:11)

Irreal mood Perfect (Verb-Subject):

וְשָׁמַר יְהוָה אֱלֹהֶיךָ לְךָ אֶת־הַבְּרִית (so) YHWH your God <u>shall keep</u> for you the covenant (Deut. 7:12)

Note: Because the subject in Hebrew is not always explicit, it is not always possible to identify from the word order whether a Perfect expresses real or irreal mood. However, since most Irreal Perfects are prefixed with the וֹ conjunction (which serves in this case to mark the beginning of the clause; see L13), the presence of the conjunction is a good introductory way to distinguish the irreal from the real use of the verb.

The Irreal Perfect has three functions:

1. It marks (semantically) subordinate clauses (i.e., conditional, purpose, result, or causal clauses), in which irreal events are related to the reality of the speaker's situation:

> For I have chosen him so that he might command his sons and his household after him <u>so that they might keep the way of YHWH</u> [וְשָׁמְרוּ דֶּרֶךְ יְהוָה] to practice righteousness and justice, so that YHWH might bring about for Abraham that which he promised. (Gen. 18:19)

> <u>If he leaves</u> his father, <u>then he shall die</u> [וְעָזַב אֶת־אָבִיו וָמֵת]. (Gen. 44:22)[1]

---

1. The Perfect may appear in both the subordinate clause and the governing clause in constructions like the conditional clause above.

2. It marks *instructions* and *commands* (i.e., events imposed on a listener by the speaker):

   (And) he should stand and say [וְעָמַד וְאָמַר], "I do not wish to marry her." (Deut. 25:8)

   וְשָׁמַרְתָּ֫ אֶת־הַמִּצְוָה (And) you must keep the commandment. (Deut. 7:11)

3. It marks habitual events:

   וְנֶאֶסְפוּ־שָׁמָּה כָל־הָעֲדָרִים All the flocks would gather together there. (Gen. 29:3)

דְּבָרִים חֲדָשִׁים

שָׁבַת	rest Q
שְׁבִיעִי	seventh
יוֹם (יָמִים)	day M
שָׁכַח	forget Q

א. תְּתַרְגֵּם

Translate the following sentences.

א) וְשָׁמְרוּ דֶ֫רֶךְ־יְהוָה. ______

ב) וְלָקַ֫חְתָּ אִשָּׁה לְיִצְחָק. ______

ג) וְשָׁכַח עֵשָׂו וְשָׁלַ֫חְתִּי לְךָ מִשָּׁם. ______

ד) וְיָשַׁ֫בְתָּ בְּאֶ֫רֶץ־גֹּ֫שֶׁן. ______

ה) וְשָׁמַ֫עְתָּ אֵת כָּל־הַדְּבָרִים. ______

ו) וְשָׁבְתוּ בְּיוֹם הַשְּׁבִיעִי. ______

ב. תִּכְתֹּב

Using your vocabulary or glossary, write five Hebrew sentences with an Irreal Perfect verb in each.

______

______

______

______

______

Lesson 22

Attached Pronouns: Singular

As you have already learned with the לְ of possession, Hebrew attaches pronouns directly to the preposition. The same pronouns can attach directly to nouns to indicate possession:

My word:

דְּבָרִי	←	ִי	+	דְּבַר
my word	←	me	+	word of

His teaching:

תּוֹרָתוֹ	←	וֹ	+	תּוֹרַת
his teaching	←	him	+	teaching of

When pronouns are added to feminine singular nouns, the נִסְמָךְ form (i.e., the form ending with a ת) is used.

Attached pronouns make a noun *definite*; nouns with attached pronouns *cannot* also have the article: either תּוֹרָתוֹ "his teaching" *or* הַתּוֹרָה "the teaching," *but not both!*

Below are the basic forms of singular attached pronouns with nouns (see appendix B.5a for a full paradigm of examples):

Plural L31	his	[a][-ָיו] -וֹ	3MS
	hers	[-ֶיהָ] -הּ	3FS
	your	[-ֶיךָ] -ךָ	2MS
	your	[-ַיִךְ] -ךְ	2FS
	mine	[-ַי] -ִי	1CS

[a]Bracketed forms are used when attached to plural nouns.

The forms may be slightly different, depending on whether the noun to which they are attached is singular or plural:

His word:

דְּבָרוֹ ← וֹ + דְּבַר

his word ← him + word of

His words:

דְּבָרָיו ← ו + דִּבְרֵי-

his words ← him + words of

Notice how similar these pronouns look—you already know them from the ל of possession (see LL9, 17)! In fact, just as with ל, these pronouns can also be attached to other prepositions:

With her:

עִמָּהּ ← הּ + עִם

with her ← her + with

To you:

אֵלֶיךָ ← ךָ + אֶל

to you ← you + to

Note that some prepositions (e.g., אַחֲרֵי, אֶל, תַּ֫חַת) act like plural nouns and so take the attached pronouns that are used for plural nouns.

דְּבָרִים חֲדָשִׁים

find Q	מָצָא
go forth Q	יָצָא
deed, work M	מַעֲשֶׂה (מַעֲשִׂים)
behold, see! INTJ	הִנֵּה

א. תְּתַרְגֵּם

Translate the following sentences, and circle every attached pronoun.

א) מָצָ֫אתִי חֵן[1] בְּעֵינֶ֫יךָ.

____

1. Favor.

ב) יִצְחָק לָקַח אֵת רִבְקָה לְאִשְׁתּוֹ.

ג) כִּי־קָרָא לְךָ פַּרְעֹה וְאָמַר ”מַה־מַּעֲשֶׂיךָ?“

ד) וְהִנֵּה אֶחָיו יָצְאוּ.

ה) אַבְרָם לָקַח אֶת־שָׂרַי אִשְׁתּוֹ וְאֶת־לוֹט בֶּן־אָחִיו[2] וְהָלְכוּ אֶל־אֶרֶץ כְּנָעַן.

ו) לָמָּה אָמַרְתָּ ”אֲחֹתִי הִיא“?

ז) פַּרְעֹה אָמַר אֶל־אָבִיו[3] ”מַה־מַּעֲשֶׂיךָ?“

ב. תִּכְתֹּב

Using your vocabulary or glossary, write five Hebrew sentences with a Perfect or Irreal Perfect verb and an attached pronoun in each.

Turn This Book Over, and Go to Reading 4 on Page r-20

2. See appendix B.2.
3. See appendix B.2.

קַל Imperfect Conjugation: Singular

The קָטַל/Perfect and the יִקְטֹל/Imperfect were introduced in lesson 15 as the main conjugations. The Perfect was learned in lessons 16 and 19. The Imperfect conjugation will be learned in this lesson and in lesson 27.

The יִקְטֹל/Imperfect is an imperfective verb (it presents a partial view of an action or event) and can refer to events in past, present, or future time. However, since the partial view of an event typically describes events that are happening or are yet to happen, we use a simple future English gloss in our illustrations. The singular paradigm for the קַל Imperfect is given below:

	he will guard	הוּא יִשְׁמֹר
	she will guard	הִיא תִּשְׁמֹר
Plural L27	you will guard	אַתָּה תִּשְׁמֹר
	you will guard	אַתְּ תִּשְׁמְרִי
	I will guard	אֲנִי אֶשְׁמֹר

The Imperfect, like the Perfect conjugation, can express both real and irreal events, which are distinguished by word order in the same way as the Perfect (cf. L21).

Real mood Imperfect (Subject-Verb word order):

וְאֵד יַעֲלֶה מִן־הָאָרֶץ A spring was coming up from the ground. (Gen. 2:6)

Irreal mood Imperfect (Verb-Subject word order):

יַעֲשֶׂה פַרְעֹה וְיַפְקֵד פְּקִדִים עַל־הָאָרֶץ Pharaoh should act and appoint overseers over the land. (Gen. 41:34)

The Irreal Imperfect can express the same range of irreal modality as the Irreal Perfect, though most frequently it expresses categorical negative prohibitions (with לֹא):

לֹא תִּרְצָח לֹא תִּנְאָף לֹא תִּגְנֹב Do not kill. Do not commit adultery. Do not steal. (Exod. 20:13–15)

דְּבָרִים חֲדָשִׁים

blood M	דָּם (דָּמִים)
seek Q	דָּרַשׁ
reign, become king Q	מָלַךְ

א. תְּנַתַּח הַדְּבָרִים *(Parse the Words)*

Identify the person, gender, and number of these קַל Imperfect verbs and translate.

א) תִּמְשֹׁל

ב) אֶשְׁלַח

ג) יִמְלֹךְ

ד) תִּשְׁמְעִי

ב. תְּתַרְגֵּם

Translate the following sentences.

א) אֶדְרֹשׁ אֶת־דָּמֶיךָ מִיַּד הָאָדָם.

ב) הוּא יִשְׁלַח[1] מַלְאָכוֹ[2] לְפָנֶיךָ וְלָקַחְתָּ אִשָּׁה לִבְנִי מִשָּׁם.

ג) אָמַר "אֶשְׁמֹר אֶת־הָעִיר."

ד) שָׂרָה קָרְאָה שְׁמוֹ יִצְחָק כִּי אָמְרָה "כֹּל אֲשֶׁר שָׁמַע יִצְחַק[3] לִי."

ה) יַעֲקֹב אָמַר לְלָבָן "אֶשְׁמֹר צֹאנְךָ."

1. See appendix C.3c.
2. Messenger.
3. Laugh (VB). See appendix C.3b.

ג. תִּכְתֹּב

Using your vocabulary or glossary, write five Hebrew sentences with a קַל Imperfect verb in each.

_____

_____

_____

_____

_____

Lesson 24

The Infinitive

Infinitives—to do X, or doing X—are not inflected for person, gender, or number. Below is the Infinitive form in all seven primary **בִּנְיָנִים**:

Example	בִּנְיָן
שְׁמֹר	קַל
הִשָּׁמֵר	נִפְעַל
קַבֵּץ	פִּעֵל
קֻבַּץ	פֻּעַל
הִתְקַבֵּץ	הִתְפַּעֵל
הַשְׁלִיךְ	הִפְעִיל
הָשְׁלַךְ	הָפְעַל

Form: The Infinitive may have attached pronouns that express the *subject* or *object* of the infinitive (whether the pronoun is subject or object is determined by the context):

אָמְרֵךְ your saying (Jer. 2:35)
לִשְׁמָרְךָ to keep you (Ps. 91:11)

Functions of the Infinitive are as follows:

- It can serve as the subject of another verb:

  לֹא־טוֹב הֱיוֹת הָאָדָם לְבַדּוֹ the man being alone is not good (Gen. 2:18)

- It can serve as the object of another verb:

  הִנֵּה לֹא־יָדַעְתִּי דַּבֵּר behold, I do not know (how) to speak (Jer. 1:6)

- It can express purpose/result, usually with a ל preposition:

  כִּי־יָצָא שָׁאוּל לְבַקֵּשׁ אֶת־נַפְשׁוֹ that Saul had gone out to seek his life (1 Sam. 23:15)

- It can be explanatory after the main verb (i.e., "by X-ing"):

  שָׁמוֹר אֶת־יוֹם הַשַּׁבָּת לְקַדְּשׁוֹ Keep (ADV INF) the sabbath day by sanctifying it (Deut. 5:12)

- It can express a temporal meaning with the בּ or כּ prepositions:

  בֶּן־שְׁלֹשִׁים שָׁנָה דָּוִד בְּמָלְכוֹ David was thirty years old when he became king (2 Sam. 5:4)

  כְמָלְכוֹ הִכָּה אֶת־כָּל־בֵּית יָרָבְעָם When he became king he struck down the whole house of Jeroboam (1 Kings 15:29)

דְּבָרִים חֲדָשִׁים

אוֹר (אוֹרִים)	light M
לַיְלָה	night M
בָּרָא	create Q

א. תְּנַתֵּחַ הַדְּבָרִים *(Parse the Words)*

Identify the בִּנְיָן of these Infinitives.

א) מְשֹׁל ______________________

ב) הַמְלִיךְ ______________________

ג) דַּבֵּר ______________________

ד) לִשְׁמֹר ______________________

ה) הִבָּרֵא ______________________

ו) לְהִתְהַלֵּךְ ______________________

ב. תְּתַרְגֵּם

Translate the following sentences.

א) אֱלֹהִים בָּרָא הָאוֹרִים לִמְשֹׁל בַּיּוֹם וּבַלָּיְלָה.

____

____

ב) יְהוָה אֱלֹהִים שָׁלַח הָאִישׁ מִגַּן־עֵ֫דֶן לַעֲבֹד[1] אֶת־הָאֲדָמָה.

ג) אֱלֹהִים הָלַךְ לְדַבֵּר אֶל־אַבְרָהָם.

ד) אַבְרָהָם עָשָׂה מִשְׁתֶּה[2] בְּיוֹם הִגָּמֵל[3] יִצְחָק.

ה) אַבְרָהָם בָּנָה אֶת־מִזְבֵּחַ לִשְׁחֹט בְּנוֹ.

ג. תִּכְתֹּב

Using your vocabulary or glossary, write three Hebrew sentences with an Infinitive form in each.

1. Serve, work.
2. Feast.
3. Be weaned (NI).

Lesson 25

The Adverbial Infinitive

The *Adverbial Infinitive* is neither a noun nor verb. Rather, it is an infinitive that functions as an adverb. When it is used with a finite verb of the same root and בִּנְיָן, it expresses a *modal nuance* (e.g., doubt, necessity, possibility) as the context dictates:

שָׁמוֹר תִּשְׁמְרוּ אֶת־מִצְוֹת יְהוָה אֱלֹהֵיכֶם Carefully keep the commandments of YHWH your God. (Deut. 6:17)

הֲמָלֹךְ תִּמְלֹךְ עָלֵינוּ Will you really reign over us? (Gen. 37:8)

The forms for all seven primary בִּנְיָנִים are provided in the chart below:

Example	בִּנְיָן
שָׁמוֹר	קַל
נִשְׁמֹר, הִשָּׁמֹר	נִפְעַל
קַבֵּץ	פִּעֵל
קֻבֹּץ	פֻּעַל
הִתְקַבֵּץ	הִתְפַּעֵל
הַשְׁלֵךְ	הִפְעִיל
הָשְׁלֵךְ	הָפְעַל

דְּבָרִים חֲדָשִׁים

visit, attend to Q	פָּקַד

א. תְּנַתַּח הַדְּבָרִים

Identify the בִּנְיָן of these Adverbial Infinitives.

א) הַמְלֵךְ ______

ב) נִשְׁמֹר ______

ג) דַּבֵּר ______

ד) הָלֹךְ ______

ב. תְּתַרְגֵּם

Translate the following sentences.

א) אֱלֹהִים פָּקֹד יִפְקֹד אֶת־יִשְׂרָאֵל.

______

ב) מִכֹּל עֵץ־הַגָּן אָכֹל תֹּאכֵל.

______

ג) הֲמָלֹךְ תִּמְלֹךְ עָלֵי אִם־מָשׁוֹל תִּמְשֹׁל בִּי?

______

ג. תִּכְתֹּב

Using your vocabulary or glossary, write three Hebrew sentences with an Adverbial Infinitive in each.

______

______

______

Lesson 26

Objects

The noun that a verb's action affects is the object (the subject is the agent or experiencer of the action). Objects in Hebrew may simply be nouns, but many verbs in Hebrew require a preposition to mark the object. (You must memorize what a verb takes as its object: simple noun or a preposition + noun.)

> **וַיהוָה פָּקַד אֶת־שָׂרָה** and Yhwh visited Sarah (Gen. 21:1)

By contrast, the verb **נגע**, "touch," often takes as its object a **בְּ** prepositional phrase:

> **וּמִפְּרִי הָעֵץ אֲשֶׁר בְּתוֹךְ־הַגָּן אָמַר אֱלֹהִים לֹא תֹאכְלוּ מִמֶּנּוּ וְלֹא <u>תִגְּעוּ בּוֹ</u> פֶּן־תְּמֻתוּן**
> And from the fruit of the tree that is in the middle of the garden, God said, "You shall not eat from it and you shall not <u>touch it</u>, lest you die." (Gen. 3:3)

דְּבָרִים חֲדָשִׁים

come, enter Q	בּוֹא
judgment, justice; custom M	מִשְׁפָּט
judge, govern Q	שָׁפַט
between PREP	בֵּין
righteousness F	צְדָקָה

א. תְּתַרְגֵּם

Translate the following sentences.

א) יִשְׁפֹּט יְהוָה בֵּינִי וּבֵינֶךָ.

____

ב) וְהָיִיתָ לְאַב גּוֹיִם.

____

ג) שׁוֹב[1] אָשׁוּב אֵלֶ֫יךָ וְהִנֵּה־בֵן לְשָׂרָה אִשְׁתֶּ֫ךָ.

____

____

ד) וְשָׁמְרוּ דֶּ֫רֶךְ יְהוָה לַעֲשׂוֹת[2] צְדָקָה וּמִשְׁפָּט.

____

____

ה) קָרָא לַמָּקוֹם בְּאֵר שָׁבַע.

____

ב. תִּכְתֹּב

Using your vocabulary or glossary, write five transitive (with an object) sentences in Hebrew.

____

____

____

____

____

Turn This Book Over, and Go to Reading 5 on Page r-25

1. Return; see appendix C.4g.
2. See appendix C.4f.

Lesson 27

קַל Imperfect Conjugation: Plural

In the chart below the plural forms of the קַל Imperfect verb are included with the previously learned singular forms (see L23):

they will guard	הֵם יִשְׁמְרוּ	he will guard	הוּא יִשְׁמֹר
they will guard	הֵן תִּשְׁמֹרְנָה	she will guard	הִיא תִּשְׁמֹר
you will guard	אַתֶּם תִּשְׁמְרוּ	you will guard	אַתָּה תִּשְׁמֹר
you will guard	אַתֶּן תִּשְׁמֹרְנָה	you will guard	אַתְּ תִּשְׁמְרִי
we will guard	אֲנַחְנוּ נִשְׁמֹר	I will guard	אֲנִי אֶשְׁמֹר

דְּבָרִים חֲדָשִׁים

kill Q	הָרַג
thus, so ADV	כֹּה
gather Q	קָבַץ

א. תְּנַתֵּחַ הַדְּבָרִים

Identify the person, gender, and number of these קַל Imperfect verbs and translate.

א) תִּשְׁמְרוּ ____________________

ב) נִמְלֹךְ ____________________

ג) יִשְׁמְעוּ ____________________

ד) תִּפְקֹד ____________________

ה) יִמְשֹׁל ____________________

ו) יִשְׁלַח ____________________

ז) נִקְרָא ____________________

ח) תַּעֲמֹ֫דְנָה ____________________

ט) תִּדְרְשִׁי ____________________

י) יִמְצְאוּ ____________________

ב. תְּמַלֵּא אֶת־הַמָּקוֹם וּתְתַרְגֵּם

Fill in the blank with the correct Imperfect form of the provided verb and translate.

א) אַתֶּם {שמע} ____________ אֵלַי.

____

ב) הָאֲנָשִׁים {קבץ} ____________ כָּל־הַלֶּ֫חֶם.

____

ג) אֲנַ֫חְנוּ {הרג}[1] ____________ אֶת־הָאָח.

____

ד) כֹּה {אמר}[2] ____________ לְיוֹסֵף.

____

ה) הֵם לֹא {שבת} ____________.

____

ג. תִּכְתֹּב

Using your vocabulary or glossary, write five Hebrew sentences with a קַל Imperfect plural verb in each.

____

____

____

____

____

1. See appendix C.3a.
2. 2ms. See appendix C.4b.

קַל Imperfect Conjugation of הָיָה

The verb הָיָה (be) is both *frequent* and *irregular*. Here is the paradigm of the קַל Imperfect conjugation of the verb (for the Perfect form, see LL16 and 19):

they will be	הֵם יִהְיוּ	he will be	הוּא יִהְיֶה
they will be	הֵן תִּהְיֶ֫ינָה	she will be	הִיא תִּהְיֶה
you will be	אַתֶּם תִּהְיוּ	you will be	אַתָּה תִּהְיֶה
you will be	אַתֶּן תִּהְיֶ֫ינָה	you will be	אַתְּ תִּהְיִי
we will be	אֲנַ֫חְנוּ נִהְיֶה	I will be	אֲנִי אֶהְיֶה

דְּבָרִים חֲדָשִׁים

year F	שָׁנָה (שָׁנִים)
also ADV	גַּם
famine M	רָעָב

א. תְּתַרְגֵּם

Translate the following sentences.

א) שְׁנֵי הָרָעָב תִּהְיֶ֫ינָה בְּאֶ֫רֶץ מִצְרַ֫יִם.

____

____

ב) יָדַ֫עְתִּי הוּא יִהְיֶה־לְעָם.

____

____

ג) וְגַם־אֲנַ֫חְנוּ נִהְיֶה לַאדֹנִי לַעֲבָדִים.

ד) וְנִרְאֶה[1] מַה־יִּהְיוּ חֲלֹמֹתָיו.

ה) תִּהְיוּ כָּמוֹנִי[2] לְהִמֹּל[3] הָאִישׁ.

ב. תִּכְתֹּב

Using your vocabulary or glossary, write three Hebrew sentences with an Imperfect form of היה in each.

1. See appendix C.4f.
2. See appendix B.5c.
3. Circumcise (Q/NI) מול; see appendix C.4g.

Lesson 29

בִּנְיָנִים: פִּעֵל וְהִפְעִיל

The פִּעֵל and הִפְעִיל are the other two *active* בִּנְיָנִים (versus passive or reflexive) alongside of קַל, and they are the most frequent of the seven primary בִּנְיָנִים after קַל.

The פִּעֵל is characterized by a דָּגֵשׁ in the second consonant of the שֹׁרֶשׁ (where possible; gutturals and ר do not accept a דָּגֵשׁ):

קִבֵּץ he gathered
יְקַבֵּץ he will gather

The הִפְעִיל has a ה prefix in the Perfect, typically a *patach* under the prefix of the Imperfect, and a *chireq* or *tsere* in the second syllable:

הִשְׁלִיךְ he threw X
יַשְׁלִיךְ he will throw X
הַשְׁלֵךְ throw X! (MS Imperative)[1]

Some פִּעֵל and הִפְעִיל verbs clearly relate to the קַל verb of the same שֹׁרֶשׁ:

מָלַךְ he was king
הִמְלִיךְ he made (someone) king

כָּבֵד he was heavy, honored
כִּבֵּד he considered [someone] honored
הִכְבִּיד he made [someone] honored, heavy

But in many cases, the meanings of פִּעֵל and הִפְעִיל verbs are not predictable (in some cases, the שֹׁרֶשׁ is not even used in the קַל). Therefore, it is important to associate verb meanings with their שֹׁרֶשׁ and בִּנְיָן when memorizing new words.

דִּבֵּר he spoke (not used in קַל)
צִוָּה he commanded (not used in קַל)
הִשְׁכִּים he rose early [in the morning] (not used in קַל or פִּעֵל)
הִשְׁלִיךְ he threw [something] (not used in קַל or פִּעֵל)

1. See appendix C for a full paradigm of the פִּעֵל and הִפְעִיל.

דְּבָרִים חֲדָשִׁים

bless PI	בֵּרֵךְ/בֵּרַךְ
make successful, show experience HI	הִצְלִיחַ
cause to swear an oath HI	הִשְׁבִּיעַ
make someone king HI	הִמְלִיךְ
complete, finish PI	כִּלָּה
spoil, destroy HI	הִשְׁחִית
ten M/F	עֶשֶׂר/עֲשָׂרָה
make heavy, honor PI	כִּבֵּד

א. תְּנַתַּח הַדְּבָרִים

Identify conjugation, person, gender, and number of these פִּעֵל and הִפְעִיל verbs and translate.

א) נְקַבֵּץ ______________________

ב) תְּדַבֵּ֫רְנָה ______________________

ג) הִשְׁכַּ֫מְתָּ ______________________

ד) הִמְלַ֫כְתָּ ______________________

ה) תְּכַבֵּד ______________________

ו) הִמְלִ֫יכוּ ______________________

ז) כִּבְּדָה ______________________

ח) תְּקַבֵּ֫צְנָה ______________________

ט) תְּדַבְּרִי ______________________

י) תַּשְׁלִיךְ ______________________

ב. תְּתַרְגֵּם

Translate the following sentences.

א) וַיהוָה בֵּרַךְ[2] אֶת־אַבְרָהָם בַּכֹּל.

ב) הוּא כִּלָּה לְדַבֵּר.

ג) וְהִצְלִיחַ דַּרְכֶּךָ וְלָקַחְתָּ אִשָּׁה לִבְנִי.

ד) אַשְׁבִּיעַ אוֹתְךָ[3] בַּיהוָה אֱלֹהֵי הַשָּׁמַיִם.

ה) לֹא אַשְׁחִית אֶת־הָעִיר אִם־אֶמְצָא שָׁם הָעֲשָׂרָה.

ג. תִּכְתֹּב

Using your vocabulary or glossary, write five Hebrew sentences with a פִּעֵל or הִפְעִיל verb in each.

2. See appendix C.3b.
3. See appendix B.5c.

Lesson 30

Main and Subordinate Clauses

A *main clause* is one that can stand on its own: it is not grammatically controlled by another clause. A *subordinate clause* is one that is grammatically controlled by another clause. Both types of clauses can be coordinated with a clause of the same type.

Coordination is most often marked with coordinating conjunctions: וְ "and," אוֹ "or," אֲבָל "but," אוּלָם "but." Note that while the וְ (and) is a coordinating conjunction, often a subordinate relationship between the two conjoined clauses is implied by the context (e.g., "but," "then," "though," and even restatement such as "that is").

However, it is not uncommon for the coordinating conjunction to be absent. Compare these two clauses:

וַיֹּאמֶר יִשְׂרָאֵל אֶל־יוֹסֵף . . . לְכָה וְאֶשְׁלָחֲךָ אֲלֵיהֶם

Israel said to Joseph: . . . <u>come *and* I shall send you</u> to them (Gen. 37:13)

וַיֹּאמֶר לוֹ לֶךְ־נָא רְאֵה אֶת־שְׁלוֹם אַחֶיךָ

He said to him: <u>Go, please, see about</u> the welfare of your brothers (Gen. 37:14)

Subordination is the linking of a subordinate clause to a main clause:

כִּי יֹדֵעַ אֱלֹהִים כִּי בְּיוֹם אֲכָלְכֶם מִמֶּנּוּ וְנִפְקְחוּ עֵינֵיכֶם

<u>because</u> God knows <u>that</u> on the day you eat from it your eyes shall be opened (Gen. 3:5)

The first כִּי in Genesis 3:5 indicates that this clause provides the reason for the serpent's previous statement (that the humans would not die from eating the forbidden fruit). The second כִּי indicates that what follows is an object (or complement) clause for the verb יֹדֵעַ.

The most commonly used Hebrew subordinating conjunctions are listed here:

after	אַחֲרֵי
before	לִפְנֵי
if, though	אִם
because, when, if, that, though	כִּי
who/which, that	אֲשֶׁר

just as, when	כַּאֲשֶׁר
if	לוּ
if not	לוּלֵי
therefore	לָכֵן
while, until	עַד
lest, so that not	פֶּן
in order to, so that	לְמַ֫עַן

דְּבָרִים חֲדָשִׁים

now ADV	עַתָּה
anything PRON	מְא֫וּמָה
die Q	מוּת
open Q	פָּקַח
afraid ADJ	יָרֵא
test PI	נִסָּה

א. תִּמְצָא וּתְתַרְגֵּם

Find the subordinating conjunction(s) in each of the following examples from readings 5 and 6 and translate them.

א) הַנָּחָשׁ הָיָה עָרוּם מִכֹּל חַיָּה אֲשֶׁר עָשָׂה יְהוָה.

ב) כִּי יָדַע אֱלֹהִים כִּי בְּיוֹם אֲשֶׁר תֹּאכַל[1] מוֹת תָּמוּת.[2]

ג) פֶּן יִשְׁלַח יָדוֹ וְלָקַח גַּם מֵעֵץ הַחַיִּים.

1. See appendix C.4b.
2. See appendix C.4g.

ד) הָלַךְ אֶל הַמָּקוֹם אֲשֶׁר אָמַר לוֹ הָאֱלֹהִים.

ה) לֹא תַעֲשֶׂה[3] לוֹ מְאוּמָה כִּי עַתָּה יָדַעְתִּי כִּי יְרֵא אֱלֹהִים אַתָּה.

ב. תְּתַרְגֵּם

Based on the context, interpret the implied relationship between the clauses coordinated with וְ below.

א) בְּיוֹם אֲשֶׁר תֹּאכַל[4] מִמֶּנּוּ וְנִפְקְחוּ עֵינַיִם.

ב) הַנָּחָשׁ דִּבֵּר לִי וַאֲנִי אָכַלְתִּי.

ג) הָאֱלֹהִים נִסָּה אֶת אַבְרָהָם וְאָמַר אֵלָיו . . .

ד) הִנֵּה הָאֵשׁ וְהָעֵצִים וְאַיֵּה הַשֶּׂה לְעֹלָה?

ה) לֹא תִשְׁלַח[5] יָדְךָ אֶל הַנַּעַר וְלֹא תַעֲשֶׂה[6] לוֹ מְאוּמָה.

ג. תִּכְתֹּב

Using your vocabulary or glossary, write two Hebrew sentences with subordinate clauses.

Turn This Book Over, and Go to Reading 6 on Page r-33

3. See appendix C.4f.
4. See appendix C.4b.
5. See appendix C.3c.
6. See appendix C.4f.

Lesson 31

Attached Pronouns: Plural

In lesson 22 you learned the singular attached pronouns. Here is the full paradigm, adding the plural forms (see appendix B.5a–b for a full set of examples):

their	-ָם [-ֵיהֶם]	הֵם	his	-וֹ [-ָיו][a]	הוּא
their	-ָן [-ֵיהֶן]	הֵן	hers	-הּ [-ֶיהָ]	הִיא
your	-כֶם [-ֵיכֶם]	אַתֶּם	your	-ךָ [-ֶיךָ]	אַתָּה
your	-כֶן [-ֵיכֶן]	אַתֶּן	your	-ךְ [-ַיִךְ]	אַתְּ
our	-ֵנוּ [-ֵינוּ]	אֲנַחְנוּ	mine	-ִי [-ַי]	אֲנִי

[a] Bracketed forms are used when attached to plural nouns.

You also learned that attached pronouns can combine with prepositions. This is true for the direct-object marker את as well:

"To/for us" or "our":

לָנוּ	←	נוּ	+	ל
to/for us	←	us	+	to/for
אֹתָנוּ[1]	←	נוּ	+	אֶת
us	←	us	+	as object of a verb

דְּבָרִים חֲדָשִׁים

strength, power M	כֹּחַ
cut Q	כָּרַת
two M (F)	שְׁנַיִם (שְׁתַּיִם)

1. The object marker takes the form אֹת/אוֹת with attached pronouns, in contrast to אֶת/אֶת־ without. See appendix B.5c.

א. תַּחֲלִיף לְ-

Change the following attached pronouns as indicated by the arrow (←) and translate.

א)	בְּנוֹ	pl. ← sg.	_____
ב)	דְּבָרוֹ	2nd ← 3rd	_____
ג)	בֵּיתִי	pl. ← sg.	_____
ד)	חֲלוֹמוֹתָיו	pl. ← sg.	_____
ה)	לָהֶן	masc. ← fem.	_____

ב. תִּתַרְגֵּם

Translate these sentences.

א) אֱלֹהִים בֵּרַךְ[2] אֹתָם.

_____

ב) וְאַתֵּן יְדַעְתֶּן כִּי בְּכָל־כֹּחִי עָבַדְתִּי אֶת־אֲבִיכֶן.

_____

_____

ג) שְׁנֵיהֶם כָּרְתוּ בְּרִית.

_____

ד) וְהָאָרֶץ תִּהְיֶה לִפְנֵיכֶם.

_____

ה) וְהִנֵּה הַנַּעַר אֶת־אָבִינוּ.

_____

ג. תִּכְתֹּב

Using your vocabulary or glossary, write five Hebrew sentences with an attached plural pronoun in each.

_____

_____

_____

_____

_____

2. See appendix C.3b.

Lesson 32

Adjectives

Adjectives modify nouns by specifying attributes of the noun:

גּוֹי־צַדִּיק a nation (that is) righteous (= a righteous nation) (Isa. 26:2)

Adjectives are formed with the same endings as the nouns they modify (note that dual nouns take plural adjectives):

Plural	Singular		
גְּדוֹלִים	גָּדוֹל	סוֹמֵךְ	**Masculine**
גְּדוֹלֵי	גְּדוֹל	נִסְמָךְ	
גְּדוֹלוֹת	גְּדוֹלָה	סוֹמֵךְ	**Feminine**
גְּדוֹלוֹת	גְּדוֹלַת	נִסְמָךְ	

אִישׁ צַדִּיק a man (who is) righteous (= a righteous man) (Gen. 6:9)
אֲנָשִׁים רְשָׁעִים men (who are) evil (= evil men) (2 Sam. 4:11)
יָדַיִם רָפוֹת hands (that are) weak (= weak hands) (Job 4:3)

Adjectives may also be used as the complement of the copula (i.e., on the other side of "is" from the noun):

טוֹב־הַדָּבָר the word (is) good (Deut. 1:14)

טוֹבָה הָאָרֶץ the land (is) good (Deut. 1:25)

הַנָּחָשׁ הָיָה עָרוּם the serpent was crafty (Gen. 3:1)

רָחֵל הָיְתָה יְפַת־תֹּאַר Rachel was beautiful of form (Gen. 29:17)

Finally, adjectives can stand in place of an assumed noun:

וְהָיָה כַצַּדִּיק כָּרָשָׁע so that the righteous are as the wicked (Gen. 18:25)

Note that Hebrew has no comparative or superlative endings like English *-er* (e.g., bigger) or *-est* (e.g., biggest). Instead, the simple adjective is often used, and the comparative or superlative meaning must be discerned from the larger context:

אָחִיו הַקָּטֹן his brother who (was) young**er** (Gen. 48:19)

Comparison is often expressed with the preposition מִן:

טוֹבָה מִמֶּנָּה (she is) <u>better than</u> her (Judg. 15:2)

בִּתִּי הַגְּדוֹלָה my daughter who (is) <u>oldest</u> (1 Sam. 18:17)

Superlative is also expressed by a סְמִיכוּת phrase in which both נִסְמָךְ and סוֹמֵךְ use the same noun:

קֹדֶשׁ קָדָשִׁים holy of holies = most holy (Exod. 29:37)

דְּבָרִים חֲדָשִׁים

lift up, carry Q	נָשָׂא
nation M	גּוֹי (גּוֹיִם)
righteous ADJ	צַדִּיק
great ADJ	גָּדוֹל
small ADJ	קָטֹן
many, much ADJ	רַב (רַבִּים)
together, altogether ADV	יַחְדָּו

א. תְּתַרְגֵּם

Translate the following sentences.

א) נֹחַ הָיָה אִישׁ צַדִּיק.

ב) וְלֹא־נָשָׂא אֹתָם הָאָרֶץ לָשֶׁבֶת[1] יַחְדָּו כִּי־הָיָה צֹאנָם רָב.

ג) אַבְרָם אָמַר אֶל־שָׂרַי תַּעֲשִׂי־[2]לְהָגָר הַטּוֹב בְּעֵינָיִךְ.

---

1. See appendix C.4e.
2. See appendix C.4f.

ד) וְאַבְרָהָם הָיוֹ³ יִהְיֶה לְגוֹי גָּדוֹל וְעָצוּם.⁴

_____

_____

ה) וּלְלָבָן שְׁתֵּי בָנוֹת שֵׁם הַגְּדֹלָה לֵאָה וְשֵׁם הַקְּטַנָּה רָחֵל.

_____

_____

ב. תִּכְתֹּב

Using your vocabulary or glossary, write five Hebrew sentences with an adjective in each.

_____

_____

_____

_____

_____

3. See appendix C.4f.
4. Mighty (ADJ).

Lesson 33

Demonstrative Pronouns

Demonstrative pronouns are deictic (pointing) words (e.g., *this*, *that*, *those* in English). They pattern like adjectives:

הַגּוֹי הַזֶּה <u>this</u> nation (*noun modifier*)

זֶה הַדָּבָר <u>this</u> (is) the word (*noun substitute*)

כָּל־הַדְּבָרִים הָאֵלֶּה all <u>these</u> words (Gen. 29:13) (*noun modifier*)

שִׁלְחוּ אֶת־זֹאת send <u>this one</u> (F) away (2 Sam. 13:17) (*noun substitute*)

Demonstrative pronouns are classified as "near" or "far" based on their deictic meaning. The *far* demonstratives are identical with the third-person personal pronouns.

Plural		Singular			
these	אֵלֶּה	this	זֶה	Masculine	Near
			זֹאת	Feminine	
those	הֵמָּה	that	הוּא	Masculine	Far
	הֵנָּה		הִיא	Feminine	

דְּבָרִים חֲדָשִׁים

behind, after PREP, ADV, CONJ — אַחַר, אַחֲרֵי

א. תְּתַרְגֵּם

Translate the following sentences.

א) אֱלֹהִים אָמַר אֶל־נֹחַ זֹאת אוֹת¹־הַבְּרִית.

_____

_____

1. Sign F.

96

ב) אַחַר הַדְּבָרִים הָאֵ֫לֶּה הָיָה דְבַר־יְהוָה אֶל־אַבְרָם.

ג) קָרְאוּ לְרִבְקָה וְאָמְרוּ אֵלֶ֫יהָ "הֲתֵלְכִי[2] עִם־הָאִישׁ הַזֶּה?"

ד) בַּיּוֹם הַהוּא כָּרַת יְהוָה אֶת־אַבְרָם בְּרִית.

ה) יִשְׂרָאֵל יָשַׁב בָּאָ֫רֶץ הַהִיא.

ב. תִּכְתֹּב

Using your vocabulary or glossary, write five Hebrew sentences with a demonstrative in each.

2. See appendix C.4e.

Lesson 34

סְגֹ֫לֶת Noun Pattern

A common group of nouns, called the סְגֹ֫לֶת nouns, share a distinct structure in the singular: they have stress on the first syllable.

king מֶ֫לֶךְ
young man נַ֫עַר
servant עֶ֫בֶד

morning בֹּ֫קֶר
land אֶ֫רֶץ (F)
life, self נֶ֫פֶשׁ (F)

Note, however, that the forms with feminine gender endings (-ה) are stressed on the final syllable:

queen מַלְכָּה
young woman נַעֲרָה

The plural forms of the סְגֹ֫לֶת nouns are just like other nouns:

מְלָכִים and מְלָכוֹת
נְעָרִים and נְעָרוֹת
עֲבָדִים

בְּקָרִים
אֲרָצוֹת
נְפָשׁוֹת

דְּבָרִים חֲדָשִׁים

נֶ֫פֶשׁ (נְפָשׁוֹת)	life, self F
זֶ֫רַע (זְרָעִים)	seed M

א. תְּתַרְגֵּם

Translate the following sentences.

א) בְּרֵאשִׁית[1] בָּרָא אֱלֹהִים אֵת הַשָּׁמַיִם וְאֵת הָאָרֶץ.

____

____

1. As if בְּרֵאשִׁית אֲשֶׁר . . . : “In the initial period (that) . . .”

ב) יַעֲקֹב לָקַח אֶת־נָשָׁיו וְאֶת־בָּנָיו וְאֶת־בְּנֹתָיו וְאֶת־כָּל־נַפְשׁוֹת בֵּיתוֹ.

ג) וְיַעֲקֹב הָלַךְ לְדַרְכּוֹ.

ד) וְאֵלֶּה הַמְּלָכִים אֲשֶׁר מָלְכוּ בְּאֶרֶץ אֱדוֹם לִפְנֵי מְלָךְ־מֶ֫לֶךְ לִבְנֵי יִשְׂרָאֵל.

ה) אֶכְרֹת אֶת־בְּרִיתִי אִתְּכֶם וְאֶת־זַרְעֲכֶם אַחֲרֵיכֶם וְאֵת כָּל־נֶ֫פֶשׁ הַחַיָּה אֲשֶׁר אִתְּכֶם.

ב. תִּכְתֹּב

Using your vocabulary or glossary, write five Hebrew sentences with a סְגֹ֫לֶת noun in each.

Turn This Book Over, and Go to Reading 7 on Page r-41

Lesson 35

Past Narrative Conjugation

Languages typically use a past tense or perfective aspect verb form to narrate past events (e.g., English Simple Past). Some languages, however, may devote a particular verb form entirely to literary narrative (e.g., French Passé Simple). Biblical Hebrew has an *archaic past tense verb* that is mostly restricted to literary past narrative passages:

וַיֹּ֫אכַל וַיֵּ֫שְׁתְּ וַיָּ֫קָם וַיֵּלַךְ He ate, he drank, he rose, he went. (Gen. 25:34)

In most cases the only distinguishing feature between the Imperfect and the Past Narrative is that the Past Narrative form is prefixed with a ו conjunction with the distinct vowel pattern וַ followed by דָּגֵשׁ:

יִשְׁמֹר he will guard (Imperfect)
וַיִּשְׁמֹר he guarded (Past Narrative)

Note: דָּגֵשׁ is regularly absent in the first-person singular forms and from the third-person masculine פִּעֵל forms:

וָאֶשְׁמֹר I guarded (Past)
וַיְקַבֵּץ he gathered (Past)

The distinct vocalization on the Past Narrative triggers Verb-Subject word order. For instance, in Genesis 22:3 the Past Narrative form וַיַּשְׁכֵּם precedes the subject אַבְרָהָם:

וַיַּשְׁכֵּם אַבְרָהָם בַּבֹּ֫קֶר Abraham rose early in the morning. (Gen. 22:3)

דְּבָרִים חֲדָשִׁים

clothe HI	הִלְבִּישׁ
command PI	צִוָּה
garment M	בֶּ֫גֶד (בְּגָדִים)

א. תְּתַרְגֵּם

Translate the following sentences.

א) וַיִּקְרָא[1] אֱלֹהִים לָאוֹר יוֹם וְלַחֹשֶׁךְ קָרָא לָיְלָה.

ב) וַיִּקַּח[2] אַבְרָם אֶת־שָׂרַי אִשְׁתּוֹ וְאֶת־לוֹט בֶּן־אָחִיו וְאֶת־כָּל־רְכוּשָׁם.[3]

ג) וַיֹּאמֶר יְהוָה אֶל־אַבְרָהָם ”לָמָּה זֶּה צָחֲקָה[4] שָׂרָה?“

ד) וַתִּקַּח רִבְקָה אֶת־בִּגְדֵי עֵשָׂו בְּנָהּ הַגָּדֹל וַתַּלְבֵּשׁ אֶת־יַעֲקֹב בְּנָהּ הַקָּטָן.

ה) וַיִּקְרָא[5] יִצְחָק אֶל־יַעֲקֹב וַיְבָרֶךְ[6] אֹתוֹ וַיְצַוֵּהוּ[7] אֹתוֹ וַיֹּאמֶר לוֹ ”לֹא־תִקַּח[8]
אִשָּׁה מִבְּנוֹת כְּנָעַן.“

ב. תִּכְתֹּב

Using your vocabulary or glossary, write a brief narrative (3–5 sentences) in Hebrew.

1. See appendix C.4c.
2. See appendix C.4d.
3. Their possessions.
4. Laugh; see appendix C.3b.
5. See appendix C.4c.
6. See appendix C.3b.
7. See appendix C.4f.
8. See appendix C.4d.

Lesson 36

וַיְהִי

The form וַיְהִי, the 3MS Past Narrative form of הָיָה, is extremely frequent. There are two distinct functions of this form in narrative. Often וַיְהִי simply has the meaning of "was," "became," or "came":

> וַיְהִי יְהוָה אֶת־יוֹסֵף וַיְהִי אִישׁ מַצְלִיחַ
> YHWH was with Joseph, and he became a successful man. (Gen. 39:2)
>
> וַיְהִי דְּבַר־יְהוָה אֶל־שְׁמוּאֵל
> The word of YHWH came [lit., "was"] to Samuel. (1 Sam. 15:10)

Frequently, however, the form simply marks past tense at the opening of a narrative episode:

> וַיְהִי בָּעֵת הַהִוא וַיֹּאמֶר אֲבִימֶלֶךְ
> And it was—at about that time Abimelek said (Gen. 21:22)
>
> וַיְהִי אַחַר הַדְּבָרִים הָאֵלֶּה וְהָאֱלֹהִים נִסָּה אֶת־אַבְרָהָם
> And it was—after these things God tested Abraham. (Gen. 22:1)
>
> וַיְהִי אַחֲרֵי מוֹת אַבְרָהָם וַיְבָרֶךְ אֱלֹהִים אֶת־יִצְחָק בְּנוֹ. וַיֵּשֶׁב יִצְחָק עִם־בְּאֵר לַחַי רֹאִי
> And it was—after the death of Abraham, God blessed Isaac his son. Isaac settled near Beer-lahai-roi. (Gen. 25:11)

דְּבָרִים חֲדָשִׁים

gift, grain offering F	מִנְחָה
bring, make enter HI	הֵבִיא
(not translated; introduces direct speech COMP)	לֵאמֹר
burn, be kindled Q	חָרָה
nose, face; anger M	אַף (אַפַּיִם)
run Q	רוּץ

א. תְּתַרְגֵּם

Translate the following sentences.

א) וַיְהִי כִשְׁמֹעַ[1] אֲדֹנָיו אֶת־דִּבְרֵי אִשְׁתּוֹ אֲשֶׁר דִּבְּרָה אֵלָיו לֵאמֹר "כַּדְּבָרִים הָאֵלֶּה עָשָׂה לִי עַבְדֶּךָ." וַיִּחַר[2] אַפּוֹ.

ב) וַיְהִי בַבֹּקֶר וְהִנֵּה־הִוא לֵאָה וַיֹּאמֶר אֶל־לָבָן "מַה־זֹּאת עָשִׂיתָ[3] לִּי הֲלֹא בְרָחֵל עָבַדְתִּי עִמָּךְ?"

ג) וַיְהִי אַחֲרֵי יָמִים וַיָּבֵא[4] קַיִן מִפְּרִי הָאֲדָמָה מִנְחָה לַיהוָה.

ד) וַיְהִי כִשְׁמֹעַ לָבָן אֶת־שֵׁמַע[5] יַעֲקֹב בֶּן־אֲחֹתוֹ וַיָּרָץ[6] לוֹ.

ב. תִּכְתֹּב

Using your vocabulary or glossary, write three Hebrew sentences containing וַיְהִי.

1. See appendix C.3c.
2. See appendix C.4f.
3. See appendix C.4f.
4. See appendix C.4g.
5. News, report.
6. See appendix C.4g.

Lesson 37

בִּנְיָנִים: נִפְעַל וְהִתְפַּעֵל

The נִפְעַל בִּנְיָן is characterized by the following:

- a נִ prefix in the Perfect and Participles (see L42):

  נִשְׁמַר he/it was guarded

- a דָּגֵשׁ in the first consonant of the שֹׁרֶשׁ and a *chireq* under the prefix in the Imperfect and the Imperative (see L39):

  יִשָּׁמֵר he/it will be guarded

  הִשָּׁמֵר be guarded! (MS Imperative)

The הִתְפַּעֵל בִּנְיָן is characterized by a דָּגֵשׁ in the second consonant of the שֹׁרֶשׁ and a *patach* under the first consonant of the שֹׁרֶשׁ, as well as by the following:

- a הִתְ prefix in the Perfect, Infinitive, and Imperative (see L39):

  הִתְקַבֵּץ he gathered together [with others]

  הִתְקַבֵּץ gather together [with others] (MS Imperative)

- a ת following the inflectional prefix in the Imperfect:

  יִתְקַבֵּץ he will gather together [with others]

See appendix C for a full paradigm of the נִפְעַל וְהִתְפַּעֵל בִּנְיָנִים.

As with the other derived בִּנְיָנִים, in many cases the meaning of the נִפְעַל and הִתְפַּעֵל cannot be systematically derived from the same שֹׁרֶשׁ in the active בִּנְיָנִים. So the meaning of the verb in the נִפְעַל or הִתְפַּעֵל should simply be memorized:

כְּצֵל־כִּנְטוֹתוֹ נֶהֱלָכְתִּי
As a shadow when it declines, I am gone away/vanished (Ps. 109:23)

וַיִּתְהַלֵּךְ חֲנוֹךְ אֶת־הָאֱלֹהִים
Enoch walked/conducted himself in accordance with God (Gen. 5:22)

א. תְּנַתַּח הַדְּבָרִים

Identify the conjugation, person, gender, and number of these נִפְעַל and הִתְפַּעֵל verbs, and then translate them.

א) יִתְקַבֵּץ ______

ב) נִשְׁמְרוּ ______

ג) וַתִּתְהַלְּכִי ______

ד) יִקָּרֵא ______

ה) וָאֶתְקַבֵּץ ______

ו) תִּמָּצֶאנָה ______

ב. תִּכְתֹּב

Using your vocabulary or glossary, write three Hebrew sentences with a נִפְעַל or הִתְפַּעֵל verb in each.

______

______

______

Lesson 38

Dynamic and Stative Verbs

A basic division among verbs is that between dynamic and stative. *Dynamic verbs* refer to events or movements. *Stative verbs* refer to states or qualities. In Biblical Hebrew, stative verbs are distinct from dynamic verbs in the following ways:

1. In the קַל בִּנְיָן stative verbs have different vowel patterns than dynamic verbs.

Dynamic Perfect 3MS	שָׁמַר =	he guarded
Stative Perfect 3MS	כָּבֵד =	he is/was heavy
	קָטֹן =	he is/was small
Dynamic Imperfect 3MS	יִשְׁמֹר =	he will guard
Stative Imperfect 3MS	יִכְבַּד =	he will be heavy
	יִקְטַן =	he will be small

2. Stative verbs only rarely form Participles (see L42), but instead they have an adjective form identical to the 3MS Perfect form:

3MS Perfect	כָּבֵד =	he is/was heavy
MS Adjective	כָּבֵד =	heavy

3. Stative verbs express states or the entrance into a state (i.e., be or become) in past, present, or future time:

   וְעֵינֵי יִשְׂרָאֵל כָּבְדוּ מִזֹּקֶן
   (and) Israel's eyes <u>were heavy</u> (= dim) from age (Gen. 48:10)

   וְחַטָּאתָם כִּי כָבְדָה מְאֹד
   (and) their sin, indeed, <u>is</u> very <u>heavy</u> (= serious) (Gen. 18:20)

   כִּי־גָדְלָה צַעֲקָתָם אֶת־פְּנֵי יְהוָה
   for their outcry <u>has become great</u> before YHWH (Gen. 19:13)

דְּבָרִים חֲדָשִׁים

be glad, rejoice Q	שָׂמַח/שָׂמֵחַ
become pregnant, conceive Q	הָרָה
laugh Q	צָחַק
be holy Q	קָדֵשׁ/קָדַשׁ
be afraid, fear Q	יָרֵא
be old Q	זָקֵן
Egypt	מִצְרַ֫יִם

א. תְּנַתַּח הַדְּבָרִים

Identify the conjugation, person, gender, and number of these קַל verbs, indicate whether they are dynamic or stative, and translate.

א) קָטֹ֫נְתִּי

ב) תִּשְׂמַ֫חְנָה

ג) יִצְחַק

ד) יִקְדַּשׁ

ב. תְּתַרְגֵּם

Translate these verses with stative verbs in the Perfect conjugation. Be able to explain why you chose to translate the stative as you did.

א) וַ֫יֹּאמֶר, "הִנֵּה־נָא זָקַ֫נְתִּי, לֹא יָדַ֫עְתִּי יוֹם מוֹתִי."

ב) וְאַבְרָהָם זָקֵן וַיהוָה בֵּרַךְ אֶת־אַבְרָהָם בַּכֹּל.

ג) וַתֹּאמֶר שָׂרָה, "לֹא צָחַ֫קְתִּי," כִּי יָרֵאָה.

ד) וְהָאָדָם יָדַע אֶת־חַוָּה אִשְׁתּוֹ וַתַּהַר[1] וַתֵּלֶד[2] אֶת־קַיִן.

ה) וְכָל־הָאָרֶץ בָּאוּ[3] מִצְרַיְמָה לִשְׁבֹּר אֶל־יוֹסֵף כִּי־חָזַק הָרָעָב בְּכָל־הָאָרֶץ.

ג. תִּכְתֹּב

Using your vocabulary or glossary, write three Hebrew sentences with a stative verb in each.

Turn This Book Over, and Go to Reading 8 on Page r-49

1. See appendix C.4f.
2. See appendix C.4e.
3. See appendix C.4g.

Lesson 39

Jussives and Imperatives

The **Jussive** is similar in form to the Imperfect. It expresses both positive and negative (with אַל, never לֹא) commands or wishes:

יִשְׁפֹּט יְהוָה בֵּינִי וּבֵינֶיךָ May YHWH judge between me and between you! (Gen. 16:5)

אַל־תַּסְתֵּר פָּנֶיךָ מִמֶּנִּי Do not hide your face from me. (Ps. 102:3)

The Jussive forms are identical to the Imperfect forms with two exceptions:

1. The *first-person* Jussive forms (sometimes referred to as *Cohortatives*) often end with ָה- in *all* בִּנְיָנִים:

	קַל	
let me/I shall guard	אֶשְׁמְרָה	1CS
let us/we shall guard	נִשְׁמְרָה	1CP

2. The *second-* and *third-person* Jussive forms in the הִפְעִיל and in some "weak" verbs (see appendix C.4) sometimes have a different vowel than the Imperfect in the second syllable:

   יַמְלֵךְ let him make (someone) king (Jussive)
   versus
   יַמְלִיךְ he will make (someone) king (Imperfect)

   יָקֹם let him stand up (קַל Jussive of קוּם)
   versus
   יָקוּם he will stand up (Imperfect)

The **Imperative** verb occurs only in the second person. It expresses positive commands and wishes (it cannot be negated):

שְׁמֹר נַפְשְׁךָ מְאֹד Guard your life very much. (Deut. 4:9)

The form of the Imperative is identical to the Jussive *apart from the prefix*:

guard		gather		reign
קַל	נִפְעַל	פִּעֵל	הִתְפַּעֵל	הִפְעִיל
שְׁמֹר 2MS	הִשָּׁמֵר 2MS	קַבֵּץ 2MS	הִתְקַבֵּץ 2MS	הַמְלֵךְ 2MS
שִׁמְרִי 2FS	הִשָּׁמְרִי 2FS	קַבְּצִי 2FS	הִתְקַבְּצִי 2FS	הַמְלִיכִי 2FS
שִׁמְרוּ 2MP	הִשָּׁמְרוּ 2MP	קַבְּצוּ 2MP	הִתְקַבְּצוּ 2MP	הַמְלִיכוּ 2MP
שְׁמֹרְנָה 2FP	הִשָּׁמַרְנָה 2FP	קַבֵּצְנָה 2FP	הִתְקַבֵּצְנָה 2FP	הַמְלֵכְנָה 2FP

These verbs are sometimes followed by נָא־, which is close to English *please*:

וְעַתָּה דַּבֶּר־נָא אֶל־הַמֶּלֶךְ Now, speak, please, to the king. (2 Sam. 13:13)

דְּבָרִים חֲדָשִׁים

flee Q	בָּרַח
pour out, shed (blood) Q	שָׁפַךְ

א. תְּנַתֵּחַ הַדְּבָרִים

Identify the בִּנְיָנִים, conjugation, person, gender, and number of these Imperative and Jussive verbs and translate.

א) דַּבֵּר ______________________________

ב) דַּבֵּרְנָה ______________________________

ג) יַשְׁכֵּם ______________________________

ד) הַמְלִיכוּ ______________________________

ה) יְכַבֵּד ______________________________

ו) שִׁמְרִי ______________________________

ב. תְּתַרְגֵּם

Translate the following sentences.

א) וְעַתָּה בְנִי שְׁמַע[1] בְּקֹלִי וְקוּם[2] בְּרַח[3]־לְךָ אֶל־לָבָן אָחִי חָרָנָה.

ב) וַיֹּאמֶר "שָׂא[4]־נָא עֵינֶיךָ וּרְאֵה."[5]

ג) וַיֹּאמֶר יְהוָה אֶל־יַעֲקֹב "שׁוּב[6] אֶל־אֶרֶץ אֲבוֹתֶיךָ."

ד) אָמַר אֵלַי לֵאמֹר "הִשָּׁמֶר לְךָ מִדַּבֵּר עִם־יַעֲקֹב מִטּוֹב עַד־רָע."

ה) וַיֹּאמֶר אֲלֵהֶם רְאוּבֵן "אַל־תִּשְׁפְּכוּ־דָם הַשְׁלִיכוּ אֹתוֹ אֶל־הַבּוֹר הַזֶּה אֲשֶׁר בַּמִּדְבָּר."

ג. תִּכְתֹּב

Using your vocabulary, write five Hebrew sentences with a Jussive or Imperative verb in each.

1. See appendix C.3c.
2. See appendix C.4g.
3. See appendix C.3c.
4. See appendix C.4d.
5. See appendix C.4f.
6. See appendix C.4g.

Lesson 40

Attached Pronouns with Verbs

In lesson 31 we discussed attached pronouns expressing possession with nouns and objects when following prepositions or the object marker (אֶת/אֵת־). Attached pronouns can also be directly attached to verbs as the object of the verbal action:

שְׁמָרוֹ = שָׁמַר אוֹתוֹ he guarded him
יִשְׁמְרֵהוּ = יִשְׁמֹר אוֹתוֹ and יִשְׁמְרֶנּוּ he will guard him

Below is a summary of the attached pronouns on verbs (see appendix C.2 for a full paradigm):

them	־ם	3MP	him	־וֹ / ־הוּ	3MS
them	־ן	3FP	her	־הּ, ־הָ	3FS
you	־כֶם	2MP	you	־ךָ	2MS
you	־כֶן	2FP	you	־ךְ	2FS
us	־נוּ	1CP	me	־נִי	1CS

דְּבָרִים חֲדָשִׁים

messenger, angel M	מַלְאָךְ
eye; spring F	עַיִן, עֵין NIS

א. תְּנַתַּח הַדְּבָרִים

Identify the בִּנְיָנִים, conjugation, person, gender, and number of these verbs and the person, gender, number of the attached pronoun, and then translate.

א) בְּהִבָּרְאָם ______________________

ב) שְׁמָעוּכֶם ______________________

ג) הֲרָגֹ֫ונִי _____

ד) לְקָחַ֫נִי _____

ה) בֵּרַכְתָּ֫נוּ _____

ו) אֶעֶבְדֶ֫ךָ _____

ז) וְהִזְכַּרְתֶּן _____

ח) וַיִּמְצָאֵם _____

ב. תִּתַרְגֵּם

Translate the following sentences.

א) וַיָּ֫שָׁב[1] אֶל־יְהוּדָה וַיֹּ֫אמֶר "לֹא מְצָאתִ֫יהָ."

_____

ב) וַיֹּ֫אמֶר אֵלָיו "אַתָּה יָדַ֫עְתָּ אֵת אֲשֶׁר עֲבַדְתִּ֫יךָ."

_____

ג) וַיֹּ֫אמֶר יַעֲקֹב אֶל־לָבָן שַׁלְּחֵ֫נִי וְאֵלְכָה[2] אֶל־מְקוֹמִי וּלְאַרְצִי.

_____

ד) וַיֹּ֫אמֶר עֵשָׂו אֶל־אָבִיו "בָּרֲכֵ֫נִי[3] גַם־אָ֫נִי אָבִי."

_____

ה) וַיִּמְצָאָהּ מַלְאַךְ יְהוָה עַל־עֵין הַמַּ֫יִם בַּמִּדְבָּר.

_____

ג. תִּכְתֹּב

Using your vocabulary or glossary, write five Hebrew sentences and include a verb with an attached pronoun in each.

_____

_____

_____

_____

_____

1. See appendix C.4g.
2. See appendix C.4e.
3. See appendix C.3b.

Lesson 41

Word Order with Topic and Focus

In lesson 18, Biblical Hebrew was described as a language with Subject-Verb basic word order. But this order is often inverted due to some sort of trigger at the front of the clause, such as a grammatical word (e.g., כִּי). Topic and focus words or phrases, which are usually placed at the front of a clause (this is sometimes referred to as "fronting"), also trigger inverted word order.

Topics direct the reader very specifically to *what* the clause is about, as in "Now let's talk about *grammar*—what fun it is!" Focus items present contrasts (or in fuzzy terms, "emphasis") and often follow a Topic, as with the word *fun* in "Now let's talk about *grammar*—what ***fun*** it is!" Topic is examined further in lesson 46; in this lesson we examine Focus.

In Genesis 37:4 the object phrase **אֹתוֹ** is focus fronted, which also results in the inversion of the word order for the rest of the clause—Verb-Subject (**אָהַב אֲבִיהֶם**):

וַיִּרְאוּ אֶחָיו כִּי־אֹתוֹ אָהַב אֲבִיהֶם מִכָּל־אֶחָיו
His brothers saw that <u>him</u> [Joseph] their father loved more than any of his brothers. (Gen. 37:4)

In Genesis 37:11 what looks like a basic Subject-Verb clause in the second half has actually been set up by the context, that is, by the contrast with Joseph's brothers, to make the phrase **אָבִיו** a focus element:

וַיְקַנְאוּ־בוֹ אֶחָיו וְאָבִיו שָׁמַר אֶת־הַדָּבָר
His brothers were jealous of him, but <u>his father</u> kept the matter [in mind]. (Gen. 37:11)

Genesis 22:12 illustrates Predicate-Subject inversion in a null-copula clause. (Recall that null-copula and participial clauses are not inverted by grammatical words [see L18], but they are inverted by a Topic or Focus item.)

עַתָּה יָדַעְתִּי כִּי־יְרֵא אֱלֹהִים אַתָּה
Now I know that <u>a God-fearer</u> [are] you. (Gen. 22:12)

The (Focus) predicate **יְרֵא אֱלֹהִים** appears before the subject **אַתָּה** because God (speaking through his messenger) is telling Abraham that he has recognized *exactly what kind of loyal follower* Abraham is.

For irreal clauses, in which the normal word order is Verb-Subject, it makes sense that the focusing and fronting of a subject triggers inversion back to Subject-Verb order. In Genesis 44:33, the subject noun הַנַּ֫עַר is focused and thus fronted before the irreal Jussive יַ֫עַל, producing Subject-Verb order:

> וְעַתָּה יֵ֫שֶׁב־נָא עַבְדְּךָ תַּ֫חַת הַנַּ֫עַר עֶ֫בֶד לַאדֹנִי וְהַנַּ֫עַר יַ֫עַל עִם־אֶחָיו
> Now, please let your servant stay instead of the boy as a servant to my lord; and let the boy go up with his brothers. (Gen. 44:33)

א. תִּמְצָא

Find the word order pattern in the shaded clauses below from readings 8–9. Using the concepts of Topic, Focus, and Subject-Verb inversion, *offer an explanation.*

א) וַתֹּ֫אמֶר הָאִשָּׁה אֶל־הַנָּחָשׁ "מִפְּרִי עֵץ־הַגָּן נֹאכֵל, וּמִפְּרִי הָעֵץ אֲשֶׁר בְּתוֹךְ־הַגָּן אָמַר אֱלֹהִים 'לֹא תֹאכְלוּ מִמֶּ֫נּוּ.'"

____

____

ב) וַיֵּ֫דְעוּ כִּי עֵירֻמִּם הֵם.

____

____

ג) וַיֹּ֫אמֶר "אֶת־קֹלְךָ שָׁמַ֫עְתִּי בַּגָּן וָאִירָא כִּי־עֵירֹם אָנֹכִי וָאֵחָבֵא."

____

____

ד) וַיִּקְרָא אַבְרָהָם שֵׁם־הַמָּקוֹם הַהוּא "יְהוָה יִרְאֶה," אֲשֶׁר יֵאָמֵר הַיּוֹם "בְּהַר יְהוָה יֵרָאֶה."

____

____

Turn This Book Over, and Go to Reading 9 on Page r-57

Lesson 42

Participles

Participles are adjectives that have בִּנְיָנִים distinctions (like verbs). Participles are formed by adding adjective (and noun) suffixes to the בִּנְיָן-specific participle forms. Below is the קַל **Active Participle**:

Plural	Singular		
אֹמְרִים	אֹמֵר	סוֹמֵךְ	**Masculine**
אֹמְרֵי	אֹמֵר	נִסְמָךְ	
אֹמְרוֹת	אֹמֶ֫רֶת / אֹמְרָה	סוֹמֵךְ	**Feminine**
אֹמְרוֹת	אֹמֶ֫רֶת / אֹמְרַת	נִסְמָךְ	

Though the pattern of the קַל Active Participle is distinct and must simply be memorized, the forms in the other בִּנְיָנִים are closely related to the Perfect or Imperfect in those בִּנְיָנִים:

- The נִפְעַל Participle is similar to the Perfect conjugation, except that it has a קָמֵץ in the second syllable instead of a פַּ֫תַח:

  נִשְׁמָר (MS Participle) versus נִשְׁמַר (the 3MS Perfect)

- The פִּעֵל, הִתְפַּעֵל, and הִפְעִיל Participles are similar to the Imperfect but with a prefixed מ:

  מְקַבֵּץ (MS Participle; cf. 3MS Imperfect יְקַבֵּץ)
  מִתְקַבֵּץ (MS Participle; cf. 3MS Imperfect יִתְקַבֵּץ)
  מַמְלִיךְ (MS Participle; cf. 3MS Imperfect יַמְלִיךְ)

Like Adjectives (see L32), Participles may be used substantivally or predicatively.

- Substantivally: Some Participles are regularly used as "agentive" nouns:

  שֹׁפְטֵי יִשְׂרָאֵל the judges of Israel (Num. 25:5)

- Predicatively: The Participle may describe an action or event in a clause (the temporal location [tense] of the event is derived from the context):

  מֹשֶׁה הָיָה רֹעֶה אֶת־צֹאן יִתְרוֹ Moses was shepherding the sheep of Jethro. (Exod. 3:1)
  שְׁמוּאֵל שֹׁכֵב בְּהֵיכַל יְהוָה Samuel [was] lying in the temple of YHWH. (1 Sam. 3:3)

- Participles are often introduced by a ‑ה prefix, which functions as a relative marker (as opposed to the definite article), and the Participle functions predicatively within a relative clause that modifies a noun:

  הָאִישׁ הַשֹּׁכֵב עִם־הָאִשָּׁה the man who lies with the woman (Deut. 22:22)

The קַל בִּנְיָן, in addition to the Active Participle (above), has a **Passive Participle** with a וּ in the second syllable; it also uses adjective endings:

Plural	Singular		
אֲרוּרִים	אָרוּר	סוֹמֵךְ	Masculine
אֲרוּרֵי	אֲרוּר	נִסְמָךְ	
אֲרוּרוֹת	אֲרוּרָה	סוֹמֵךְ	Feminine
אֲרוּרוֹת	אֲרוּרַת	נִסְמָךְ	

The temporal location (tense) of the קַל Passive Participle (like the Active Participle) is derived from the context:

כִּי עָשִׂיתָ זֹּאת אָרוּר אַתָּה because you have done this, you [are] cursed (Gen. 3:14)

דְּבָרִים חֲדָשִׁים

god, God, mighty one M	אֵל
divide, separate HI	הִבְדִּיל
fall Q	נָפַל
show oneself, appear NI	נִרְאָה
opening M	פֶּתַח

א. תְּנַתֵּחַ הַדְּבָרִים

Identify the **בִּנְיָנִים**, conjugation, gender, and number of these participles and translate.

א) יֹדְעֵי ______________________

ב) נִמְצָא ______________________

ג) נֹפֶ֫לֶת ______________________

ד) מְדַבְּרִים ______________________

ה) מַבְדִּיל ______________________

ו) בָּרוּךְ ______________________

ב. תְּתַרְגֵּם

Translate these verses, which contain participles.

א) וַיְהִי־הֶ֫בֶל רֹעֵה צֹאן וְקַ֫יִן הָיָה עֹבֵד אֲדָמָה.

____

____

ב) ״הֲשֹׁפֵט כָּל־הָאָ֫רֶץ לֹא יַעֲשֶׂה[1] מִשְׁפָּט?״

____

____

ג) וְשָׂרָה שֹׁמַ֫עַת פֶּ֫תַח הָאֹ֫הֶל.

____

____

ד) וְאֵ֫לֶּה שְׁמוֹת בְּנֵי־יִשְׂרָאֵל הַבָּאִים[2] מִצְרָ֫יְמָה.

____

____

ה) וַיֹּ֫אמֶר אֱלֹהִים אֶל־יַעֲקֹב, ״קוּם[3] עֲלֵה[4] בֵית־אֵל וַעֲשֵׂה[5]־שָׁם מִזְבֵּחַ לָאֵל
הַנִּרְאֶה[6] אֵלֶ֫יךָ בְּבָרְחֲךָ מִפְּנֵי עֵשָׂו אָחִיךָ.״

____

____

1. See appendix C.4f.
2. See appendix C.4g.
3. See appendix C.4g.
4. See appendix C.4f.
5. See appendix C.4f.
6. See appendix C.4f.

ג. תִּכְתֹּב

Using your vocabulary or glossary, write three Hebrew sentences with a participle in each.

_____

_____

_____

Lesson 43

The Foreground and Background of Narrative

The majority of the Hebrew Bible is narrative. The main thread or foreground of narrative discourse features the Past Narrative verb:

> וַיֵּשֶׁב יַעֲקֹב בְּאֶרֶץ מְגוּרֵי אָבִיו בְּאֶרֶץ כְּנָעַן
> Jacob dwelt in the land of the sojourning of his father, in the land of Canaan. (Gen. 37:1)

The Past Narrative clause in Genesis 37:1 reports a foregrounded event that advances the plotline from the previous narrative events in 35:27–29. (Genesis 36 is the nonnarrative genealogy of Esau.) When something is included that is not part of the temporal progression of the plot *action*, the narrator avoids using the Past Narrative verb:

> יוֹסֵף בֶּן־שְׁבַע־עֶשְׂרֵה שָׁנָה הָיָה רֹעֶה אֶת־אֶחָיו בַּצֹּאן
> Joseph, a young man of seventeen years, was a shepherd with his brothers. (Gen. 37:2)

In Genesis 37:2 the character of Joseph and his relationship with his brothers is crucial background to the ensuing narrative, but it does not advance the plotline.

In addition to communicating background information, the narrator also avoids using the Past Narrative verb to report events in an order other than their occurrence in the narrative:

> וַיִּשָּׂא אַבְרָהָם אֶת־עֵינָיו וַיַּרְא וְהִנֵּה־אַיִל אַחַר נֶאֱחַז בַּסְּבַךְ בְּקַרְנָיו
> Abraham lifted his eyes and looked, and—behold!—a ram behind [him] had become caught in the thicket by its horns. (Gen. 22:13)

In Genesis 22:13 the ram is not caught in the thicket right as Abraham looked or after he looked, but obviously before he looked up. Thus the Past Narrative verb is avoided and this preceding event is described with the Perfect verb נֶאֱחַז.

Subordinate clauses and reported speech are also background material:

> וַיָּבֹאוּ אֶל־הַמָּקוֹם אֲשֶׁר אָמַר־לוֹ הָאֱלֹהִים They went to the place that God had told him. (Gen. 22:9)

א. תִּמְצָא

Identify each clause in the following excerpts from readings 8 and 9 as foreground or background.

וְהַנָּחָשׁ הָיָה עָרוּם מִכֹּל חַיַּת הַשָּׂדֶה אֲשֶׁר עָשָׂה יְהוָה אֱלֹהִים. וַיֹּאמֶר אֶל-
הָאִשָּׁה, "אַף כִּי-אָמַר אֱלֹהִים לֹא תֹאכְלוּ מִכֹּל עֵץ הַגָּן?" וַתֹּאמֶר הָאִשָּׁה אֶל-
הַנָּחָשׁ, "מִפְּרִי עֵץ-הַגָּן נֹאכֵל. וּמִפְּרִי הָעֵץ אֲשֶׁר בְּתוֹךְ-הַגָּן אָמַר אֱלֹהִים 'לֹא
תֹאכְלוּ מִמֶּנּוּ וְלֹא תִגְּעוּ בּוֹ פֶּן-תְּמֻתוּן!'" וַיֹּאמֶר הַנָּחָשׁ אֶל-הָאִשָּׁה, "לֹא-מוֹת
תְּמֻתוּן! כִּי יֹדֵעַ אֱלֹהִים כִּי בְּיוֹם אֲכָלְכֶם מִמֶּנּוּ וְנִפְקְחוּ עֵינֵיכֶם וִהְיִיתֶם כֵּאלֹהִים
יֹדְעֵי טוֹב וָרָע." וַתֵּרֶא הָאִשָּׁה כִּי טוֹב הָעֵץ לְמַאֲכָל וְכִי תַאֲוָה-הוּא לָעֵינַיִם
וְנֶחְמָד הָעֵץ לְהַשְׂכִּיל וַתִּקַּח מִפִּרְיוֹ וַתֹּאכַל, וַתִּתֵּן גַּם-לְאִישָׁהּ עִמָּהּ וַיֹּאכַל.

וַיְהִי אַחַר הַדְּבָרִים הָאֵלֶּה וְהָאֱלֹהִים נִסָּה אֶת-אַבְרָהָם. וַיֹּאמֶר אֵלָיו
"אַבְרָהָם." וַיֹּאמֶר "הִנֵּנִי." וַיֹּאמֶר "קַח-נָא אֶת-בִּנְךָ אֶת-יְחִידְךָ אֲשֶׁר-אָהַבְתָּ
אֶת-יִצְחָק וְלֶךְ-לְךָ אֶל-אֶרֶץ הַמֹּרִיָּה וְהַעֲלֵהוּ שָׁם לְעֹלָה עַל אַחַד הֶהָרִים אֲשֶׁר
אֹמַר אֵלֶיךָ." וַיַּשְׁכֵּם אַבְרָהָם בַּבֹּקֶר וַיַּחֲבֹשׁ אֶת-חֲמֹרוֹ וַיִּקַּח אֶת-שְׁנֵי נְעָרָיו
אִתּוֹ וְאֵת יִצְחָק בְּנוֹ וַיְבַקַּע עֲצֵי עֹלָה וַיָּקָם וַיֵּלֶךְ אֶל-הַמָּקוֹם אֲשֶׁר-אָמַר-לוֹ
הָאֱלֹהִים.

Lesson 44

The Verbal System: A Summary

The following chart summarizes the Biblical Hebrew verbal system:

Real	שָׁמַר	*Perfect*: perfective (whole view of situation)
	וַיִּשְׁמֹר	*Past Narrative*: past event in narrative
	יִשְׁמֹר	*Imperfect*: imperfective (partial/in-progress view of situation)
Irreal	(וְ)שָׁמַר	*Irreal Perfect*: contingent modality/command/habitual
	יִשְׁמֹר	*Irreal Imperfect*: command or wish (it is negated with לֹא)
	יִשְׁמֹר	*Jussive*: command or wish (any person; it is negated with אַל)
	שְׁמֹר	*Imperative*: command or wish (2nd person only; not negated)

Only the Perfect and Imperfect conjugations, which form the central opposition in the system, are used for both real and irreal expressions. As a *system* the Biblical Hebrew conjugations show both contrast and overlap in meaning. The Venn diagram below illustrates how we might conceive of them as relating semantically to one another. Although the Participle is an adjective, when used predicatively it overlaps in meaning with the Imperfect. Sometimes these overlapping meanings can be distinguished on the basis of something other than semantics, such as the foreground-discourse distinction of the Past Narrative form.

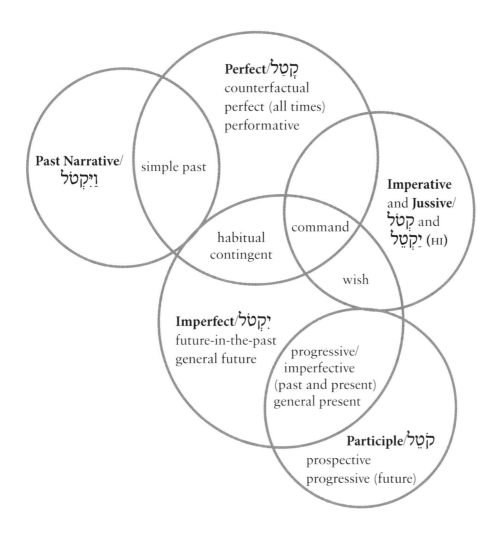

Turn This Book Over, and Go to Reading 10 on Page r-63

א. תִּמְצָא

Identify each finite verb or predication in the following excerpts from readings 8 and 9.

וַתִּפָּקַחְנָה עֵינֵי שְׁנֵיהֶם וַיֵּדְעוּ כִּי עֵירֻמִּם הֵם. וַיִּתְפְּרוּ עֲלֵה תְאֵנָה וַיַּעֲשׂוּ לָהֶם חֲגֹרֹת. וַיִּשְׁמְעוּ אֶת־קוֹל יְהוָה אֱלֹהִים מִתְהַלֵּךְ בַּגָּן לְרוּחַ הַיּוֹם. וַיִּתְחַבֵּא הָאָדָם וְאִשְׁתּוֹ מִפְּנֵי יְהוָה אֱלֹהִים בְּתוֹךְ עֵץ הַגָּן. וַיִּקְרָא יְהוָה אֱלֹהִים אֶל־הָאָדָם וַיֹּאמֶר לוֹ, ”אַיֶּכָּה?“ וַיֹּאמֶר, ”אֶת־קֹלְךָ שָׁמַעְתִּי בַּגָּן וָאִירָא כִּי־עֵירֹם אָנֹכִי וָאֵחָבֵא.“ וַיֹּאמֶר, ”מִי הִגִּיד לְךָ כִּי עֵירֹם אָתָּה? הֲמִן־הָעֵץ אֲשֶׁר צִוִּיתִיךָ לְבִלְתִּי אֲכָל־מִמֶּנּוּ אָכָלְתָּ?“ וַיֹּאמֶר הָאָדָם, ”הָאִשָּׁה אֲשֶׁר נָתַתָּה עִמָּדִי הִוא נָתְנָה־לִּי מִן־הָעֵץ וָאֹכֵל.“ וַיֹּאמֶר יְהוָה אֱלֹהִים לָאִשָּׁה, ”מַה־זֹּאת עָשִׂית?“ וַתֹּאמֶר הָאִשָּׁה, ”הַנָּחָשׁ הִשִּׁיאַנִי וָאֹכֵל.“

וַיֹּאמֶר אַבְרָהָם אֱלֹהִים יִרְאֶה־לּוֹ הַשֶּׂה לְעֹלָה בְּנִי וַיֵּלְכוּ שְׁנֵיהֶם יַחְדָּו: וַיָּבֹאוּ
אֶל־הַמָּקוֹם אֲשֶׁר אָמַר־לוֹ הָאֱלֹהִים וַיִּבֶן שָׁם אַבְרָהָם אֶת־הַמִּזְבֵּחַ וַיַּעֲרֹךְ אֶת־
הָעֵצִים וַיַּעֲקֹד אֶת־יִצְחָק בְּנוֹ וַיָּשֶׂם אֹתוֹ עַל־הַמִּזְבֵּחַ מִמַּעַל לָעֵצִים: וַיִּשְׁלַח
אַבְרָהָם אֶת־יָדוֹ וַיִּקַּח אֶת־הַמַּאֲכֶלֶת לִשְׁחֹט אֶת־בְּנוֹ: וַיִּקְרָא אֵלָיו מַלְאַךְ יְהוָה
מִן־הַשָּׁמַיִם וַיֹּאמֶר אַבְרָהָם אַבְרָהָם וַיֹּאמֶר הִנֵּנִי: וַיֹּאמֶר אַל־תִּשְׁלַח יָדְךָ אֶל־
הַנַּעַר וְאַל־תַּעַשׂ לוֹ מְאוּמָה כִּי עַתָּה יָדַעְתִּי כִּי־יְרֵא אֱלֹהִים אַתָּה וְלֹא חָשַׂכְתָּ
אֶת־בִּנְךָ אֶת־יְחִידְךָ מִמֶּנִּי: וַיִּשָּׂא אַבְרָהָם אֶת־עֵינָיו וַיַּרְא וְהִנֵּה־אַיִל אַחַר נֶאֱחַז
בַּסְּבַךְ בְּקַרְנָיו וַיֵּלֶךְ אַבְרָהָם וַיִּקַּח אֶת־הָאַיִל וַיַּעֲלֵהוּ לְעֹלָה תַּחַת בְּנוֹ:

Lesson 45

Numerals

Numerals in Hebrew fall into two categories, just as they do in English: *cardinals* (the basic forms) and *ordinals* (the forms used to order items, e.g., in a list):

Ordinals			Cardinals				
			with Feminine Nouns		with Masculine Nouns		
Feminine	Masculine		נִסְמָךְ	סוֹמֵךְ	נִסְמָךְ	סוֹמֵךְ	
רִאשׁוֹנָה	רִאשׁוֹן	1st	אַחַת	אַחַת	אַחַד	אֶחָד	1
שֵׁנִית	שֵׁנִי	2nd	שְׁתֵּי	שְׁתַּיִם	שְׁנֵי	שְׁנַיִם	2
שְׁלִישִׁית	שְׁלִישִׁי	3rd	שְׁלֹשׁ	שָׁלֹשׁ	שְׁלֹשֶׁת	שְׁלֹשָׁה	3
רְבִיעִית	רְבִיעִי	4th	אַרְבַּע	אַרְבַּע	אַרְבַּעַת	אַרְבָּעָה	4
חֲמִישִׁית	חֲמִישִׁי	5th	חֲמֵשׁ	חָמֵשׁ	חֲמֵשֶׁת	חֲמִשָּׁה	5
שִׁשִּׁית	שִׁשִּׁי	6th	שֵׁשׁ	שֵׁשׁ	שֵׁשֶׁת	שִׁשָּׁה	6
שְׁבִיעִית	שְׁבִיעִי	7th	שְׁבַע	שֶׁבַע	שִׁבְעַת	שִׁבְעָה	7
שְׁמִינִית	שְׁמִינִי	8th	שְׁמֹנֶה	שְׁמֹנֶה	שְׁמֹנַת	שְׁמֹנָה	8
תְּשִׁיעִית	תְּשִׁיעִי	9th	תְּשַׁע	תֵּשַׁע	תִּשְׁעַת	תִּשְׁעָה	9
עֲשִׂירִית	עֲשִׂירִי	10th	עֶשֶׂר	עֶשֶׂר	עֲשֶׂרֶת	עֲשָׂרָה	10

The following principles describe how the numerals work:

- 1 is an adjective; it agrees in gender and number with the noun it modifies.
- 2–10 are nouns that may be in apposition (any order) or סְמִיכוּת with a noun:

  שְׁנֵי־אֲנָשִׁים ~ שְׁנַיִם אֲנָשִׁים ~ אֲנָשִׁים שְׁנַיִם two men

- 3–10 (cf. 1 and 2) take the opposite gender form to the noun they modify:

  שְׁלֹשָׁה בָּנִים “three sons” and שָׁלֹשׁ בָּנוֹת “three daughters”
  (contrast בֵּן אֶחָד “one son” and בַּת אַחַת “one daughter”)

- 11–19 are constructed of the numerals 1–9 followed by 10 (M עָשָׂר; F עֶשְׂרֵה). They agree in gender with the noun they modify (like 1 and 2).

  Note: there are alternate forms for 11 and 12:

  11 עַשְׁתֵּי עָשָׂר ~ אַחַד עָשָׂר
  12 שְׁנֵי עָשָׂר ~ שְׁנֵים עָשָׂר

- 20–90 are the plural forms of 2–9; single integers are conjoined with ו:

  20 עֶשְׂרִים
  31 שְׁלוֹשִׁים וְאֶחָד
  45 אַרְבָּעִים וְחָמֵשׁ

- 100s are based on 100 (FS מֵאָה; FS NIS מְאַת; P מֵאוֹת):

  200 מָאתַיִם (DU)
  300 שְׁלֹשׁ־מֵאוֹת, and so forth

- Certain nouns may appear in the singular even with numerically plural modifiers:

  אַחַד עֶשְׂרֵה שָׁנָה 11 year(s)
  אַחַד עָשָׂר יוֹם 11 day(s)
  אַחַד עָשָׂר אִישׁ 11 man (men)

דְּבָרִים חֲדָשִׁים

work	מְלָאכָה
be called, named NI	נִקְרָא
twelve	שְׁנֵים עָשָׂר
sabbath, rest	שַׁבָּת

א. תְּתַרְגֵּם

א) וַיִּהְיוּ שְׁנֵים עָשָׂר בָּנִים לְיַעֲקֹב.

ב) אֱלֹהִים בָּרָא אֶת־הַכֹּל בְּשִׁבְעַת יָמִים.

ג) אֱלֹהִים דִּבֵּר פְּעָמִים אַרְבָּעָה מִן־הַיּוֹם הָאֶחָד עַד הַיּוֹם הַשְּׁלִישִׁי.

ד) בַּיּוֹם הַשְּׁבִיעִי כִּלָּה אֶת־מְלַאכְתּוֹ וַיִּשְׁבֹּת. לָכֵן הַיּוֹם הַזֶּה נִקְרָא שַׁבָּת.

Topic

Lesson 41 introduced Topic and Focus with respect to their affect on word order, and the idea of focus elements was examined. In this lesson, the notion of Topic is considered further. The preliminary definition of Topic that was given in lesson 41—"*what* a clause is about"—needs to be expanded, since Topic can apply to three different levels:

1. A *Syntactic Topic* sits in a special Topic position at the front of a clause
2. A *Clause Topic* is the word or phrase that the rest of the clause is about
3. A *Discourse Topic* is the item in a discourse (which may be as small as a single clause or as large as a multipart story) that the rest of the discourse is about

One item may function as all three types of Topics in the same text; however, it is also possible that three different elements serve as each type within the same text. Genesis 1 contains all three types of Topics and will serve as a good example text.

Genesis 1 and Discourse Topic

Considering the chapter as a whole (including the first three and a half verses of chap. 2), the repetition of אֱלֹהִים as the subject in most verses (it is missing in only vv. 13, 15, 19, 23, 30) is a strong signal that אֱלֹהִים is, minimally, part of a complex Discourse Topic, which is succinctly summarized in the first verse:

בְּרֵאשִׁית בָּרָא אֱלֹהִים אֵת הַשָּׁמַיִם וְאֵת הָאָרֶץ

In the beginning [that] <u>God</u> <u>created</u> <u>the heavens and the earth</u>. (Gen. 1:1)

Genesis 1:1 includes three constituents, the verb בָּרָא, the subject אֱלֹהִים, and the object אֵת הַשָּׁמַיִם וְאֵת הָאָרֶץ (a merism for the world), which the rest of the creation story is about.

Genesis 1 and Clausal Topic

Genesis 1 appears, by the repetition of words and overall content, to be about אֱלֹהִים, who is involved in בָּרָא-ing the world. And yet there are numerous clauses in which one of these constituents does not appear to be the Topic:

וַיֹּאמֶר אֱלֹהִים יְהִי אוֹר וַיְהִי־אוֹר
And God said, "Let light be." And light existed. (Gen. 1:3)

While the first clause in the verse (shaded) exhibits the typical pattern in the story, [Past Narrative verb + אֱלֹהִים], the subsequent two clauses make no mention of God or the verb בָּרָא. Instead, the subject in each is אוֹר, and the verb is a form of היה "to be, exist." Thus the clausal topic is אוֹר, and the verb in each clause describes something about the Topic—its coming into existence.

Genesis 1 and Syntactic Topic

An item in the Syntactic Topic position most often coincides with either a Discourse or Clausal Topic. However, in rarer cases the Syntactic Topic does not line up with the other types:

וַיִּבְרָא אֱלֹהִים אֶת־הָאָדָם בְּצַלְמוֹ בְּצֶלֶם אֱלֹהִים בָּרָא אֹתוֹ
And God created the man in his image; in the image of God he created him. (Gen. 1:27)

In Genesis 1:27 the prepositional phrase בְּצֶלֶם אֱלֹהִים is fronted in the special Topic position (before the null subject, verb בָּרָא, and object phrase אֹתוֹ). The Topic-fronting indicates that it is the information "in the image of God" that the rest of the clause is really about.

This serves as an interesting counterpart to the first clause in the verse (וַיִּבְרָא אֱלֹהִים אֶת־הָאָדָם בְּצַלְמוֹ), which exhibits the pattern (Past Narrative verb + אֱלֹהִים) that is so common in Genesis 1 (see above on אֱלֹהִים as a Discourse Topic). Whereas the first half of the verse reinforces the Discourse Topic, the second half uses the Syntactic Topic position to highlight a Clausal Topic other than אֱלֹהִים.

א. תִּמְצָא

Identify the discourse, clausal, and syntactic topics for each clause and the whole passage in the selection below from Genesis 37 (see reading 10).

אֵלֶּה תֹּלְדוֹת יַעֲקֹב.

יוֹסֵף, בֶּן־שְׁבַע־עֶשְׂרֵה שָׁנָה, הָיָה רֹעֶה אֶת־אֶחָיו בַּצֹּאן.

וְהוּא נַעַר אֶת־בְּנֵי בִלְהָה וְאֶת־בְּנֵי זִלְפָּה, נְשֵׁי אָבִיו.

וַיָּבֵא יוֹסֵף אֶת־דִּבָּתָם רָעָה אֶל־אֲבִיהֶם.

וְיִשְׂרָאֵל אָהַב אֶת־יוֹסֵף מִכָּל־בָּנָיו, כִּי־בֶן־זְקֻנִים הוּא לוֹ.

וְעָשָׂה לוֹ כְּתֹנֶת פַּסִּים.

Turn This Book Over, and Go to Reading 11 on Page r-71

Accents

The טְעָמִים, or accents, serve to break up the text into sense units so that when the text is read or chanted, a pause (or breath) is taken in a logical place. Knowing the accents, therefore, enables the reader to know both where to place word stress and how to phrase groups of words.

In addition, accents can also be of consequence for interpretation, as illustrated by Isaiah 40:3. If the division of the verse by the accents is observed, the prepositional phrase is part of the crier's statement, but the Septuagint, followed by the New Testament, treats the prepositional phrase as indicating the location of the crier:

קוֹל קוֹרֵא בַּמִּדְבָּר פַּנּוּ דֶּרֶךְ יְהוָה יַשְּׁרוּ בָּעֲרָבָה מְסִלָּה לֵאלֹהֵינוּ׃

A voice cries out: In the wilderness prepare the way of the LORD, make straight in the desert a highway for our God. (Isa. 40:3 NRSV)

Compare:

This is the one of whom the prophet Isaiah spoke when he said, "The voice of one crying out in the wilderness: 'Prepare the way of the Lord, make his paths straight.'" (Matt. 3:3 NRSV)

The accents are categorized as disjunctive (those that make a sense break with what follows) and conjunctive (those that make a sense connection with what follows). In addition, the disjunctive accents are of different levels depending on the strength of their disjunction. Level 1 accents make the greatest disjunction and frequently affect the syllable they appear in by lengthening the vowel.

Listed below is the set of accents used in the majority of the books of the Bible. They are organized into four disjunctive levels, followed by a list of the conjunctive accents (a slightly different set is used in Psalms, Job, and Proverbs):

Disjunctive: Level 1

Silluq	סִילֽוּק׃	(always with *sof pasuq* סוֹף פָּסוּק)
Atnaḥ	אַתְנָ֑ח	

Disjunctive: Level 2

Tifḥa	◌֖	טִפְחָ֖א	
Zaqef Qatan	◌֔	זָקֵ֔ף קָטָ֔ן	
Zaqef Gadol	◌֕	זָקֵ֕ף גָּד֕וֹל	(variant of *zaqef qatan*)
Segolta	◌֒	סְגֹלְתָא֒	(postpositive)
Shalshelet	◌֓	שַׁלְשֶׁ֓לֶת	(variant of *segolta*)

Disjunctive: Level 3

Revia	◌֗	רְבִ֗יעַ	
Zarqa	◌֮	זַרְקָא֮	(postpositive)
Pashta	◌֙	פַּשְׁטָא֙	(postpositive)
Yetiv	◌֚	֚יְתִיב	(prepositive)
Tevir	◌֛	תְּבִ֛יר	

Disjunctive: Level 4

Geresh	◌֜	גֵּ֜רֶשׁ
Gershayim	◌֞	גֵּרְשַׁ֞יִם
Legarmeh	◌֣ ׀	לְגַרְמֶ֣ה ׀
Pazer Qatan	◌֡	פָּזֵ֡ר קָטָ֡ן
Pazer Gadol	◌֟	פָּזֵ֟ר גָּד֟וֹל
Telisha Gedola	◌֠	תְּלִישָׁא גְּדוֹלָ֠ה

If two of the same disjunctive accents appear within one clause, most often the first of the two will mark the more disjunctive sense break.

Conjunctive

Munaḥ	◌֣	מוּנַ֣ח
Mahpak	◌֤	מַהְפַּ֤ךְ
Merka	◌֥	מֵרְכָ֥א
Merka Kefula	◌֦	מֵרְכָא כְּפוּלָ֦א
Darga	◌֧	דַּרְגָּ֧א

Azla	֨	אַזְלָ֨א	
Telisha Qetana	֩	תְּלִישָׁא קְטַנָּה֩	(postpositive)
Galgal	֪	גַּלְגַּ֪ל	
Mayela	֥	מָיְלָ֥א	(cf. *tifḥa*; marks secondary stress)

Verse divisions by the accents can be understood as operating on a continuous dichotomy: the strongest disjunctive divides the verse in half, the next strongest divides each half in half again, and so forth.

In the following verses the strength of each disjunction is represented by vertical lines between the words: one vertical line (|) represents a level 1 disjunction, two vertical lines (||) a level 2 disjunction, and three vertical lines (|||) a level 3 disjunction.

Genesis 1:1–2

1:1 בְּרֵאשִׁ֖ית || בָּרָ֣א אֱלֹהִ֑ים | אֵ֥ת הַשָּׁמַ֖יִם || וְאֵ֥ת הָאָֽרֶץ׃
1:2 וְהָאָ֗רֶץ ||| הָיְתָ֥ה תֹ֙הוּ֙ ||| וָבֹ֔הוּ || וְחֹ֖שֶׁךְ || עַל־פְּנֵ֣י תְה֑וֹם | וְר֣וּחַ
אֱלֹהִ֔ים || מְרַחֶ֖פֶת || עַל־פְּנֵ֥י הַמָּֽיִם׃

א. תִּמְצָא וְתַבְדִּיל אֶת־הַטְּעָמִים *(Find and Divide the Accents)*

In the three first verses of Genesis 47 below (see reading 12), *identify* each טַ֫עַם as conjunctive or disjunctive by writing *C* or *D* above the word. Then using the |, ||, ||| method illustrated in the lesson, *divide* the disjunctive טְעָמִים:

וַיָּבֹ֣א יוֹסֵף֮ וַיַּגֵּ֣ד לְפַרְעֹה֒ וַיֹּ֗אמֶר אָבִ֨י וְאַחַ֜י וְצֹאנָ֤ם וּבְקָרָם֙ וְכָל־אֲשֶׁ֣ר לָהֶ֔ם בָּ֖אוּ
מֵאֶ֣רֶץ כְּנָ֑עַן וְהִנָּ֖ם בְּאֶ֥רֶץ גֹּֽשֶׁן׃

וּמִקְצֵ֣ה אֶחָ֔יו לָקַ֖ח חֲמִשָּׁ֣ה אֲנָשִׁ֑ים וַיַּצִּגֵ֖ם לִפְנֵ֥י פַרְעֹֽה׃

וַיֹּ֧אמֶר פַּרְעֹ֛ה אֶל־אֶחָ֖יו מַה־מַּעֲשֵׂיכֶ֑ם וַיֹּאמְר֣וּ אֶל־פַּרְעֹ֗ה רֹעֵ֥ה צֹאן֙ עֲבָדֶ֔יךָ
גַּם־אֲנַ֖חְנוּ גַּם־אֲבוֹתֵֽינוּ׃

Lesson 48

Complements and Adjuncts

Lesson 26 discussed objects of verbs. A related distinction is that between *complements* and *adjuncts*, which further explains the relationship between a verb and the elements that modify it (referred to as a verb's *valency*).

Complements are constituents *limited* (in number) that *contribute* to both the grammaticality and the meaning of the verbal predication. The underlined elements in the following clauses are complements:

וַיָּבֵא יוֹסֵף אֶת־יַעֲקֹב אָבִיו (and) Joseph brought in Jacob, his father (Gen. 47:7)

יֵשְׁבוּ בְּאֶרֶץ גֹּשֶׁן let them live in the land of Goshen (Gen. 47:6)

וַיֵּדְעוּ כִּי עֵירֻמִּם הֵם (and) they knew that they were naked (Gen. 3:7)

וַיְמָאֵן לְהִתְנַחֵם He refused to be comforted. (Gen. 37:35)

Variations in both the number and type of complements (e.g., a noun or prepositional phrase) can be significant for determining the meaning of the verbal predication. Three types of variation can be seen:

1. The verb may exhibit different senses with different sets of complements, such as קָרָא in the following examples: with the sense "call" (Gen. 3:9) קָרָא has one prepositional complement; with the sense "name" (Gen. 1:5) it has a prepositional and a noun complement:

   וַיִּקְרָא יְהוָה אֱלֹהִים אֶל־הָאָדָם YHWH God called to Adam. (Gen. 3:9)

   וַיִּקְרָא אֱלֹהִים לָאוֹר יוֹם God called the light day. (Gen. 1:5)

2. The verb may be capable of expressing both a general and a more specific meaning, depending on whether it has a complement, as in שִׁיר in the following examples (cf. English "He read" versus "He read a book"):

   אָז יָשִׁיר יִשְׂרָאֵל אֶת־הַשִּׁירָה הַזֹּאת Then Israel sang this song. (Num. 21:17)

   אָשִׁירָה וַאֲזַמֵּרָה I will sing and I will praise! (Ps. 57:8)

3. The complement may be null, supplied by the context (similar to null subjects; see L18). Compare the following:

   וַיִּשְׁמַע אַבְרָם כִּי נִשְׁבָּה אָחִיו . . . וַיִּרְדֹּף עַד־דָּן Abram heard that his brother had been taken captive, . . . and he pursued [them] as far as Dan. (Gen. 14:14)

   וַיַּכֵּם וַיִּרְדְּפֵם עַד־חוֹבָה He struck them and pursued them as far as Hobah. (Gen. 14:15)

In contrast to complements, *adjuncts* are *limitless* and *optional*: adjuncts may be added or omitted without affecting the basic grammaticality (syntax) or sense (semantics) of the clause. They add information that the narrator or author considers important. The underlined elements in the following clauses are adjuncts:

וַיָּבֹאוּ אֵלָיו בַּשָּׁנָה הַשֵּׁנִית (And) they came to him in the second year. (Gen. 47:18)

וַיִּקֶן יוֹסֵף אֶת־כָּל־אַדְמַת מִצְרַיִם לְפַרְעֹה כִּי־מָכְרוּ מִצְרַיִם אִישׁ שָׂדֵהוּ (And) Joseph bought all the land of Egypt for Pharaoh, because the Egyptians, each one, sold his field. (Gen. 47:20)

א. תְּמְצָא

Identify the shaded phrases in the excerpts from Genesis 1 (reading 11) as complements or adjuncts (the slanted line in the first two sentences indicates the separation of two phrases).

וַיֹּאמֶר אֱלֹהִים "יִקָּווּ הַמַּיִם מִתַּחַת הַשָּׁמַיִם / אֶל־מָקוֹם אֶחָד."

וַיִּתֵּן אֹתָם אֱלֹהִים בִּרְקִיעַ הַשָּׁמָיִם / לְהָאִיר עַל־הָאָרֶץ.

וַיֹּאמֶר לָהֶם אֱלֹהִים, "פְּרוּ וּרְבוּ וּמִלְאוּ אֶת־הָאָרֶץ וְכִבְשֻׁהָ וּרְדוּ בִּדְגַת הַיָּם
וּבְעוֹף הַשָּׁמַיִם וּבְכָל־חַיָּה הָרֹמֶשֶׂת עַל־הָאָרֶץ."

Turn This Book Over, and Go to Reading 12 on Page r-78

Lesson 49

Case Relations

Cases describe the particular *syntactic* role or relationship between words in a sentence. Each case is typically used to express multiple *semantic* relationships among the words they relate in an expression.

Languages show different types and degrees of morphological case marking. In English, morphological case marking is preserved only in the personal pronouns:

Subjective	I	he	she	we	they
Objective	me	him	her	us	them
Attributive	my	his	her	our	their

The *Subjective*-case relation indicates the *subject* of a verb. This can be either an agent, who performs an action or brings about a change of state, or a patient, who experiences a state or undergoes a change. Subjective-case relations are normally indicated syntactically by their nearness to the verb (immediately before or after):

וַיָּבֹא יוֹסֵף Joseph came. (Gen. 47:1)

וַיְכֻלּוּ הַשָּׁמַיִם וְהָאָרֶץ וְכָל־צְבָאָם The heavens and the earth and all their host were finished. (Gen. 2:1)

The *Objective* case indicates the *object* of a verb. Often there is no special marking for this relationship (especially if no confusion between objective and subjective is likely). However, frequently Hebrew lexically indicates the objective relation by אֵת/אֶת־:

וַיָּבֵא יוֹסֵף אֶת־יַעֲקֹב אָבִיו (And) Joseph brought in Jacob, his father. (Gen. 47:7)

Some verbs show variation between an unmarked objective (direct object) and a prepositionally marked one, as in the following examples (see L26):

אוֹדֶה אֶת־יְהוָה I will praise YHWH. (Gen. 29:35)

הוֹדוּ לַיהוָה Praise (to) YHWH! (Isa. 12:4)

Attributive-case relations are indicated by the bound noun/סְמִיכוּת construction. The semantic relationship of the סוֹמֵךְ to the נִסְמָךְ may be that of subject or object of an activity implied by the נִסְמָךְ noun, or else it may adjectivally modify or express the possessor of the נִסְמָךְ noun:

וַיֹּאמֶר יַעֲקֹב אֶל־פַּרְעֹה יְמֵי שְׁנֵי מְגוּרַי שְׁלֹשִׁים וּמְאַת שָׁנָה (And) Jacob said to Pharaoh, "The days <u>of the years</u> <u>of my sojourn</u> have been 130 years." (Gen. 47:9)

בְּאֶרֶץ מִצְרַיִם בְּמֵיטַב הָאָרֶץ בְּאֶרֶץ רַעְמְסֵס in the land <u>of Egypt</u>, in the best <u>of the land</u>, in the land <u>of Rameses</u> (= Rameses's land) (Gen. 47:11)

Other case relations, corresponding to semantic relationships such as recipient/indirect object, location, manner, and so forth are usually marked by prepositions, or they may be treated syntactically in a manner similar to objects.

Case relations intersect with valency categories (L48): most objective-case nouns are complements; however, some verbs take non-objective-case complements, such as יָשַׁב, which has a locative prepositional phrase as its complement in the following example:

יֵשְׁבוּ בְּאֶרֶץ גֹּשֶׁן Let them live <u>in the land of Goshen</u>. (Gen. 47:6)

דְּבָרִים חֲדָשִׁים

gather, remove Q	אָסַף
pass away, perish Q	גָּוַע
bury Q	קָבַר
be gathered NI	נֶאֱסַף
be blessed PU	בֹּרַךְ
be buried NI	נִקְבַּר

א. תִּמְצָא וְתַחֲלִיף *(Identify and Change)*

In the sentences below, modified from reading 13, *identify* the case relation of each noun phrase. Then, where possible, *change* the case relationship by rewriting the sentence (in Hebrew!) so that the objective noun phrase is the subject.

(א) וַיְבָרֶךְ אֲבִיהֶם אוֹתָם.

ב) שָׁמָּה קָבְרוּ אֶת־אַבְרָהָם וְאֵת שָׂרָה אִשְׁתּוֹ שָׁמָּה קָבְרוּ אֶת־יִצְחָק וְאֵת
רִבְקָה אִשְׁתּוֹ וְשָׁמָּה קָבַרְתִּי אֶת־לֵאָה.

_____

_____

ג) וַיֶּאֱסֹף יַעֲקֹב רַגְלָיו אֶל־הַמִּטָּה וַיִּגְוַע וַיֵּאָסֶף אֶל־עַמָּיו.

_____

_____

Lesson 50

Lexical Semantics

Semantics is concerned with *meaning* in language at every level of expression. *Lexical semantics* is concerned with the meanings of *words*. Dictionaries or lexica contain decontextualized senses of words, derived from multiple instances of their use in expressions. The challenge in learning a new language is to assign the correct decontextualized sense from the dictionary or lexicon to each reading or speaking situation.

Consider the verb קָרָא (Qal). To begin with, we need to distinguish two homonyms of this verb: קָרָא I "call," and קָרָא II "meet"; the latter is an alternate spelling of קָרָה. If we examine *HALOT*, we find a number of senses listed for קָרָא (Qal) I, including the following:

1. call (to someone)
2. name (someone/something)
3. call, summon, or invite (someone)
4. proclaim or announce (something)
5. call or cry aloud (generally or to a deity)
6. read or recite (aloud)

It is easy enough to see meaning shared among these senses: קָרָא (Qal) I involves making audible, coherent sounds directed toward someone or something. In a given passage, you will need to examine the details of the context to determine precisely which of these senses is most suitable.

In many cases recognizing valency patterns (i.e., patterns of complements and adjuncts) becomes crucial for making such judgments. For example, senses 2 and 3 tend to have two verbal complements: the name given and the person or thing named; the person summoned and the event or person they are summoned to (the complements are underlined):

> וַיִּקְרָא אֱלֹהִים לָאוֹר יוֹם וְלַחֹשֶׁךְ קָרָא לָיְלָה God named the light day and the darkness he named night. (Gen. 1:5)

> וַיִּזְבַּח יַעֲקֹב זֶבַח בָּהָר וַיִּקְרָא לְאֶחָיו לֶאֱכָל־לָחֶם Jacob offered a sacrifice on the mountain and summoned his relatives [lit., brothers] to eat food [lit., bread]. (Gen. 31:54)

By contrast, the other senses frequently have just one verbal complement: the thing announced or read or the person (deity) cried out to:

> וַיַּרְכֵּב אֹתוֹ בְּמִרְכֶּבֶת הַמִּשְׁנֶה אֲשֶׁר־לוֹ וַיִּקְרְאוּ לְפָנָיו[1] אַבְרֵךְ And he rode him in his second chariot and they shouted in front of him, "Kneel!" (Gen. 41:43)
>
> וַיִּקַּח סֵפֶר הַבְּרִית וַיִּקְרָא בְּאָזְנֵי הָעָם He took the book of the covenant and read [it] in the hearing [lit., ears] of the people. (Exod. 24:7)
>
> בַּצַּר־לִי אֶקְרָא יְהוָה וְאֶל־אֱלֹהַי אֶקְרָא In my distress I called YHWH, and to my God I cried. (2 Sam. 22:7)

In each of these patterns, lexical clues help further distinguish among senses of the verb: one "reads" a book (Exod. 24:7) but "shouts" an exclamatory word (Gen. 41:43).

Lexical semantics is concerned also with sense relations between similar (synonymous) words. The more the related senses of similar words can be distinguished, the more fully the senses of each individual word is understood and vice versa.

For example, קָרָא (Qal) I, glossed above as involving making audible, coherent sounds directed toward someone or something, is related to צָעַק (Qal) and its by-form זָעַק (Qal). An examination of the various instances of these verbs shows both overlap and distinction in their senses. In contrast to קָרָא, for example, צָעַק/זָעַק never express naming or reading. In addition, they usually involve making audiable sounds in a distressing or alarming situation (Exod. 2:23 below), while קָרָא only occasionally has a similar sense (e.g., 2 Sam. 22:7, above):

> וַיֵּאָנְחוּ בְנֵי־יִשְׂרָאֵל מִן־הָעֲבֹדָה וַיִּזְעָקוּ (And) the children of Israel groaned from the (forced) labor, and they cried out [in distress]. (Exod. 2:23)

א. תִּמְצָא

Identify which of the six meanings of קָרָא discussed above is most appropriate in each of the following excerpts from the readings.

וַיִּקְרָא אֱלֹהִים לָאוֹר יוֹם וְלַחֹשֶׁךְ קָרָא לָיְלָה.

וַיִּקְרָא אֱלֹהִים לַיַּבָּשָׁה אֶרֶץ וּלְמִקְוֵה הַמַּיִם קָרָא יַמִּים.

וַיִּקְרָא יְהוָה אֱלֹהִים אֶל־הָאָדָם. וַיֹּאמֶר לוֹ "אַיֶּכָּה."

וַיִּקְרָא הָאָדָם שֵׁם אִשְׁתּוֹ חַוָּה, כִּי הִוא הָיְתָה אֵם כָּל־חָי.

וַיִּקְרָא אֵלָיו מַלְאַךְ יְהוָה מִן־הַשָּׁמַיִם, וַיֹּאמֶר "אַבְרָהָם אַבְרָהָם." וַיֹּאמֶר "הִנֵּנִי."

1. The prepositional phrase לְפָנָיו is an adjunct; it does not "complete" the sense of the verb in any way but modifies it by specifying the location of the proclamation.

וַיִּקְרָא אַבְרָהָם שֵׁם־הַמָּקוֹם הַהוּא יְהוָה יִרְאֶה אֲשֶׁר יֵאָמֵר הַיּוֹם בְּהַר יְהוָה יֵרָאֶה.

וַיִּקְרְבוּ יְמֵי־יִשְׂרָאֵל לָמוּת וַיִּקְרָא לִבְנוֹ לְיוֹסֵף.

Turn This Book Over, and Go to Reading 13 on Page r-85

Appendixes and Glossaries

Appendix A

Phonology

1. From Ancient Hebrew to Masoretic Hebrew Vowels

Based on comparative evidence from languages related to Hebrew, like Akkadian and Arabic, grammarians believe that the vowels of ancient Hebrew changed between the biblical period and the period in which the vowel points were added in the Masoretic Text. Ancient Hebrew distinguished vowels primarily based on quality (timbre) and quantity (length; macrons indicate long sounds), as in the diagram below. (The traditional phonetic trapezoid chart distinguishes vowels based on the vertical and horizontal position of the highest point of the tongue in the production of the sound.)

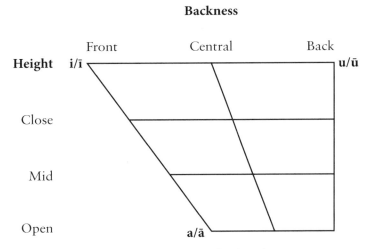

Reconstructed Ancient Hebrew Vowels: Three Phonemes

Scholars reconstruct a vowel inventory for ancient Hebrew that is essentially identical to that of reconstructed proto-Semitic. One difference between ancient Hebrew and proto-Semitic is that at some point in the late second millennium, all Hebrew long *a* vowels (that is, *ā*) underwent what is called "the Canaanite Shift" and became *ō*.

In contrast to the ancient Hebrew, the Masoretic system we know from the *Tiberian* tradition of Masoretes (which gave us the Leningrad Codex, used as the basis for most modern Hebrew Bibles) makes the most sense as a system of vowel timbre, without any distinction of length, as shown in the following diagram (**i** as in *machine*; **e** as in *they*; **ɛ** as in *bet*; **a** as *father*; **ɔ** as in *bought*; **o** as in *go*; **u** as in *rude*).

a-3

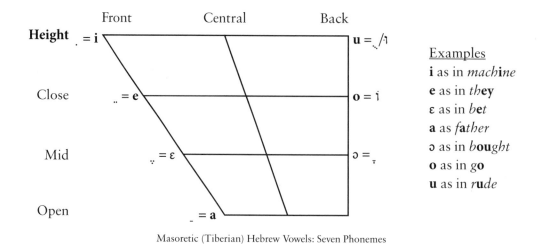

Backness

Examples
i as in *machine*
e as in *they*
ɛ as in *bet*
a as *father*
ɔ as in *bought*
o as in *go*
u as in *rude*

Masoretic (Tiberian) Hebrew Vowels: Seven Phonemes

Although some students are taught to pronounce ancient Hebrew with the reconstructed vowels, most courses use a system similar to the pronunciation of Hebrew in the modern State of Israel. Consider the chart below in order to appreciate fully the complexities of working with a language that has a 3,000-year history.

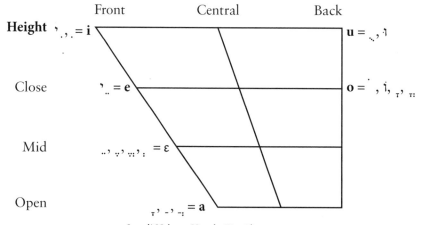

Backness

Israeli Hebrew Vowels: Five Phonemes
(Although pronounced differently, there is no phonemic contrast between e and ɛ.)

2. Vowels, Syllables, and Word Stress

There is a pattern to the numerous vowel changes that occur when nouns are made plural, dual, and construct. In the Hebrew Bible, however, this pattern is obscured by the Masoretic vowel system. Analyzed from a historical perspective (i.e., looking at the changes in the language over time), though, the changes are regular and predictable and reflect the intersection of vowel length, syllable type, and word stress.

2a. Vowel Length

The key to understanding how the **Tiberian Hebrew** vowel system relates to the probable **ancient Hebrew** vowel system is to assume that for the most part the Tiberian vowel points preserve the older system of long and short vowels. If this is so, then we can classify the vowels in terms of their historical status as *pure long*, *short*, *lengthened short*, or *reduced short*. The following table presents this classification (we simplify the issue of the vowel markers; not all pure long vowels are marked with a ו or י):

		Pure Long	Lengthened Short	Short	Reduced Short
a-class	a		(ה) ◌ָ ←	→ ◌ַ ←	→ ◌ֲ or ◌ְ
i-class	e	◌ֵי	◌ֵ ←	→ ◌ֶ ←	→ ◌ֱ or ◌ְ
	i	◌ִי		◌ִ	
u-class	o	וֹ	◌ֹ ←	→ ◌ָ ←	→ ◌ֳ or ◌ְ
	u	וּ		◌ֻ	

2b. Syllable Type

A syllable begins with a consonant (C) and ends with either a vowel (CV = open syllable), or a consonant (CVC = closed syllable). The vocalic וּ form of the ו conjunction before certain consonant-vowel combinations (see A.6 below) is the only exception to consonant-first syllables:

דָּבָר has two syllables:
an open -דָּ (CV)
and
a closed בָר- (CVC).

The vowel letters (ה, ו, י) and א do not close syllables! However, הּ at the end of a word does close a syllable. The dot, called a *mappiq*, indicates that the ה is a consonant and not a vowel letter.

2c. Word Stress

A syllable is either stressed or unstressed: in most words the last syllable is stressed. Words that are not stressed on the last syllable in the lessons and exercises have an accent mark over the stressed syllable, written as ◌֫ .

3. Vowel Changes

Based on the interaction of vowels, syllable types, and word stress, the following principles emerge with respect to nouns and adjectives:

- Pure Long vowels are stable and do not change:

  סוּס horse
  סוּסֵי־הַמֶּ֫לֶךְ the horses of the king
  כּוֹכָבִים stars

- Short vowels lengthen (a) in a stressed syllable and (b) immediately before a stressed syllable (i.e., lengthened short):

  דָּבָר word (both vowels are lengthened short *a*-class vowels)

- Short vowels in open syllables reduce two syllables or further before the stressed syllable (i.e., reduced short):

  דְּבַר[1]־הַמֶּ֫לֶךְ the word of the king

- Open syllables usually have (historically) long/lengthened vowels (as -דָּ in דָּבָר) unless stressed, when they may have short vowels (as -מֶ֫ in מֶ֫לֶךְ).

- Closed syllables usually have (historically) short vowels (as לֶךְ- in מֶ֫לֶךְ) unless stressed—then they may have long vowels (as בָר- in דָּבָר).

The ָ vowel sign represents the short *u*-class קָמֵץ חָטוּף in a *closed, unstressed syllable*, and elsewhere it indicates the lengthened *a*-class קָמֵץ (e.g., חָכְ-מָה = *chochma*).

- Open syllables that are unstressed may have a reduced (from a historically short), vocal שְׁוָא vowel (as -דְּ in דְּ-בָ-רִים).

4. Vowel Marks

Originally the Hebrew language, like other Semitic alphabetic languages (e.g., Phoenician, Aramaic), was written with consonants only. Vowels were simply understood by the literate, such as scribes.

However, even educated scribes must have had a few problems with a wholly consonantal system: thus by the eighth century BCE, texts exhibit the use of three consonants—ו, ה, and י—to mark certain vowels (pure long or lengthened vowels) at the ends of words. The Hebrew name for these vowel markers is אִמּוֹת הַקְּרִיאָה ("mothers of reading"). The Latin translation, *matres lectionis*, is often also used in English descriptions.

Over time the ancient Hebrew system of vowel markers was expanded so that they stood for long/lengthened vowels not just at the end of words (i.e., word-final vowel markers), but also anywhere in the word (i.e., word-medial or word-internal vowel markers).

In particular ו and י marked vowels that resulted from the contraction of vowels with a following consonantal ו or י: *aw* became ô (often written as חוֹלֶם־וָו), *uw*

1. The short *a*-class vowel under ד has become a reduced short; the *a*-class vowel under ב stays short instead of becoming a lengthened short as in the absolute form, above.

became û (often written as שׁוּרֶק), *ay* became ê (often written as צֵרֵי־יוֹד), and *iy* became î (often written as חִירֶק־יוֹד). The full system looked like this:

ה stood for long/lengthened or contracted *a*, *e*, or *o* vowels at the end of a word (e.g., מַלְכָּה, שָׂדֶה, שְׁלֹמֹה).
ו stood for long/lengthened or contracted *u* and *o* vowels (e.g., שׁוּבוּ, יוֹם, יָדוֹ).
י stood for long/lengthened or contracted *i* and *e* vowels (e.g., אִישׁ, עֵינֵי).

So, what is the source of the vowel *points* that you have learned? Although the pronunciation of the Hebrew Bible was preserved for centuries by an oral reading tradition, by the sixth century CE, scholars called Masoretes, who were responsible for preserving the text of the Hebrew Bible, became concerned about the long-term preservation of their reading tradition. They developed points to represent the Hebrew vowels. It was the responsibility of specialists called נַקְדָנִים (pointers) to add these נְקוּדוֹת (vowel points) to the existing consonantal text.

Since the text of the Hebrew Bible had become sacred, the points were superimposed upon the existing consonantal text, which itself was a product from many different hands and stages, dialects, and idiolects of ancient Hebrew. This is why only some of the vowels in Hebrew use ו or י with a vowel point. When a vowel marker (ו, י, or ה) is present in the text of the Hebrew Bible, the spelling is called כְּתִיב מָלֵא ("full writing"), or in Latin, *scriptio plene*; when a vowel letter is absent, the spelling is called כְּתִיב חָסֵר ("defective writing"), or in Latin, *scriptio defectiva*. More simply, the two modes are called *full* and *defective* spelling.

5. The Article הַ and the Interrogative הֲ

The form of the article is הַ attached to the front of the word it modifies, and a דָּגֵשׁ חָזָק is placed in the first letter of the host word:

הַ • + מִדְבָּר = הַמִּדְבָּר the wilderness

However, this basic form may be modified as follows:

• הַ before nonguttural consonants: הַסּוּס the horse
הָ usually before א, ע, or ר: הָרֹאשׁ the head
הַ usually before ה or ח: הַהֵיכָל the temple
הֶ before הָ, חָ, or עָ (unstressed): הֶהָרִים the mountains
הָ before הָ or עָ (stressed): הָהָר the mountain
but before חָ (stressed) it is הֶ: הֶחָיִל the valor

Summary of the article before gutturals:

Stressed Qamets	Unstressed Qamets				
			ר	הָ	הָרֹאשׁ
			א		הָאָב
הָעָז	הֶעָפָר	←	ע		הָעִיר
הָהָר	הֶהָרִים	←	ה	הַ	הַהֵיכָל
הֶחָיִל	הֶחָכָם	←	ח		הַחֹדֶשׁ

There are a few nouns whose first vowel changes when the article is added:

הָאָרֶץ ← אֶרֶץ + הַ• the earth

הַגָּן ← גַּן + הַ• the garden

הָעָם ← עַם + הַ• the people

The basic form of the interrogative הֲ may also be modified as follows:

הַ before a guttural or any consonant with שְׁוָא vowel: הַהוּא אָב Is he a father?
הֶ before a guttural with קָמֵץ vowel: הֶחָכָם אַתָּה Are you wise?

6. Attaching the וְ Conjunction and the Prepositions בְּ, כְּ, לְ, and מִן

The **vocalization** of the ו conjunction:

- וְ normally

  וְדָוִד and David

The definite article remains when the conjunction is added:

וְהָאִישׁ and the man

- וְ before יְ:

  וִיהוּדָה ← יְהוּדָה + וְ and Judah

- With the corresponding full vowel before a חֲטֵף שְׁוָא:

  וֶאֱדוֹם and Edom
  וַאֲנִי and I

- וּ before ב, מ, פ, or simple שְׁוָא (other than יְ). This may be mnemonically referred to as the "BuMP-Sheva" Rule. It is the only case in which a vowel begins a syllable.

וּבַ֫יִת ← בַּ֫יִת + וְ and a house
וּפָנִים ← פָּנִים + וְ and faces
וּמִיהוּדָה ← מִיהוּדָה + וְ and from Judah
וּגְדוֹלִים ← גְּדוֹלִים + וְ and great (things)

- Some special cases:

  Before **א**:

  וֵאלֹהִים and God
  וַאדֹנָי and the Lord

  וָ occasionally before a stressed syllable:

  וָ֫בֹהוּ and emptiness

The principles of vocalization for the attached prepositions are as follows:

- בְּ, כְּ, לְ before a consonant with a full vowel:

  לְמֶ֫לֶךְ to/for a king

  בְּבַ֫יִת in/at a house

- בִּ, כִּ, לִ before a consonant with a simple **שְׁוָא**:

  בִּבְרִית according to a covenant

  But before יְ the vowel becomes יִ:

  לִיהוּדָה ← יְהוּדָה + לְ to/for Judah

- The corresponding full vowel before a compound **שְׁוָא**:

  כַּאֲשֶׁר ← אֲשֶׁר + כְּ like that which
  לֶאֱדוֹם ← אֱדוֹם + לְ to/for Edom

- The vowel of the article before a noun with the article (i.e., the article's consonant ה is replaced by the attached preposition):

  לַמֶּ֫לֶךְ ← הַמֶּ֫לֶךְ + לְ to/for *the* king

- Some special cases:

  Before **א**:

  לֵאלֹהִים to/for God
  לַאדֹנָי to/for the Lord

בָּ, כָּ, לָ before a stressed syllable in some words:

בָּזֶה in this

The preposition מִן may also be attached. In this case, the **vocalization** is thus:

- מִ before nongutturals (the assimilation of ן into the following consonant is marked by a דָּגֵשׁ חָזָק):

  מִשָּׁם ← שָׁם + מִן from there

  But before יְ the vowel becomes a ִי:

  מִיהוּדָה ← יְהוּדָה + מִן from Judah

- מֵ before gutturals (the vowel lengthens because the guttural cannot be lengthened; gutturals do not allow דָּגֵשׁ חָזָק):

  מֵאִישׁ ← אִישׁ + מִן from a man

Appendix B

Nominal Morphology

1a. Noun Inflection (LL7, 10, 20)

Dual	Plural	Singular		
דְּבָרַ֫יִם	דְּבָרִים	דָּבָר	סוֹמֵךְ	Masculine
דִּבְרֵי	דִּבְרֵי	דְּבַר	נִסְמָךְ	
אַדְמָתַ֫יִם	אֲדָמוֹת	אֲדָמָה	סוֹמֵךְ	Feminine
אַדְמְתֵי	אַדְמוֹת	אַדְמַת	נִסְמָךְ	

1b. Adjective Inflection (L32)

Plural	Singular		
גְּדוֹלִים	גָּדוֹל	סוֹמֵךְ	Masculine
גְּדוֹלֵי	גְּדוֹל	נִסְמָךְ	
גְּדוֹלוֹת	גְּדוֹלָה	סוֹמֵךְ	Feminine
גְּדוֹלוֹת	גְּדוֹלַת	נִסְמָךְ	

2. Frequent Irregular Nouns

	Singular		Plural	
	סוֹמֵךְ	נִסְמָךְ	סוֹמֵךְ	נִסְמָךְ
father M	אָב	אֲבִי, אַב	אָבוֹת	אֲבוֹת
brother M	אָח	אֲחִי	אַחִים	אֲחֵי
sister F	אָחוֹת	אֲחוֹת	אֲחָיוֹת	אַחְיוֹת
man M	אִישׁ	אִישׁ	אֲנָשִׁים	אַנְשֵׁי
woman F	אִשָּׁה	אֵ֫שֶׁת	נָשִׁים	נְשֵׁי
house M	בַּ֫יִת	בֵּית	בָּתִּים	בָּתֵּי

	Singular		Plural	
	סוֹמֵךְ	נִסְמָךְ	סוֹמֵךְ	נִסְמָךְ
son M	בֵּן	בֶּן	בָּנִים	בְּנֵי
daughter F	בַּת	בַּת	בָּנוֹת	בְּנוֹת
day M	יוֹם	יוֹם	יָמִים	יְמֵי
city F	עִיר	עִיר	עָרִים	עָרֵי
head M	רֹאשׁ	רֹאשׁ	רָאשִׁים	רָאשֵׁי

3. Personal Pronouns (LL5, 11)

they	הֵם/הֵ֫מָּה	3MP	he	הוּא	3MS
they	הֵן/הֵ֫נָּה	3FP	she	הִיא	3FS
you	אַתֶּם	2MP	you	אַתָּה	2MS
you	אַתֶּן	2FP	you	אַתְּ	2FS
we	אֲנַ֫חְנוּ	1CP	I	אֲנִי/אָנֹכִי	1CS

4. Demonstrative Pronouns (L33)

Plural		Singular			
these	אֵ֫לֶּה	this	זֶה	Masculine	Near
			זֹאת	Feminine	
those	הֵ֫מָּה	that	הוּא	Masculine	Far
	הֵ֫נָּה		הִיא	Feminine	

5a. Attached Pronouns with Singular Nouns (LL9, 22)

with Feminine Noun		with Masculine Noun			
his law	תּוֹרָתוֹ	his word	דְּבָרוֹ	וֹ	3MS
her law	תּוֹרָתָהּ	her word	דְּבָרָהּ	ָהּ	3FS
your law	תּוֹרָתְךָ	your word	דְּבָרְךָ	ְךָ	2MS
your law	תּוֹרָתֵךְ	your word	דְּבָרֵךְ	ֵךְ	2FS
my law	תּוֹרָתִי	my word	דְּבָרִי	ִי	1CS

with Feminine Noun		with Masculine Noun			
their law	תּוֹרָתָם	their word	דְּבָרָם	ָם	3MP
their law	תּוֹרָתָן	their word	דְּבָרָן	ָן	3FP
your law	תּוֹרַתְכֶם	your word	דְּבַרְכֶם	ְכֶם	2MP
your law	תּוֹרַתְכֶן	your word	דְּבַרְכֶן	ְכֶן	2FP
our law	תּוֹרָתֵנוּ	our word	דְּבָרֵנוּ	ֵנוּ	1CP

5b. Attached Pronouns with Plural Nouns (LL17, 31)

with Feminine Noun		with Masculine Noun			
his laws	תּוֹרוֹתָיו	his words	דְּבָרָיו	ָיו	3MS
her laws	תּוֹרוֹתֶיהָ	her words	דְּבָרֶיהָ	ֶיהָ	3FS
your laws	תּוֹרוֹתֶיךָ	your words	דְּבָרֶיךָ	ֶיךָ	2MS
your laws	תּוֹרוֹתַיִךְ	your words	דְּבָרַיִךְ	ַיִךְ	2FS
my laws	תּוֹרוֹתַי	my words	דְּבָרַי	ַי	1CS
their laws	תּוֹרוֹתֵיהֶם	their words	דִּבְרֵיהֶם	ֵיהֶם	3MP
their laws	תּוֹרוֹתֵיהֶן	their words	דִּבְרֵיהֶן	ֵיהֶן	3FP
your laws	תּוֹרוֹתֵיכֶם	your words	דִּבְרֵיכֶם	ֵיכֶם	2MP
your laws	תּוֹרוֹתֵיכֶן	your words	דִּבְרֵיכֶן	ֵיכֶן	2FP
our laws	תּוֹרוֹתֵינוּ	our words	דְּבָרֵינוּ	ֵינוּ	1CP

5c. Attached Pronouns with לְ, כְּ/כָּמוֹ, מִן, and the Object Marker אוֹת/אֶת־

him	אוֹתוֹ	from him	מִמֶּנּוּ	like him	כָּמֹהוּ	for him	לוֹ	וֹ	3MS
her	אוֹתָהּ	from her	מִמֶּנָּה	like her	כָּמוֹהָ	for her	לָהּ	ָהּ	3FS
you	אוֹתְךָ	from you	מִמְּךָ	like you	כָּמוֹךָ	for you	לְךָ	ְךָ	2MS
you	אוֹתָךְ	from you	מִמֵּךְ	like you	כָּמוֹךְ	for you	לָךְ	ָךְ	2FS
me	אוֹתִי	from me	מִמֶּנִּי	like me	כָּמוֹנִי	for me	לִי	ִי	1CS

them	אוֹתָם	from them	מֵהֶם	like them	כָּהֶם	for them	לָהֶם	הֶם/ ָם	3MP
them	אֶתְהֶן	from them	מֵהֶן	like them	כָּהֵן	for them	לָהֶן	ָהֶן	3FP
you	אֶתְכֶם	from you	מִכֶּם	like you	כָּכֶם	for you	לָכֶם	ָכֶם	2MP
you	אֶתְכֶן	from you	מִכֶּן	like you	כָּכֶן	for you	לָכֶן	ָכֶן	2FP
us	אוֹתָנוּ	from us	מִמֶּנּוּ	like us	כָּמוֹנוּ	for us	לָנוּ	ָנוּ	1CP

5d. Attached Pronouns with אֶל, עַל, עַד, and תַּחַת

to him	אֵלָיו	upon him	עָלָיו	until him	עָדָיו	under him	תַּחְתָּיו	ָיו	3ms
to her	אֵלֶיהָ	upon her	עָלֶיהָ	until her	עָדֶיהָ	under her	תַּחְתֶּיהָ	ֶיהָ	3fs
to you	אֵלֶיךָ	upon you	עָלֶיךָ	until you	עָדֶיךָ	under you	תַּחְתֶּיךָ	ֶיךָ	2ms
to you	אֵלַיִךְ	upon you	עָלַיִךְ	until you	עָדַיִךְ	under you	תַּחְתַּיִךְ	ַיִךְ	2fs
to me	אֵלַי	upon me	עָלַי	until me	עָדַי	under me	תַּחְתַּי	ַי	1cs
to them	אֲלֵיהֶם	upon them	עֲלֵיהֶם	until them	עֲדֵיהֶם	under them	תַּחְתֵּיהֶם	ֵיהֶם	3mp
to them	אֲלֵיהֶן	upon them	עֲלֵיהֶן	until them	עֲדֵיהֶן	under them	תַּחְתֵּיהֶן	ֵיהֶן	3fp
to you	אֲלֵיכֶם	upon you	עֲלֵיכֶם	until you	עֲדֵיכֶם	under you	תַּחְתֵּיכֶם	ֵיכֶם	2mp
to you	אֲלֵיכֶן	upon you	עֲלֵיכֶן	until you	עֲדֵיכֶן	under you	תַּחְתֵּיכֶן	ֵיכֶן	2fp
to us	אֵלֵינוּ	upon us	עָלֵינוּ	until us	עָדֵינוּ	under us	תַּחְתֵּינוּ	ֵינוּ	1cp

Appendix C

Verb Morphology

1. Strong Verb Quick Reference Chart: Representative Forms

	Qal	Nifal	Piel	Pual	Hitpael	Hifil	Hofal
	שמר guard			קבץ gather		שלך throw	
PERF 3MS	שָׁמַר	נִשְׁמַר	קִבֵּץ	קֻבַּץ	הִתְקַבֵּץ	הִשְׁלִיךְ	הָשְׁלַךְ
IMPF 3MS	יִשְׁמֹר	יִשָּׁמֵר	יְקַבֵּץ	יְקֻבַּץ	יִתְקַבֵּץ	יַשְׁלִיךְ	יָשְׁלַךְ
PAST 3MS	וַיִּשְׁמֹר	וַיִּשָּׁמֵר	וַיְקַבֵּץ	וַיְקֻבַּץ	וַיִּתְקַבֵּץ	וַיַּשְׁלֵךְ	וַיָּשְׁלַךְ
IMPV MS	שְׁמֹר	הִשָּׁמֵר	קַבֵּץ		הִתְקַבֵּץ	הַשְׁלֵךְ	
INF	שְׁמֹר	הִשָּׁמֵר	קַבֵּץ	קֻבַּץ	הִתְקַבֵּץ	הַשְׁלִיךְ	הָשְׁלַךְ
ADV INF	שָׁמוֹר	הִשָּׁמֹר נִשְׁמֹר	קַבֵּץ	קֻבֹּץ	הִתְקַבֵּץ	הַשְׁלֵךְ	הָשְׁלֵךְ
PTCP MS	שֹׁמֵר	נִשְׁמָר	מְקַבֵּץ	מְקֻבָּץ	מִתְקַבֵּץ	מַשְׁלִיךְ	מָשְׁלָךְ

1a. The Strong Verb

	Qal	Nifal	Piel	Pual	Hitpael	Hifil	Hofal
PERF 3MS	שָׁמַר	נִשְׁמַר	קִבֵּץ	קֻבַּץ	הִתְקַבֵּץ	הִשְׁלִיךְ	הָשְׁלַךְ
3FS	שָׁמְרָה	נִשְׁמְרָה	קִבְּצָה	קֻבְּצָה	הִתְקַבְּצָה	הִשְׁלִיכָה	הָשְׁלְכָה
2MS	שָׁמַרְתָּ	נִשְׁמַרְתָּ	קִבַּצְתָּ	קֻבַּצְתָּ	הִתְקַבַּצְתָּ	הִשְׁלַכְתָּ	הָשְׁלַכְתָּ
2FS	שָׁמַרְתְּ	נִשְׁמַרְתְּ	קִבַּצְתְּ	קֻבַּצְתְּ	הִתְקַבַּצְתְּ	הִשְׁלַכְתְּ	הָשְׁלַכְתְּ
1CS	שָׁמַרְתִּי	נִשְׁמַרְתִּי	קִבַּצְתִּי	קֻבַּצְתִּי	הִתְקַבַּצְתִּי	הִשְׁלַכְתִּי	הָשְׁלַכְתִּי
3CP	שָׁמְרוּ	נִשְׁמְרוּ	קִבְּצוּ	קֻבְּצוּ	הִתְקַבְּצוּ	הִשְׁלִיכוּ	הָשְׁלְכוּ
2MP	שְׁמַרְתֶּם	נִשְׁמַרְתֶּם	קִבַּצְתֶּם	קֻבַּצְתֶּם	הִתְקַבַּצְתֶּם	הִשְׁלַכְתֶּם	הָשְׁלַכְתֶּם
2FP	שְׁמַרְתֶּן	נִשְׁמַרְתֶּן	קִבַּצְתֶּן	קֻבַּצְתֶּן	הִתְקַבַּצְתֶּן	הִשְׁלַכְתֶּן	הָשְׁלַכְתֶּן
1CP	שָׁמַרְנוּ	נִשְׁמַרְנוּ	קִבַּצְנוּ	קֻבַּצְנוּ	הִתְקַבַּצְנוּ	הִשְׁלַכְנוּ	הָשְׁלַכְנוּ

	Qal	Nifal	Piel	Pual	Hitpael	Hifil	Hofal
IMPF 3MS	יִשְׁמֹר	יִשָּׁמֵר	יְקַבֵּץ	יְקֻבַּץ	יִתְקַבֵּץ	יַשְׁלִיךְ	יָשְׁלַךְ
3FS	תִּשְׁמֹר	תִּשָּׁמֵר	תְּקַבֵּץ	תְּקֻבַּץ	תִּתְקַבֵּץ	תַּשְׁלִיךְ	תָּשְׁלַךְ
2MS	תִּשְׁמֹר	תִּשָּׁמֵר	תְּקַבֵּץ	תְּקֻבַּץ	תִּתְקַבֵּץ	תַּשְׁלִיךְ	תָּשְׁלַךְ
2FS	תִּשְׁמְרִי	תִּשָּׁמְרִי	תְּקַבְּצִי	תְּקֻבְּצִי	תִּתְקַבְּצִי	תַּשְׁלִיכִי	תָּשְׁלְכִי
1CS	אֶשְׁמֹר	אֶשָּׁמֵר	אֲקַבֵּץ	אֲקֻבַּץ	אֶתְקַבֵּץ	אַשְׁלִיךְ	אָשְׁלַךְ
3MP	יִשְׁמְרוּ	יִשָּׁמְרוּ	יְקַבְּצוּ	יְקֻבְּצוּ	יִתְקַבְּצוּ	יַשְׁלִיכוּ	יָשְׁלְכוּ
3FP	תִּשְׁמֹרְנָה	תִּשָּׁמַרְנָה	תְּקַבֵּצְנָה	תְּקֻבַּצְנָה	תִּתְקַבֵּצְנָה	תַּשְׁלֵכְנָה	תָּשְׁלַכְנָה
2MP	תִּשְׁמְרוּ	תִּשָּׁמְרוּ	תְּקַבְּצוּ	תְּקֻבְּצוּ	תִּתְקַבְּצוּ	תַּשְׁלִיכוּ	תָּשְׁלְכוּ
2FP	תִּשְׁמֹרְנָה	תִּשָּׁמַרְנָה	תְּקַבֵּצְנָה	תְּקֻבַּצְנָה	תִּתְקַבֵּצְנָה	תַּשְׁלֵכְנָה	תָּשְׁלַכְנָה
1CP	נִשְׁמֹר	נִשָּׁמֵר	נְקַבֵּץ	נְקֻבַּץ	נִתְקַבֵּץ	נַשְׁלִיךְ	נָשְׁלַךְ
PAST 3MS	וַיִּשְׁמֹר	וַיִּשָּׁמֵר	וַיְקַבֵּץ	וַיְקֻבַּץ	וַיִּתְקַבֵּץ	וַיַּשְׁלֵךְ	וַיָּשְׁלַךְ
JUSS 3MS	יִשְׁמֹר	יִשָּׁמֵר	יְקַבֵּץ	יְקֻבַּץ	יִתְקַבֵּץ	יַשְׁלֵךְ	יָשְׁלַךְ
1CS	אֶשְׁמְרָה	אֶשָּׁמְרָה	אֲקַבְּצָה		אֶתְקַבְּצָה	אַשְׁלִיכָה	
IMPV MS	שְׁמֹר	הִשָּׁמֵר	קַבֵּץ		הִתְקַבֵּץ	הַשְׁלֵךְ	
FS	שִׁמְרִי	הִשָּׁמְרִי	קַבְּצִי		הִתְקַבְּצִי	הַשְׁלִיכִי	
MP	שִׁמְרוּ	הִשָּׁמְרוּ	קַבְּצוּ		הִתְקַבְּצוּ	הַשְׁלִיכוּ	
FP	שְׁמֹרְנָה	הִשָּׁמַרְנָה	קַבֵּצְנָה		הִתְקַבֵּצְנָה	הַשְׁלֵכְנָה	
INF	שְׁמֹר	הִשָּׁמֵר	קַבֵּץ	קֻבַּץ	הִתְקַבֵּץ	הַשְׁלִיךְ	הָשְׁלַךְ
ADV INF	שָׁמֹר	נִשְׁמֹר הִשָּׁמֹר	קַבֵּץ	קֻבֹּץ	הִתְקַבֵּץ	הַשְׁלֵךְ	הָשְׁלֵךְ
PTCP MS	שֹׁמֵר	נִשְׁמָר	מְקַבֵּץ	מְקֻבָּץ	מִתְקַבֵּץ	מַשְׁלִיךְ	מָשְׁלָךְ
FS	שֹׁמְרָה שֹׁמֶרֶת	נִשְׁמָרָה נִשְׁמֶרֶת	מְקַבְּצָה מְקַבֶּצֶת	מְקֻבָּצָה מְקֻבֶּצֶת	מִתְקַבְּצָה מִתְקַבֶּצֶת	מַשְׁלִיכָה מַשְׁלֶכֶת	מָשְׁלָכָה מָשְׁלֶכֶת
MP	שֹׁמְרִים	נִשְׁמָרִים	מְקַבְּצִים	מְקֻבָּצִים	מִתְקַבְּצִים	מַשְׁלִיכִים	מָשְׁלָכִים
FP	שֹׁמְרוֹת	נִשְׁמָרוֹת	מְקַבְּצוֹת	מְפֻקָּדוֹת	מִתְקַבְּצוֹת	מַשְׁלִיכוֹת	מָשְׁלָכוֹת

1b. Recognizing the Derived בִּנְיָנִים

When combined with a subscript number, R indicates a verbal root consonant, and the subscript numbers $_1$, $_2$, and $_3$ indicate the position of the consonant within the triconsonantal root.

נִפְעַל/*Nifal*

- **Perfect** is characterized by a נ prefix and ַ (פַּתַח) under R_2.
- **Imperfect** is characterized by a lengthened R_1 (indicated by דָּגֵשׁ חָזָק) with ָ (*a*-class קָמֵץ).
- **Imperative** is characterized by a הִ prefix and a lengthened R_1 with ָ (*a*-class קָמֵץ). The Nifal Imperative generally occurs with the Nifal's reflexive sense (as opposed to its passive sense).
- **Adverbial Infinitive** has two forms: נִפְקֹד and הִפָּקֵד.
- **Participle** is characterized by a נִ prefix and ָ (*a*-class קָמֵץ) under R_2.

פִּעֵל/*Piel*

- **Perfect** conjugation is characterized by an *i*-class vowel under R_1 and a lengthened R_2 (indicated by דָּגֵשׁ חָזָק).
- **Imperfect** conjugation is characterized by ְ under the prefix consonant, an *a*-class vowel under R_1, and a lengthened R_2 (indicated by דָּגֵשׁ חָזָק).
- **Past Narrative** exhibits a peculiarity with the 3ms and 3mp forms: the דָּגֵשׁ "falls out" of the י prefix. This phenomenon is part of a general tendency of the consonants ו, י, ל, מ, נ, ק, ס, צ, שׂ, and שׁ to drop a דָּגֵשׁ when they have a vocal שְׁוָא. This phenomenon is often referred to as *vilminqs* (= וילמנק + sibilants) or *sqinmlevi* (i.e., "skin 'em Levi"):

  וַיְדַבֵּר יְהוָה אֶל־מֹשֶׁה Yhwh spoke to Moses. (Num. 1:1)

- **Participle** is characterized by a מ inflectional prefix, and the vowel pattern of the masculine singular is the same as that of the Imperfect: Piel Imperfect is יְפַקֵּד and Participle is מְפַקֵּד.

פֻּעַל/*Pual*

- **Perfect** is characterized by a *u*-class (ָ or ֻ) vowel under R_1 and a lengthened R_2.
- **Imperfect** is characterized by a ְ under the prefix, a *u*-class (ָ or ֻ) vowel under R_1, and a lengthened R_2 (indicated by דָּגֵשׁ חָזָק).
- **Imperative** and **First-Person Jussive** do not occur in the Pual.
- **Infinitive** and **Adverbial Infinitive** each occur only once: עֻנּוֹתוֹ (Ps. 132:1) and גֻּנֹּב (Gen. 40:15), respectively.
- **Participle** is characterized by a מְ prefix, a *u*-class (ָ or ֻ) vowel under R_1 and a lengthened R_2 (indicated by דָּגֵשׁ חָזָק).

הִתְפַּעֵל/*Hitpael*

- **Perfect** is characterized by a הִתְ prefix, an *a*-class vowel under R_1, and a lengthened R_2 (indicated by דָּגֵשׁ חָזָק).
- **Imperfect** is characterized by a תְ after the prefix, an *a*-class vowel under R_1, and a lengthened R_2 (indicated by דָּגֵשׁ חָזָק).
- **Imperative** is characterized by a הִתְ prefix, an *a*-class vowel under R_1, and a lengthened R_2 (indicated by דָּגֵשׁ חָזָק).
- **Infinitive** and **Adverbial Infinitive** are identical in form to the 3ms Perfect and 2ms Imperative.
- **Participle** is characterized by a מִתְ prefix, an *a*-class vowel under R_1, and a lengthened R_2 (indicated by דָּגֵשׁ חָזָק).

הִפְעִיל/*Hifil*

- **Perfect** conjugation is characterized by a הִ (or ה with an *i*-class vowel) prefix and an *i*-class theme vowel (i.e., between R_2 and R_3).
- **Imperfect** conjugation is characterized by an *a*-class vowel under the prefix and an *i*-class theme vowel (i.e., between R_2 and R_3). The *i*-class theme vowel is often spelled *defectively* (without י):

  וַיַּשְׁחִתוּ they destroyed (2 Sam. 11:1)

- **Past Narrative** conjugation shows a slightly altered Imperfect pattern. The theme vowel in the Past Narrative verb form is ◌ֵ instead of ◌ִי :

  וַיַּשְׁמֵד יֵהוּא אֶת־הַבַּעַל Jehu destroyed the Baal (2 Kings 10:28)

- **Participle** is characterized by a מ inflectional prefix throughout. Also, the vowel pattern of the masculine singular is the same as that of the Imperfect: Hifil Imperfect is יַפְקִיד and Participle is מַפְקִיד.

הָפְעַל/*Hofal*

- **Perfect** is characterized by a *u*-class vowel under the prefix (הָ or הֻ).
- **Imperfect** is characterized by a *u*-class vowel under the prefix (◌ָ or ◌ֻ).
- **Imperative** and **First-Person Jussive** do not occur in the Hofal.
- **Infinitives** are rare.
- **Participle** is characterized by a *u*-class vowel under the prefix (מָ or מֻ).

2. Attached Pronouns with Verbs (L40)

With Energic ("Extra") Nun	Following Consonant: Imperfect, Imperative, Past Narrative	Following Consonant: Perfect	Following Vowel	
נְהוּ* ← ֶנּוּ-	ֵהוּ	וֹ	ו-/הוּ-	3MS
נְהָ* ← ֶנָּה	ֶהָ	ָהּ	הָ-	3FS
	ְךָ	ְךָ	ךָ-	2MS
נְךְ* ← ֶנָּךְ	ֵךְ	ֵךְ/ֶךְ	ךְ-	2FS
נְנִי* ← ֶנִּי	ֵנִי	ַנִי	נִי-	1CS
	ֵם	ָם	ם-	3MP
	ֵן	ָן	ן-	3FP
	ְכֶם	ְכֶם	כֶם-	2MP
	ְכֶן	ְכֶן	כֶן-	2FP
נְנוּ* ← ֶנּוּ-	ֵנוּ	ָנוּ	נוּ-	1CP

Perfect verbs have an *a*-class linking vowel (i.e., the vowel between the verb form and the suffixed pronoun). Imperfect, Imperative, and Past Narrative forms have an *i*-class linking vowel.

3. Introduction to Guttural Verbs

Guttural consonants (א, ה, ח, and ע) have four main characteristics:

1. Gutturals (and ר) cannot be lengthened (i.e., they cannot have a דָּגֵשׁ חָזָק).
2. Gutturals prefer *a*-class vowels (both before and after).
3. Gutturals ה, ח, and ע at the end of a word may be preceded by a פַּתַח גְּנוּבָה (stolen *patach*, traditionally *furtive patach*).
4. Gutturals usually have a חָטֵף שְׁוָא instead of שְׁוָא.

These characteristics result in predictable changes in verbal roots containing a guttural consonant.

3a. I-Guttural Verbs[1]

- **Nifal Imperfect** has a ֵ (צֵרֵי) prefix vowel instead of the normal ִ (חִירֶק) to compensate for the fact that the guttural consonant cannot be lengthened (i.e., take a דָּגֵשׁ חָזָק):

1. Roman numerals I, II, and III refer to the position of the guttural letter in the triconsonantal שֹׁרֶשׁ.

יֵעָמֵד instead of *יִעָּמֵד (cf. יִפָּקֵד)

- **Qal Imperfect Dynamic** verbs have a ַ (פַּתַח) prefix vowel instead of ִ (חִירֶק). **Qal Imperfect Stative** verbs have a ֶ (סְגוֹל) prefix vowel instead of ִ (חִירֶק):

  יַעֲמֹד instead of *יִעְמֹד (cf. יִפְקֹד)

  יֶחֱזַק instead of *יִחְזַק (cf. יִכְבַּד)

  Both dynamic and stative 1cs Qal Imperfect have ֶ (סְגוֹל) as the prefix vowel: אֶעֱמֹד and אֶחֱזַק.

I-Guttural Paradigm: עָמַד *"Stand"*

	Qal (Stative)	Qal (Dynamic)	Nifal	Pi/Pu/Hit	Hifil	Hofal
PERF 3MS	חָזֵק	עָמַד	נֶעֱמַד	R	הֶעֱמִיד	הָעֳמַד
3FS	חָזְקָה	עָמְדָה	נֶעֶמְדָה		הֶעֱמִידָה	הָעָמְדָה
2MS	חָזַקְתָּ	עָמַדְתָּ	נֶעֱמַדְתָּ		הֶעֱמַדְתָּ	הָעֳמַדְתָּ
2FS	חָזַקְתְּ	עָמַדְתְּ	נֶעֱמַדְתְּ	E	הֶעֱמַדְתְּ	הָעֳמַדְתְּ
1CS	חָזַקְתִּי	עָמַדְתִּי	נֶעֱמַדְתִּי		הֶעֱמַדְתִּי	הָעֳמַדְתִּי
3CP	חָזְקוּ	עָמְדוּ	נֶעֶמְדוּ		הֶעֱמִידוּ	הָעָמְדוּ
2MP	חֲזַקְתֶּם	עֲמַדְתֶּם	נֶעֱמַדְתֶּם	G	הֶעֱמַדְתֶּם	הָעֳמַדְתֶּם
2FP	חֲזַקְתֶּן	עֲמַדְתֶּן	נֶעֱמַדְתֶּן		הֶעֱמַדְתֶּן	הָעֳמַדְתֶּן
1CP	חָזַקְנוּ	עָמַדְנוּ	נֶעֱמַדְנוּ		הֶעֱמַדְנוּ	הָעֳמַדְנוּ
				U		
IMPF 3MS	יֶחֱזַק	יַעֲמֹד	יֵעָמֵד		יַעֲמִיד	יָעֳמַד
3FS/2MS	תֶּחֱזַק	תַּעֲמֹד	תֵּעָמֵד		תַּעֲמִיד	תָּעֳמַד
2FS	תֶּחֶזְקִי	תַּעַמְדִי	תֵּעָמְדִי	L	תַּעֲמִידִי	תָּעָמְדִי
1CS	אֶחֱזַק	אֶעֱמֹד	אֵעָמֵד		אַעֲמִיד	אָעֳמַד
3MP	יֶחֶזְקוּ	יַעַמְדוּ	יֵעָמְדוּ		יַעֲמִידוּ	יָעָמְדוּ
3FP	תֶּחֱזַקְנָה	תַּעֲמֹדְנָה	תֵּעָמַדְנָה	A	תַּעֲמֵדְנָה	תָּעֳמַדְנָה
2MP	תֶּחֶזְקוּ	תַּעַמְדוּ	תֵּעָמְדוּ		תַּעֲמִידוּ	תָּעָמְדוּ
2FP	תֶּחֱזַקְנָה	תַּעֲמֹדְנָה	תֵּעָמַדְנָה		תַּעֲמֵדְנָה	תָּעֳמַדְנָה
1CP	נֶחֱזַק	נַעֲמֹד	נֵעָמֵד	R	נַעֲמִיד	נָעֳמַד

- **Qal Imperative** and **Infinitive** have ֲ (חָטֵף פַּ֫תַח) under the first radical:

  עֲמֹד instead of *עְמֹד (cf. פְּקֹד)

- A חָטֵף vowel will always be the same class as that of the preceding vowel:

  הֶעֱמִיד יַעֲמִיד (Hifil 3ms Perfect and Imperfect)

- The חָטֵף vowel may change to a full vowel if the vowel in the following syllable is reduced to a שְׁוָא:

  יַעֲמֹד (Qal 3ms Imperfect) *but* יַעַמְדוּ (Qal 3mp Imperfect)

I-Guttural: Representative Forms

	Qal (Stative)	Qal (Dynamic)	Nifal	Pi/Pu/Hit	Hifil	Hofal
PAST 3MS	וַיֶּחֱזַק	וַיַּעֲמֹד	וַיֵּעָמֵד	R	וַיַּעֲמֵד	וַיָּעֳמַד
JUSS 3MS	יֶחֱזַק	יַעֲמֹד	יֵעָמֵד		יַעֲמֵד	יָעֳמַד
1CS	אֶחֶזְקָה	אֶעֶמְדָה	אֵעָמְדָה	E	אַעֲמִ֫ידָה	
IMPV MS	חֲזַק	עֲמֹד	הֵעָמֵד		הַעֲמֵד	
FS	חִזְקִי	עִמְדִי	הֵעָמְדִי	G	הַעֲמִ֫ידִי	
MP	חִזְקוּ	עִמְדוּ	הֵעָמְדוּ		הַעֲמִ֫ידוּ	
FP	חֲזַ֫קְנָה	עֲמֹ֫דְנָה	הֵעָמַ֫דְנָה	U	הַעֲמֵ֫דְנָה	
INF	חֲזַק	עֲמֹד	הֵעָמֵד		הָעֲמִיד	הָעֳמַד
ADV INF	חָזוֹק	עָמוֹד	הֵעָמֹד נַעֲמֹד	L	הַעֲמֵד	הָעֳמֵד
PTCP MS	חָזֵק	עֹמֵד	נֶעֱמָד	A	מַעֲמִיד	מָעֳמָד
FS	חֲזֵקָה	עֹמְדָה עֹמֶ֫דֶת	נֶעֱמָדָה נֶעֱמֶ֫דֶת	R	מַעֲמִידָה מַעֲמֶ֫דֶת	מָעֳמָדָה מָעֳמֶ֫דֶת
MP	חֲזֵקִים	עֹמְדִים	נֶעֱמָדִים		מַעֲמִידִים	מָעֳמָדִים
FP	חֲזֵקוֹת	עֹמְדוֹת	נֶעֱמָדוֹת		מַעֲמִידוֹת	מָעֳמָדוֹת

3b. II-Guttural Verbs

- The **Piel**, **Pual**, and **Hitpael** do not have their characteristic lengthening of R_2 (i.e., no דָּגֵשׁ חָזָק). The preceding vowel *may* lengthen.

Before ר the vowel *always* lengthens:

בֵּרַךְ instead of *בִּרֵךְ (cf. פִּקֵּד)

Before א the vowel *usually* lengthens:

בֵּאֵר instead of *בִּאֵר

Before ה, ח, or ע the vowel *usually does not* lengthen:

נִחַם instead of *נֵחַם

- **Qal Imperfect** and **Imperative** have an *a*-class theme vowel with both stative and dynamic roots:

  Stative: יֶאֱהַב (expected)

  Dynamic: יִשְׁחַט instead of *יִשְׁחֹט (cf. יִפְקֹד)

- R_2 has a חָטֵף שְׁוָא instead of a simple שְׁוָא when the verb ends in a vocalic inflectional suffix in all בִּנְיָנִים except for the **Hifil**:

  בָּחֲרָה instead of *בָּחְרָה (cf. פָּקְדָה)

  בָּחֲרוּ instead of *בָּחְרוּ (cf. פָּקְדוּ)

  ר does not always require a חָטֵף שְׁוָא, as in בֵּרְכוּ.

II-Guttural Paradigm: שָׁחַט *"Slaughter" and* ברך *"Bless"*

	Qal	Nifal	Piel	Pual	Hitpael	Hifil/Hofal
PERF 3MS	שָׁחַט	נִשְׁחַט	בֵּרַךְ	בֹּרַךְ	הִתְבָּרֵךְ	
3FS	שָׁחֲטָה	נִשְׁחֲטָה	בֵּרְכָה	בֹּרְכָה	הִתְבָּרֲכָה	
2MS	שָׁחַטְתָּ	נִשְׁחַטְתָּ	בֵּרַכְתָּ	בֹּרַכְתָּ	הִתְבָּרֵכְתָּ	R
2FS	שָׁחַטְתְּ	נִשְׁחַטְתְּ	בֵּרַכְתְּ	בֹּרַכְתְּ	הִתְבָּרֵכְתְּ	E
1CS	שָׁחַטְתִּי	נִשְׁחַטְתִּי	בֵּרַכְתִּי	בֹּרַכְתִּי	הִתְבָּרֵכְתִּי	G
3CP	שָׁחֲטוּ	נִשְׁחֲטוּ	בֵּרְכוּ	בֹּרְכוּ	הִתְבָּרֲכוּ	U
2MP	שְׁחַטְתֶּם	נִשְׁחַטְתֶּם	בֵּרַכְתֶּם	בֹּרַכְתֶּם	הִתְבָּרֵכְתֶּם	L
2FP	שְׁחַטְתֶּן	נִשְׁחַטְתֶּן	בֵּרַכְתֶּן	בֹּרַכְתֶּן	הִתְבָּרֵכְתֶּן	A
1CP	שָׁחַטְנוּ	נִשְׁחַטְנוּ	בֵּרַכְנוּ	בֹּרַכְנוּ	הִתְבָּרֵכְנוּ	R
IMPF 3MS	יִשְׁחַט	יִשָּׁחֵט	יְבָרֵךְ	יְבֹרַךְ	יִתְבָּרֵךְ	
3FS/2MS	תִּשְׁחַט	תִּשָּׁחֵט	תְּבָרֵךְ	תְּבֹרַךְ	תִּתְבָּרֵךְ	

	Qal	Nifal	Piel	Pual	Hitpael	Hifil/Hofal
2FS	תִּשְׁחֲטִי	תִּשָּׁחֲטִי	תְּבָרֲכִי	תְּבֹרְכִי	תִּתְבָּרֲכִי	R
1CS	אֶשְׁחַט	אֶשָּׁחֵט	אֲבָרֵךְ	אֲבֹרַךְ	אֶתְבָּרֵךְ	E
3MP	יִשְׁחֲטוּ	יִשָּׁחֲטוּ	יְבָרֲכוּ	יְבֹרְכוּ	יִתְבָּרֲכוּ	G
3FP	תִּשְׁחַ֫טְנָה	תִּשָּׁחַ֫טְנָה	תְּבָרֵ֫כְנָה	תְּבֹרַ֫כְנָה	תִּתְבָּרֵ֫כְנָה	U
2MP	תִּשְׁחֲטוּ	תִּשָּׁחֲטוּ	תְּבָרֲכוּ	תְּבֹרְכוּ	תִּתְבָּרֲכוּ	L
2FP	תִּשְׁחַ֫טְנָה	תִּשָּׁחַ֫טְנָה	תְּבָרֵ֫כְנָה	תְּבֹרַ֫כְנָה	תִּתְבָּרֵ֫כְנָה	A
1CP	נִשְׁחַט	נִשָּׁחֵט	נְבָרֵךְ	נְבֹרַךְ	נִתְבָּרֵךְ	R

II-Guttural: Representative Forms

	Qal	Nifal	Piel	Pual	Hitpael	Hifil/Hofal
PAST 3MS	וַיִּשְׁחַט	וַיִּשָּׁחֵט	וַיְבָ֫רֶךְ	וַיְבֹרַךְ	וַיִּתְבָּרֵךְ	
JUSS 3MS	יִשְׁחַט	יִשָּׁחֵט	יְבָרֵךְ	יְבֹרַךְ	יִתְבָּרֵךְ	
1CS	אֶשְׁחֲטָה	אֶשָּׁחֲטָה	אֲבָרֲכָה	אֲבֹרֲכָה	אֶתְבָּרֲכָה	
IMPV MS	שְׁחַט	הִשָּׁחֵט	בָּרֵךְ		הִתְבָּרֵךְ	R
FS	שַׁחֲטִי	הִשָּׁחֲטִי	בָּרֲכִי		הִתְבָּרֲכִי	E
MP	שַׁחֲטוּ	הִשָּׁחֲטוּ	בָּרֲכוּ		הִתְבָּרֲכוּ	G
FP	שְׁחַ֫טְנָה	הִשָּׁחֵ֫טְנָה	בָּרֵ֫כְנָה		הִתְבָּרֵ֫כְנָה	U
INF	שְׁחֹט	הִשָּׁחֵט	בָּרֵךְ		הִתְבָּרֵךְ	L
ADV INF	שָׁחוֹט	נִשְׁחֹט	בָּרֹךְ/בָּרֵךְ		הִתְבָּרֵךְ	A
PTCP MS	שֹׁחֵט	נִשְׁחָט	מְבָרֵךְ	מְבֹרָךְ	מִתְבָּרֵךְ	R
FS	שֹׁחֲטָה	נִשְׁחָטָה	מְבָרֲכָה	מְבֹרָכָה	מִתְבָּרֲכָה	
	שֹׁחֶ֫טֶת	נִשְׁחֶ֫טֶת	מְבָרֶ֫כֶת	מְבֹרֶ֫כֶת	מִתְבָּרֶ֫כֶת	
MP	שֹׁחֲטִים	נִשְׁחָטִים	מְבָרֲכִים	מְבֹרָכִים	מִתְבָּרֲכִים	
FP	שֹׁחֲטוֹת	נִשְׁחָטוֹת	מְבָרֲכוֹת	מְבֹרָכוֹת	מִתְבָּרֲכוֹת	

3c. III-Guttural Verbs

These verbs may take an *a*-class theme vowel; if there are no changes, a פַּ֫תַח גְּנוּבָה appears before R_3.

III-Guttural Paradigm: שָׁלַח *"Send"*

	Qal	Nifal	Piel	Pual	Hitpael	Hifil	Hofal
PERF 3MS	שָׁלַח	נִשְׁלַח	שִׁלַּח	שֻׁלַּח	הִשְׁתַּלַּח	הִשְׁלִיחַ	הָשְׁלַח
3FS	שָׁלְחָה	נִשְׁלְחָה	שִׁלְּחָה	שֻׁלְּחָה	הִשְׁתַּלְּחָה	הִשְׁלִ֫יחָה	הָשְׁלְחָה
2MS	שָׁלַ֫חְתָּ	נִשְׁלַ֫חְתָּ	שִׁלַּ֫חְתָּ	שֻׁלַּ֫חְתָּ	הִשְׁתַּלַּ֫חְתָּ	הִשְׁלַ֫חְתָּ	הָשְׁלַ֫חְתָּ
2FS	שָׁלַ֫חַתְּ	נִשְׁלַ֫חַתְּ	שִׁלַּ֫חַתְּ	שֻׁלַּ֫חַתְּ	הִשְׁתַּלַּ֫חַתְּ	הִשְׁלַ֫חַתְּ	הָשְׁלַ֫חַתְּ
1CS	שָׁלַ֫חְתִּי	נִשְׁלַ֫חְתִּי	שִׁלַּ֫חְתִּי	שֻׁלַּ֫חְתִּי	הִשְׁתַּלַּ֫חְתִּי	הִשְׁלַ֫חְתִּי	הָשְׁלַ֫חְתִּי
3CP	שָׁלְחוּ	נִשְׁלְחוּ	שִׁלְּחוּ	שֻׁלְּחוּ	הִשְׁתַּלְּחוּ	הִשְׁלִ֫יחוּ	הָשְׁלְחוּ
2MP	שְׁלַחְתֶּם	נִשְׁלַחְתֶּם	שִׁלַּחְתֶּם	שֻׁלַּחְתֶּם	הִשְׁתַּלַּחְתֶּם	הִשְׁלַחְתֶּם	הָשְׁלַחְתֶּם
2FP	שְׁלַחְתֶּן	נִשְׁלַחְתֶּן	שִׁלַּחְתֶּן	שֻׁלַּחְתֶּן	הִשְׁתַּלַּחְתֶּן	הִשְׁלַחְתֶּן	הָשְׁלַחְתֶּן
1CP	שָׁלַ֫חְנוּ	נִשְׁלַ֫חְנוּ	שִׁלַּ֫חְנוּ	שֻׁלַּ֫חְנוּ	הִשְׁתַּלַּ֫חְנוּ	הִשְׁלַ֫חְנוּ	הָשְׁלַ֫חְנוּ
IMPF 3MS	יִשְׁלַח	יִשָּׁלַח	יְשַׁלַּח	יְשֻׁלַּח	יִשְׁתַּלַּח	יַשְׁלִיחַ	יָשְׁלַח
3FS/2MS	תִּשְׁלַח	תִּשָּׁלַח	תְּשַׁלַּח	תְּשֻׁלַּח	תִּשְׁתַּלַּח	תַּשְׁלִיחַ	תָּשְׁלַח
2FS	תִּשְׁלְחִי	תִּשָּׁלְחִי	תְּשַׁלְּחִי	תְּשֻׁלְּחִי	תִּשְׁתַּלְּחִי	תַּשְׁלִ֫יחִי	תָּשְׁלְחִי
1CS	אֶשְׁלַח	אֶשָּׁלַח	אֲשַׁלַּח	אֲשֻׁלַּח	אֶשְׁתַּלַּח	אַשְׁלִיחַ	אָשְׁלַח
3MP	יִשְׁלְחוּ	יִשָּׁלְחוּ	יְשַׁלְּחוּ	יְשֻׁלְּחוּ	יִשְׁתַּלְּחוּ	יַשְׁלִ֫יחוּ	יָשְׁלְחוּ
3FP	תִּשְׁלַ֫חְנָה	תִּשָּׁלַ֫חְנָה	תְּשַׁלַּ֫חְנָה	תְּשֻׁלַּ֫חְנָה	תִּשְׁתַּלַּ֫חְנָה	תַּשְׁלַ֫חְנָה	תָּשְׁלַ֫חְנָה
2MP	תִּשְׁלְחוּ	תִּשָּׁלְחוּ	תְּשַׁלְּחוּ	תְּשֻׁלְּחוּ	תִּשְׁתַּלְּחוּ	תַּשְׁלִ֫יחוּ	תָּשְׁלְחוּ
2FP	תִּשְׁלַ֫חְנָה	תִּשָּׁלַ֫חְנָה	תְּשַׁלַּ֫חְנָה	תְּשֻׁלַּ֫חְנָה	תִּשְׁתַּלַּ֫חְנָה	תַּשְׁלַ֫חְנָה	תָּשְׁלַ֫חְנָה
1CP	נִשְׁלַח	נִשָּׁלַח	נְשַׁלַּח	נְשֻׁלַּח	נִשְׁתַּלַּח	נַשְׁלִיחַ	נָשְׁלַח

III-Guttural: Representative Forms

	Qal	Nifal	Piel	Pual	Hitpael	Hifil	Hofal
PAST 3MS	וַיִּשְׁלַח	וַיִּשָּׁלַח	וַיְשַׁלַּח	וַיְשֻׁלַּח	וַיִּשְׁתַּלַּח	וַיַּשְׁלַח	וַיָּשְׁלַח
JUSS 3MS	יִשְׁלַח	יִשָּׁלַח	יְשַׁלַּח	יְשֻׁלַּח	יִשְׁתַּלַּח	יַשְׁלַח	יָשְׁלַח
1CS	אֶשְׁלְחָה	אֶשָּׁלְחָה	אֲשַׁלְּחָה	אֲשֻׁלְּחָה	אֶשְׁתַּלְּחָה	אַשְׁלִיחָה	אָשְׁלְחָה
IMPV MS	שְׁלַח	הִשָּׁלַח	שַׁלַּח		הִשְׁתַּלַּח	הַשְׁלַח	
FS	שִׁלְחִי	הִשָּׁלְחִי	שַׁלְּחִי		הִשְׁתַּלְּחִי	הַשְׁלִ֫יחִי	

	Qal	Nifal	Piel	Pual	Hitpael	Hifil	Hofal
MP	שִׁלְחוּ	הִשָּׁלְחוּ	שַׁלְּחוּ		הִשְׁתַּלְּחוּ	הַשְׁלִיחוּ	
FP	שְׁלַחְנָה	הִשָּׁלַחְנָה	שַׁלַּחְנָה		הִשְׁתַּלַּחְנָה	הַשְׁלַחְנָה	
INF	שְׁלַח	הִשָּׁלַח	שַׁלַּח		הִשְׁתַּלַּח	הַשְׁלִיחַ	
ADV INF	שָׁלוֹחַ	נִשְׁלֹחַ	שַׁלֵּחַ		הִשְׁתַּלַּח	הַשְׁלֵחַ	הָשְׁלֵחַ
PTCP MS	שֹׁלֵחַ	נִשְׁלָח	מְשַׁלֵּחַ	מְשֻׁלָּח	מִשְׁתַּלֵּחַ	מַשְׁלִיחַ	מָשְׁלָח
FS	שֹׁלְחָה	נִשְׁלָחָה	מְשַׁלְּחָה	מְשֻׁלָּחָה	מִשְׁתַּלְּחָה	מַשְׁלִיחָה	מָשְׁלָחָה
	שֹׁלַחַת	נִשְׁלַחַת	מְשַׁלַּחַת	מְשֻׁלַּחַת	מִשְׁתַּלַּחַת	מַשְׁלַחַת	מָשְׁלַחַת
MP	שֹׁלְחִים	נִשְׁלָחִים	מְשַׁלְּחִים	מְשֻׁלָּחִים	מִשְׁתַּלְּחִים	מַשְׁלִיחִים	מָשְׁלָחִים
FP	שֹׁלְחוֹת	נִשְׁלָחוֹת	מְשַׁלְּחוֹת	מְשֻׁלָּחוֹת	מִשְׁתַּלְּחוֹת	מַשְׁלִיחוֹת	מָשְׁלָחוֹת

4. Introduction to Weak Verbs

The paradigms in the lessons of this book use שָׁרָשִׁים that have three regular consonants (i.e., no gutturals or glides). These are referred to as *strong verbs*. Hebrew, however, contains many more weak verbs than strong. *Weak verbs* have one or more "weak" (e.g., glide) consonants in the שֹׁרֶשׁ that may affect the form's vowel pattern.

Weak verbs fall into one of *four* main classes (Roman numerals are used to refer to the position of the weak letter in the שֹׁרֶשׁ):

- A שֹׁרֶשׁ that begins or ends with **א**: I-**א**, III-**א**
- A שֹׁרֶשׁ that begins with **נ**: I-**נ**
- A שֹׁרֶשׁ with ו or י (i.e., glides): I-ו/י, II-ו/י, III-ה (originally III-ו/י)
- A שֹׁרֶשׁ with an identical consonant in second and third positions: II-III

This chart lists all the classes of weak verbs:

Class	Traditional Name	Example
I-א	*Pe ʾAlef*	אָמַר
III-א	*Lamed ʾAlef*	מָצָא
I-נ	*Pe Nun*	נָפַל
I-ו/י	*Pe Vav/Yod*	יָשַׁב, יָרַשׁ
III-ה	*Lamed Heʾ*	גָּלָה
II-ו/י	*ʿAyin Vav/Yod*	קוּם, שִׂים
II-III	*ʿAyin ʿAyin*	סָבַב

4a. Weak Verbs Quick Reference Chart: Representative Forms

	Strong	I-א	III-א	I-נ	I-ו/י	III-ה	II-ו/י	II-III
PERF 3MS	שָׁמַר	אָמַר	מָצָא	נָגַשׁ	יָשַׁב	גָּלָה	קָם	סָב
IMPF 3MS	יִשְׁמֹר	יֹאמַר	יִמְצָא	יִגַּשׁ	יֵשֵׁב	יִגְלֶה	יָקוּם	יָסֹב
PAST 3MS	וַיִּשְׁמֹר	וַיֹּאמֶר	וַיִּמְצָא	וַיִּגַּשׁ	וַיֵּשֶׁב	וַיִּגֶל	וַיָּקָם	וַיָּסָב
IMPV MS	שְׁמֹר	אֱמֹר	מְצָא	גַּשׁ	שֵׁב	גְּלֵה	קוּם	סֹב
INF	שְׁמֹר	אֱמֹר	מְצֹא	גֶּשֶׁת	שֶׁבֶת	גְּלוֹת	קוּם	סֹב
ADV INF	שָׁמוֹר	אָמוֹר	מָצוֹא	נָגוֹשׁ	יָשׁוֹב	גָּלֹה	קוֹם	סָבוֹב
PTCP MS	שֹׁמֵר	אֹמֵר	מֹצֵא	נֹגֵשׁ	יֹשֵׁב	גֹּלֶה	קָם	סֹבֵב

4b. I-א Verbs

The majority of verbs that begin with א are classified as I-Guttural verbs and follow that pattern:

Qal 3MS Imperfect (dynamic) אָזַר is יֶאֱזֹר.
Qal 3MS Imperfect (stative) אָהֵב is יֶאֱהַב.

However, *five* verbs are classified as I-א weak verbs because they have a unique vocalization in the **Qal Imperfect** and **Past Narrative** conjugations. In all the other conjugations and בִּנְיָנִים, these roots behave exactly as I-Gutturals.

The five שָׁרָשִׁים that are I-א can be learned by a traditional mnemonic device:

He *said*: "I am *willing* to eat what I *bake* even if I *perish*!"

אָמַר	he said
אָבָה	he was willing
אָכַל	he ate
אָפָה	he baked
אָבַד	he perished

In the Qal Imperfect and Past Narrative conjugations, because the initial א in these five שָׁרָשִׁים cannot close a syllable (see appendix A.2b), the following changes take place:

- An R_2 בְּגַד כְּפַת lacks a דָּגֵשׁ קַל:

  יֹאכַל (cf. יִכְתֹּב)

- The prefix vowel becomes a ֹ (חוֹלֶם):

    יֹאכַל (cf. יֶאֱהַב)

- The theme vowel (the vowel between R_2 and R_3) becomes ַ (פַּתַח):

    יֹאכַל (cf. יֶאֱזֹר)

The theme vowel also appears as ֵ (צֵרֵי) in pausal forms (see L47), as in יֹאכֵל, and as ֶ (סְגוֹל) in the Past Narrative of אמר as וַיֹּאמֶר:

- Often the R_1 א is not written in the 1cs form.

    אֹכַל instead of *אאכַל

Paradigm: אָמַר *"Say" (also* אָבַד *"perish";* אָבָה *"be willing";* אָכַל *"eat"; and* אָפָה *"bake")*

	Impf 3ms	Impf 1cs	Past
Qal	יֹאמַר	אֹמַר	וַיֹּאמֶר

These five שָׁרָשִׁים behave differently only in the Qal Imperfect and Past Narrative; they conform to I-Guttural in other conjugations and בִּנְיָנִים.

4c. III-א Verbs

A similar phenomenon takes place in III-א verbs as in I-א because the א cannot close a syllable:

מָצָאת instead of *מָצַאְתְּ

- The א *cannot* be vocalized with a שְׁוָא.
- A בְּגַד כְּפַת letter following the א *never* has a דָּגֵשׁ קַל.
- The vowel preceding the א *lengthens*.

Here are the other characteristics to note about the III-א verbs:

- ֶ (סְגוֹל) appears before א in the 3fp/2fp Imperfect in all בִּנְיָנִים:

Qal	תִּמְצֶאנָה	Nifal	תִּמָּצֶאנָה
Piel	תְּמַצֶּאנָה	Pual	תְּמֻצֶּאנָה
Hitpael	תִּתְמַצֶּאנָה		
Hifil	תַּמְצֶאנָה	Hofal	תֻּמְצֶאנָה

- Only **Qal Perfect** shows a distinction in vowel pattern between dynamic and stative:

  Perfect מָצָא (dynamic) *versus* מָלֵא (stative)
  Imperfect יִמְצָא (dynamic) *like* יִמְלָא (stative)

- **Nifal, Piel,** and **Hifil Perfect** have a ֵ (צֵ֫רֵי) theme vowel instead of a ַ (פַּ֫תַח) before consonantal inflectional suffixes:

	Nifal	Piel	Hifil
2MS	נִמְצֵ֫אתָ	מִצֵּ֫אתָ	הִמְצֵ֫אתָ
2FS	נִמְצֵאת	מִצֵּאת	הִמְצֵאת
1CS	נִמְצֵ֫אתִי	מִצֵּ֫אתִי	הִמְצֵ֫אתִי
2MP	נִמְצֵאתֶם	מִצֵּאתֶם	הִמְצֵאתֶם
2FP	נִמְצֵאתֶן	מִצֵּאתֶן	הִמְצֵאתֶן
1CP	נִמְצֵ֫אנוּ	מִצֵּ֫אנוּ	הִמְצֵ֫אנוּ

- **Hofal** has a ֻ (קִבּוּץ) instead of ָ (קָמֵץ חָטוּף) under the prefix:

  הֻמְצָא instead of *הָמְצָא
  יֻמְצָא instead of *יָמְצָא

Paradigm: מָצָא *"Find"*

	Qal	Nifal	Piel	Pual	Hitpael	Hifil	Hofal
PERF 3MS	מָצָא	נִמְצָא	מִצֵּא	מֻצָּא	הִתְמַצֵּא	הִמְצִיא	הֻמְצָא
3FS	מָצְאָה	נִמְצְאָה	מִצְּאָה	מֻצְּאָה	הִתְמַצְּאָה	הִמְצִ֫יאָה	הֻמְצְאָה
2MS	מָצָ֫אתָ	נִמְצֵ֫אתָ	מִצֵּ֫אתָ	מֻצֵּ֫אתָ	הִתְמַצֵּ֫אתָ	הִמְצֵ֫אתָ	הֻמְצֵ֫אתָ
2FS	מָצָאת	נִמְצֵאת	מִצֵּאת	מֻצֵּאת	הִתְמַצֵּאת	הִמְצֵאת	הֻמְצֵאת
1CS	מָצָ֫אתִי	נִמְצֵ֫אתִי	מִצֵּ֫אתִי	מֻצֵּ֫אתִי	הִתְמַצֵּ֫אתִי	הִמְצֵ֫אתִי	הֻמְצֵ֫אתִי
3CP	מָצְאוּ	נִמְצְאוּ	מִצְּאוּ	מֻצְּאוּ	הִתְמַצְּאוּ	הִמְצִ֫יאוּ	הֻמְצְאוּ
2MP	מְצָאתֶם	נִמְצֵאתֶם	מִצֵּאתֶם	מֻצֵּאתֶם	הִתְמַצֵּאתֶם	הִמְצֵאתֶם	הֻמְצֵאתֶם
2FP	מְצָאתֶן	נִמְצֵאתֶן	מִצֵּאתֶן	מֻצֵּאתֶן	הִתְמַצֵּאתֶן	הִמְצֵאתֶן	הֻמְצֵאתֶן
1CP	מָצָ֫אנוּ	נִמְצֵ֫אנוּ	מִצֵּ֫אנוּ	מֻצֵּ֫אנוּ	הִתְמַצֵּ֫אנוּ	הִמְצֵ֫אנוּ	הֻמְצֵ֫אנוּ
IMPF 3MS	יִמְצָא	יִמָּצֵא	יְמַצֵּא	יְמֻצָּא	יִתְמַצֵּא	יַמְצִיא	יֻמְצָא
3FS/2MS	תִּמְצָא	תִּמָּצֵא	תְּמַצֵּא	תְּמֻצָּא	תִּתְמַצֵּא	תַּמְצִיא	תֻּמְצָא

	Qal	Nifal	Piel	Pual	Hitpael	Hifil	Hofal
2FS	תִּמְצְאִי	תִּמָּצְאִי	תְּמַצְּאִי	תְּמֻצְּאִי	תִּתְמַצְּאִי	תַּמְצִ֫יאִי	תֻּמְצְאִי
1CS	אֶמְצָא	אֶמָּצֵא	אֲמַצֵּא	אֲמֻצָּא	אֶתְמַצֵּא	אַמְצִיא	אֻמְצָא
3MP	יִמְצְאוּ	יִמָּצְאוּ	יְמַצְּאוּ	יְמֻצְּאוּ	יִתְמַצְּאוּ	יַמְצִ֫יאוּ	יֻמְצְאוּ
3FP/2FP	תִּמְצֶ֫אנָה	תִּמָּצֶ֫אנָה	תְּמַצֶּ֫אנָה	תְּמֻצֶּ֫אנָה	תִּתְמַצֶּ֫אנָה	תַּמְצֶ֫אנָה	תֻּמְצֶ֫אנָה
2MP	תִּמְצְאוּ	תִּמָּצְאוּ	תְּמַצְּאוּ	תְּמֻצְּאוּ	תִּתְמַצְּאוּ	תַּמְצִ֫יאוּ	תֻּמְצְאוּ
1CP	נִמְצָא	נִמָּצֵא	נְמַצֵּא	נְמֻצָּא	נִתְמַצֵּא	נַמְצִיא	נֻמְצָא

III-א: Representative Forms

	Qal	Nifal	Piel	Pual	Hitpael	Hifil	Hofal
PAST 3MS	וַיִּמְצָא	וַיִּמָּצֵא	וַיְמַצֵּא	וַיְמֻצָּא	וַיִּתְמַצֵּא	וַיַּמְצֵא	וַיֻּמְצָא
JUSS 3MS	יִמְצָא	יִמָּצֵא	יְמַצֵּא	יְמֻצָּא	יִתְמַצֵּא	יַמְצֵא	יֻמְצָא
1CS	אֶמְצְאָה	אִמָּצְאָה	אֲמַצְּאָה		אֶתְמַצְּאָה	אַמְצִ֫יאָה	
IMPV MS	מְצָא	הִמָּצֵא	מַצֵּא		הִתְמַצֵּא	הַמְצֵא	
FS	מִצְאִי	הִמָּצְאִי	מַצְּאִי		הִתְמַצְּאִי	הַמְצִ֫יאִי	
MP	מִצְאוּ	הִמָּצְאוּ	מַצְּאוּ		הִתְמַצְּאוּ	הַמְצִ֫יאוּ	
FP	מְצֶ֫אנָה	הִמָּצֶ֫אנָה	מַצֶּ֫אנָה		הִתְמַצֶּ֫אנָה	הַמְצֶ֫אנָה	
INF	מְצֹא	הִמָּצֵא	מַצֵּא	מֻצָּא	הִתְמַצֵּא	הַמְצִיא	הֻמְצָא
ADV INF	מָצוֹא	נִמְצֹא	מַצֹּא		הִתְמַצֵּא	הַמְצֵא	
PTCP MS	מֹצֵא	נִמְצָא	מְמַצֵּא	מְמֻצָּא	מִתְמַצֵּא	מַמְצִיא	מֻמְצָא
FS	מֹצְאָה	נִמְצָאָה	מְמַצְּאָה	מְמֻצָּאָה	מִתְמַצְּאָה	מַמְצִיאָה	מֻמְצָאָה
	מֹצֵאת	נִמְצֵאת	מְמַצֵּאת	מְמֻצֵּאת	מִתְמַצֵּאת	מַמְצֵאת	מֻמְצֵאת
MP	מֹצְאִים	נִמְצָאִים	מְמַצְּאִים	מְמֻצָּאִים	מִתְמַצְּאִים	מַמְצִיאִים	מֻמְצָאִים
FP	מֹצְאוֹת	נִמְצָאוֹת	מְמַצְּאוֹת	מְמֻצָּאוֹת	מִתְמַצְּאוֹת	מַמְצִיאוֹת	מֻמְצָאוֹת

4d. I-נ Verbs

I-נ weak verbs undergo *two* changes that make them weak:

- When the נ closes a syllable (i.e., it does not have a vowel and is preceded by a verbal prefix), it *assimilates* to the following consonant, lengthening it (i.e., the following consonant will have a דָּגֵשׁ חָזָק):

Qal 3MS Imperfect יִפֹּל (instead of *יִנְפֹּל)
Nifal 3MS Perfect נִגַּשׁ (instead of *נִנְגַּשׁ)
Hifil MS Participle מַגִּישׁ (instead of *מַנְגִּישׁ)

But נ does *not* assimilate to gutturals, as in יִנְהַג:

- When the נ occurs at the beginning of a form and it does not have a vowel, it drops out in the **Qal Imperative** and **Infinitive**:

  Qal 2MS Imperative גַּשׁ (instead of *נְגַשׁ)
  Qal Infinitive גֶּ֫שֶׁת from *גַּשְׁתְּ (instead of *נְגֹשׁ)

The דָּגֵשׁ in the ג is a דָּגֵשׁ קַל, because the ג now stands at the beginning of the word. The Infinitive forms that drop the נ also add a ת to the end of the form.

But the נ remains with a few שָׁרָשִׁים:

Qal Infinitive/2MS Imperative נְפֹל

לָקַח *and* נָתַן

The verb לָקַח follows the I-נ pattern:

- The ל assimilates (just like a נ would) to the ק:

  Qal 3MS Imperfect יִקַּח
  Qal 3FS Imperfect תִּקַּח

However, the ל does not assimilate in the Nifal:

Nifal 3MS Perfect נִלְקַח

- The ל drops out in the Imperative and Infinitive forms:

  Qal 2MS Imperative קַח
  Qal Infinitive קַ֫חַת

The verb נָתַן is not only a I-נ verb; it also has a נ as the final consonant of the שֹׁ֫רֶשׁ. When inflectional endings are added and the final נ in נָתַן does not have a full vowel, it assimilates to the following consonant (just like the initial נ in the same environment). This does not happen in other שָׁרָשִׁים that end in נ:

Qal 2MS Perfect נָתַ֫תָּ (from *נָתַנְתָּ)
Qal 2FS Perfect נָתַתְּ (from *נָתַנְתְּ)
Qal 1CS Perfect נָתַ֫תִּי (from *נָתַנְתִּי)
Qal Infinitive תֵּת (with suffixes, -תִּת, from *תִּנְתְּ)

Paradigm: נָפַל *"Fall";* נָגַשׁ *"Draw Near"*

	Qal	Qal	Nifal	Pi/Pu/Hit	Hifil	Hofal
PERF 3MS	נָפַל	נָגַשׁ	נִגַּשׁ		הִגִּישׁ	הֻגַּשׁ
3FS	נָפְלָה	נָגְשָׁה	נִגְּשָׁה		הִגִּישָׁה	הֻגְּשָׁה
2MS	נָפַלְתָּ	נָגַשְׁתָּ	נִגַּשְׁתָּ		הִגַּשְׁתָּ	הֻגַּשְׁתָּ
2FS	נָפַלְתְּ	נָגַשְׁתְּ	נִגַּשְׁתְּ		הִגַּשְׁתְּ	הֻגַּשְׁתְּ
1CS	נָפַלְתִּי	נָגַשְׁתִּי	נִגַּשְׁתִּי		הִגַּשְׁתִּי	הֻגַּשְׁתִּי
3CP	נָפְלוּ	נָגְשׁוּ	נִגְּשׁוּ	R	הִגִּישׁוּ	הֻגְּשׁוּ
2MP	נְפַלְתֶּם	נְגַשְׁתֶּם	נִגַּשְׁתֶּם	E	הִגַּשְׁתֶּם	הֻגַּשְׁתֶּם
2FP	נְפַלְתֶּן	נְגַשְׁתֶּן	נִגַּשְׁתֶּן	G	הִגַּשְׁתֶּן	הֻגַּשְׁתֶּן
1CP	נָפַלְנוּ	נָגַשְׁנוּ	נִגַּשְׁנוּ	U	הִגַּשְׁנוּ	הֻגַּשְׁנוּ
				L		
IMPF 3MS	יִפֹּל	יִגַּשׁ	יִנָּגֵשׁ	A	יַגִּישׁ	יֻגַּשׁ
3FS/2MS	תִּפֹּל	תִּגַּשׁ	תִּנָּגֵשׁ	R	תַּגִּישׁ	תֻּגַּשׁ
2FS	תִּפְּלִי	תִּגְּשִׁי	תִּנָּגְשִׁי		תַּגִּישִׁי	תֻּגְּשִׁי
1CS	אֶפֹּל	אֶגַּשׁ	אֶנָּגֵשׁ		אַגִּישׁ	אֻגַּשׁ
3MP	יִפְּלוּ	יִגְּשׁוּ	יִנָּגְשׁוּ		יַגִּישׁוּ	יֻגְּשׁוּ
3FP	תִּפֹּלְנָה	תִּגַּשְׁנָה	תִּנָּגַשְׁנָה		תַּגֵּשְׁנָה	תֻּגַּשְׁנָה
2MP	תִּפְּלוּ	תִּגְּשׁוּ	תִּנָּגְשׁוּ		תַּגִּישׁוּ	תֻּגְּשׁוּ
2FP	תִּפֹּלְנָה	תִּגַּשְׁנָה	תִּנָּגַשְׁנָה		תַּגֵּשְׁנָה	תֻּגַּשְׁנָה
1CP	נִפֹּל	נִגַּשׁ	נִנָּגֵשׁ		נַגִּישׁ	נֻגַּשׁ

I-נ: Representative Forms

	Qal	Qal	Nifal	Pi/Pu/Hit	Hifil	Hofal
PAST 3MS	וַיִּפֹּל	וַיִּגַּשׁ	וַיִּנָּגֵשׁ	R	וַיַּגֵּשׁ	וַיֻּגַּשׁ
JUSS 3MS	יִפֹּל	יִגַּשׁ	יִנָּגֵשׁ	E	יַגֵּשׁ	יֻגַּשׁ
				G		
1CS	אֶפְּלָה	אֶגְּשָׁה	אֶנָּגְשָׁה	U	אַגִּישָׁה	
				L		
IMPV MS	נְפֹל	גַּשׁ	הִנָּגֵשׁ	A	הַגֵּשׁ	
FS	נִפְלִי	גְּשִׁי	הִנָּגְשִׁי	R	הַגִּישִׁי	

	Qal	Qal	Nifal	Pi/Pu/Hit	Hifil	Hofal
MP	נִפְלוּ	גְּשׁוּ	הִנָּגְשׁוּ		הַגִּישׁוּ	
FP	נְפֹּלְנָה	גַּשְׁנָה	הִנָּגַשְׁנָה		הַגֵּשְׁנָה	
INF	נְפֹל	גֶּשֶׁת	הִנָּגֵשׁ		הַגִּישׁ	הֻגַּשׁ
ADV INF	נָפוֹל	נָגוֹשׁ	הִנָּגֵשׁ		הַגֵּשׁ	הֻגֵּשׁ
PTCP MS	נֹפֵל	נֹגֵשׁ	נִגָּשׁ	REGULAR	מַגִּישׁ	מֻגָּשׁ
FS	נֹפְלָה	נֹגְשָׁה	נִגָּשָׁה		מַגִּישָׁה	מֻגָּשָׁה
	נֹפֶלֶת	נֹגֶשֶׁת	נִגָּשֶׁת		מַגֶּשֶׁת	מֻגָּשֶׁת
MP	נֹפְלִים	נֹגְשִׁים	נִגָּשִׁים		מַגִּישִׁים	מֻגָּשִׁים
FP	נֹפְלוֹת	נֹגְשׁוֹת	נִגָּשׁוֹת		מַגִּישׁוֹת	מֻגָּשׁוֹת

4e. I-ו/י Verbs

I-ו/י weak verbs undergo *two* changes:

- The ו or י contracts with the preceding vowel:

  Qal 3MS Imperfect יֵשֵׁב (from *יִישֵׁב)
  Qal 3MS Imperfect יִירַשׁ (from *יִירַשׁ)
  Hifil 3MS Perfect הוֹשִׁיב (from *הַוְשִׁיב)
  Hofal 3MS Perfect הוּשַׁב (from *הֻוְשַׁב)

- The ו or י drops out when it lacks a full vowel at the beginning of the word (only in Qal Imperative and Infinitive of *some* שָׁרָשִׁים that are I-ו). This is similar to the form of I-נ weak verbs:

  2MS Imperative שֵׁב, instead of *יְשֵׁב
  Infinitive שֶׁבֶת (from [2]*שֵׁבְתְּ), instead of *יְשֵׁב

But ירא is an example of a שֹׁרֶשׁ that retains the initial י in the **Imperative** (יְרָא) and **Infinitive** (יְרֹא).

There are *three* different types of I-ו/י weak verbs:

- **Original I-ו verbs**—these verbs originally began with ו:

The ו is replaced with a י in **Qal**, **Piel**, **Pual**, and **Hitpael**:

Qal 3MS Perfect יָשַׁב and Imperfect יֵשֵׁב

2. Morphologically, the ת is a feminine ending—with no semantic value—that was added after the י dropped out.

The original ו appears (as consonant or vowel marker) in **Nifal**, **Hifil**, and **Hofal**:

Nifal 3ms Perfect נוֹשַׁב and Imperfect יִוָּשֵׁב
Hifil 3ms Perfect הוֹשִׁיב and Imperfect יוֹשִׁיב

Qal Prefix verbs of dynamic I-ו/י roots have an *a-i* pattern:

Dynamic (*a-i*) יֵשֵׁב from *יַיְשִׁב

Qal Prefix verbs of stative I-ו/י roots have an *i-a* pattern:

Stative (*i-a*) יִירַשׁ from *יִיְרַשׁ

- **Original I-י verbs**—these verbs originally began with י. The י appears in all forms (as a consonant or a vowel marker):

Qal 3ms Imperfect יִיבַשׁ and Infinitive יְבֹשׁ
Hifil 3ms Perfect הֵיטִיב and 3ms Imperfect יֵיטִיב

There are only *seven* I-י type שָׁרָשִׁים (all have stative *i-a* Prefix pattern):

יָבֵשׁ	Q it was dry
יָטַב	Q he was good
ילל	HI he howled
יָשַׁר	Q it was straight, upright
ימן	HI he chose/used the right arm
יָנַק	Q he suckled
*יָקַץ	Q he awoke

- **I-י-צ verbs**—these roots begin with -יצ and undergo changes like I-נ weak verbs. The י assimilates into the צ when it closes a syllable (this is similar to the assimilation of the נ in I-נ verbs):

Hifil 3ms Perfect הִצִּיב (from *הִיְצִיב)

There are only *six* I-י-צ roots (all with stative *i-a* in the Prefix pattern):

יצב	HIT he stationed himself
יצג	HI he set, placed
יצע	HI he spread, lay
יָצַק	Q he poured
יָצַר	Q he formed, fashioned
יָצַת	Q it kindled, burned

The Verb הָלַךְ

The verb הָלַךְ follows the original I-ו pattern:

Qal 3MS Perfect הָלַךְ
Qal 3MS Imperfect יֵלֵךְ
Qal 3MS Past Narrative וַיֵּלֶךְ
Qal 2MS Imperative לֵךְ
Qal Infinitive לֶכֶת
Hifil 3MS Perfect הוֹלִיךְ
Hifil 3MS Imperfect יוֹלִיךְ

Paradigm: יָרַשׁ *"Possess";* יָשַׁב *"Sit";* יָטַב *"Be Good"*

	Qal	Qal	Nifal	Pi/Pu/Hit	Hifil	Hofal	Qal	Hifil
PERF 3MS	יָרַשׁ	יָשַׁב	נוֹשַׁב	R	הוֹשִׁיב	הוּשַׁב	יָטַב	הֵיטִיב
3FS	יָרְשָׁה	יָשְׁבָה	נוֹשְׁבָה		הוֹשִׁיבָה	הוּשְׁבָה	יָטְבָה	הֵיטִיבָה
2MS	יָרַשְׁתָּ	יָשַׁבְתָּ	נוֹשַׁבְתָּ	E	הוֹשַׁבְתָּ	הוּשַׁבְתָּ	יָטַבְתָּ	הֵיטַבְתָּ
2FS	יָרַשְׁתְּ	יָשַׁבְתְּ	נוֹשַׁבְתְּ		הוֹשַׁבְתְּ	הוּשַׁבְתְּ	יָטַבְתְּ	הֵיטַבְתְּ
1CS	יָרַשְׁתִּי	יָשַׁבְתִּי	נוֹשַׁבְתִּי	G	הוֹשַׁבְתִּי	הוּשַׁבְתִּי	יָטַבְתִּי	הֵיטַבְתִּי
3CP	יָרְשׁוּ	יָשְׁבוּ	נוֹשְׁבוּ		הוֹשִׁיבוּ	הוּשְׁבוּ	יָטְבוּ	הֵיטִיבוּ
2MP	יְרַשְׁתֶּם	יְשַׁבְתֶּם	נוֹשַׁבְתֶּם	U	הוֹשַׁבְתֶּם	הוּשַׁבְתֶּם	יְטַבְתֶּם	הֵיטַבְתֶּם
2FP	יְרַשְׁתֶּן	יְשַׁבְתֶּן	נוֹשַׁבְתֶּן		הוֹשַׁבְתֶּן	הוּשַׁבְתֶּן	יְטַבְתֶּן	הֵיטַבְתֶּן
1CP	יָרַשְׁנוּ	יָשַׁבְנוּ	נוֹשַׁבְנוּ	L	הוֹשַׁבְנוּ	הוּשַׁבְנוּ	יָטַבְנוּ	הֵיטַבְנוּ
IMPF 3MS	יִירַשׁ	יֵשֵׁב	יִוָּשֵׁב	A	יוֹשִׁיב	יוּשַׁב	יִיטַב	יֵיטִיב
3FS/2MS	תִּירַשׁ	תֵּשֵׁב	תִּוָּשֵׁב		תּוֹשִׁיב	תּוּשַׁב	תִּיטַב	תֵּיטִיב
2FS	תִּירְשִׁי	תֵּשְׁבִי	תִּוָּשְׁבִי	R	תּוֹשִׁיבִי	תּוּשְׁבִי	תִּיטְבִי	תֵּיטִיבִי
1CS	אִירַשׁ	אֵשֵׁב	אֶוָּשֵׁב		אוֹשִׁיב	אוּשַׁב	אִיטַב	אֵיטִיב
3MP	יִירְשׁוּ	יֵשְׁבוּ	יִוָּשְׁבוּ		יוֹשִׁיבוּ	יוּשְׁבוּ	יִיטְבוּ	יֵיטִיבוּ
3FP	תִּירַשְׁנָה	תֵּשַׁבְנָה	תִּוָּשַׁבְנָה		תּוֹשֵׁבְנָה	תּוּשַׁבְנָה	תִּיטַבְנָה	תֵּיטַבְנָה
2MP	תִּירְשׁוּ	תֵּשְׁבוּ	תִּוָּשְׁבוּ		תּוֹשִׁיבוּ	תּוּשְׁבוּ	תִּיטְבוּ	תֵּיטִיבוּ
2FP	תִּירַשְׁנָה	תֵּשַׁבְנָה	תִּוָּשַׁבְנָה		תּוֹשֵׁבְנָה	תּוּשַׁבְנָה	תִּיטַבְנָה	תֵּיטַבְנָה
1CP	נִירַשׁ	נֵשֵׁב	נִוָּשֵׁב		נוֹשִׁיב	נוּשַׁב	נִיטַב	נֵיטִיב

I-ו/י: Representative Forms

	Qal	Qal	Nifal	Pi/Pu/Hit	Hifil	Hofal	Qal	Hifil
PAST 3MS	וַיִּרַשׁ	וַיֵּשֶׁב	וַיִּוָּשֵׁב	R	וַיּוֹשֶׁב	וַיּוּשַׁב	וַיִּיטַב	וַיֵּיטֶב
JUSS 3MS	יִירַשׁ	יֵשֶׁב	יִוָּשֵׁב		יוֹשֵׁב		יִיטַב	יֵיטֵב
1CS	אִירְשָׁה	אֵשְׁבָה	אֶוָּשְׁבָה	E	אוֹשִׁיבָה		אִיטְבָה	אֵיטִיבָה
IMPV MS	רֵשׁ	שֵׁב	הִוָּשֵׁב		הוֹשֵׁב		יְטַב	הֵיטֵב
FS	רְשִׁי	שְׁבִי	הִוָּשְׁבִי	G	הוֹשִׁיבִי		יִטְבִי	הֵיטִיבִי
MP	רְשׁוּ	שְׁבוּ	הִוָּשְׁבוּ		הוֹשִׁיבוּ		יִטְבוּ	הֵיטִיבוּ
FP	רַשְׁנָה	שֵׁבְנָה	הִוָּשַׁבְנָה	U	הוֹשֵׁבְנָה		יְטַבְנָה	הֵיטֵבְנָה
INF	רֶשֶׁת	שֶׁבֶת	הִוָּשֵׁב		הוֹשִׁיב	הוּשַׁב	יְטֹב	הֵיטִיב
ADV INF	יָרוֹשׁ	יָשׁוֹב	הִוָּשֵׁב	L	הוֹשֵׁב	הוּשֵׁב	יָטוֹב	הֵיטֵב
PTCP MS	יֹרֵשׁ	יֹשֵׁב	נוֹשָׁב		מוֹשִׁיב	מוּשָׁב	יֹטֵב	מֵיטִיב
FS	יֹרְשָׁה	יֹשְׁבָה	נוֹשָׁבָה	A	מוֹשִׁיבָה	מוּשָׁבָה	יֹטְבָה	מֵיטִיבָה
	יֹרֶשֶׁת	יֹשֶׁבֶת	נוֹשֶׁבֶת		מוֹשֶׁבֶת	מוּשֶׁבֶת	יֹטֶבֶת	מֵיטֶבֶת
MP	יֹרְשִׁים	יֹשְׁבִים	נוֹשָׁבִים	R	מוֹשִׁיבִים	מוּשָׁבִים	יֹטְבִים	מֵיטִיבִים
FP	יֹרְשׁוֹת	יֹשְׁבוֹת	נוֹשָׁבוֹת		מוֹשִׁיבוֹת	מוּשָׁבוֹת	יֹטְבוֹת	מֵיטִיבוֹת

4f. III-ה Verbs

Most III-ה weak verbs originally ended with י (or ו). The ה in the 3MS Perfect form is only a vowel letter marking the long final vowel. This vowel letter was added after the final י or ו was lost. The original R_3 י or ו shows up only rarely.

Qal Passive Participle (שָׁמוּר) exhibits the original י:

גָּלוּי uncovered

Qal 3MS Perfect of some verbs shows the original ו:

שָׁלֵו he was at ease

The few שָׁרָשִׁים that actually have a ה as their original R_3 have a מַפִּיק in the ה (i.e., הּ). This signifies that the ה is a consonant rather than a vowel letter:

גָּבַהּ it was high/lofty/tall

- All forms *without* an inflectional suffix end in ה (except the Infinitive, which has וֹת-):

Perfect—3MS גָּלָה
Imperfect—3MS יִגְלֶה
Imperative—2MS גְּלֵה
Infinitive—גְּלוֹת
Adverbial Infinitive—גָּלֹה
Participle—MS גֹּלֶה; MS נִסְמָךְ FORM גֹּלֵה

- Forms with a vocalic inflectional suffix or an attached pronoun with a linking vowel drop the R_3 ה:

Qal Perfect 3CP גָּלוּ
Qal Perfect 3MS + 1CS suffix גָּלַנִי

- In all forms with a consonantal suffix, the R_3 contracts:
  1. Into ִי in the active בִּנְיָנִים (Qal, Piel, Hitpael, and Hifil):

     Qal Perfect 2MS גָּלִיתָ

  2. Into ֵי in the passive בִּנְיָנִים (Nifal, Pual, and Hofal):

     Nifal Perfect 2MS נִגְלֵיתָ

  3. Into ֶי in Prefix verb 3FP/2FP in all בִּנְיָנִים:

     Qal Imperfect 3FP/2FP תִּגְלֶינָה

- In Past and Jussive forms *without* an inflectional suffix, the R_3 ה drops:

יִגֶל "let him uncover" and וַיִּגֶל "he uncovered"

Paradigm: גָּלָה *"Reveal"*

	Qal	Nifal	Piel	Pual	Hitpael	Hifil	Hofal
PERF 3MS	גָּלָה	נִגְלָה	גִּלָּה	גֻּלָּה	הִתְגַּלָּה	הִגְלָה	הָגְלָה
3FS	גָּלְתָה	נִגְלְתָה	גִּלְּתָה	גֻּלְּתָה	הִתְגַּלְּתָה	הִגְלְתָה	הָגְלְתָה
2MS	גָּלִיתָ	נִגְלֵיתָ	גִּלִּיתָ	גֻּלֵּיתָ	הִתְגַּלִּיתָ	הִגְלִיתָ	הָגְלֵיתָ
2FS	גָּלִית	נִגְלֵית	גִּלִּית	גֻּלֵּית	הִתְגַּלִּית	הִגְלִית	הָגְלֵית
1CS	גָּלִיתִי	נִגְלֵיתִי	גִּלִּיתִי	גֻּלֵּיתִי	הִתְגַּלִּיתִי	הִגְלִיתִי	הָגְלֵיתִי
3CP	גָּלוּ	נִגְלוּ	גִּלּוּ	גֻּלּוּ	הִתְגַּלּוּ	הִגְלוּ	הָגְלוּ
2MP	גְּלִיתֶם	נִגְלֵיתֶם	גִּלִּיתֶם	גֻּלֵּיתֶם	הִתְגַּלִּיתֶם	הִגְלִיתֶם	הָגְלֵיתֶם
2FP	גְּלִיתֶן	נִגְלֵיתֶן	גִּלִּיתֶן	גֻּלֵּיתֶן	הִתְגַּלִּיתֶן	הִגְלִיתֶן	הָגְלֵיתֶן
1CP	גָּלִינוּ	נִגְלֵינוּ	גִּלִּינוּ	גֻּלֵּינוּ	הִתְגַּלִּינוּ	הִגְלִינוּ	הָגְלֵינוּ

	Qal	Nifal	Piel	Pual	Hitpael	Hifil	Hofal
IMPF 3MS	יִגְלֶה	יִגָּלֶה	יְגַלֶּה	יְגֻלֶּה	יִתְגַּלֶּה	יַגְלֶה	יָגְלֶה
3FS/2MS	תִּגְלֶה	תִּגָּלֶה	תְּגַלֶּה	תְּגֻלֶּה	תִּתְגַּלֶּה	תַּגְלֶה	תָּגְלֶה
2FS	תִּגְלִי	תִּגָּלִי	תְּגַלִּי	תְּגֻלִּי	תִּתְגַּלִּי	תַּגְלִי	תָּגְלִי
1CS	אֶגְלֶה	אֶגָּלֶה	אֲגַלֶּה	אֲגֻלֶּה	אֶתְגַּלֶּה	אַגְלֶה	אָגְלֶה
3MP	יִגְלוּ	יִגָּלוּ	יְגַלּוּ	יְגֻלּוּ	יִתְגַּלּוּ	יַגְלוּ	יָגְלוּ
3FP	תִּגְלֶינָה	תִּגָּלֶינָה	תְּגַלֶּינָה	תְּגֻלֶּינָה	תִּתְגַּלֶּינָה	תַּגְלֶינָה	תָּגְלֶינָה
2MP	תִּגְלוּ	תִּגָּלוּ	תְּגַלּוּ	תְּגֻלּוּ	תִּתְגַּלּוּ	תַּגְלוּ	תָּגְלוּ
2FP	תִּגְלֶינָה	תִּגָּלֶינָה	תְּגַלֶּינָה	תְּגֻלֶּינָה	תִּתְגַּלֶּינָה	תַּגְלֶינָה	תָּגְלֶינָה
1CP	נִגְלֶה	נִגָּלֶה	נְגַלֶּה	נְגֻלֶּה	נִתְגַּלֶּה	נַגְלֶה	נָגְלֶה

III-ה: Representative Forms

	Qal	Nifal	Piel	Pual	Hitpael	Hifil	Hofal
PAST 3MS	וַיִּגֶל	וַיִּגָּל	וַיְגַל		וַיִּתְגַּל	וַיֶּגֶל	
JUSS 3MS	יִגֶל	יִגָּל	יְגַל		יִתְגַּל	יֶגֶל	
1CS	No distinct 1CS Jussive form; identical to 1CS Imperfect						
IMPV MS	גְּלֵה	הִגָּלֵה	גַּלֵּה		הִתְגַּלֵּה	הַגְלֵה	
FS	גְּלִי	הִגָּלִי	גַּלִּי		הִתְגַּלִּי	הַגְלִי	
MP	גְּלוּ	הִגָּלוּ	גַּלּוּ		הִתְגַּלּוּ	הַגְלוּ	
FP	גְּלֶינָה	הִגָּלֶינָה	גַּלֶּינָה		הִתְגַּלֶּינָה	הַגְלֶינָה	
INF	גְּלוֹת	הִגָּלוֹת	גַּלּוֹת	גֻּלּוֹת	הִתְגַּלּוֹת	הַגְלוֹת	הָגְלוֹת
ADV INF	גָּלֹה	נִגְלֹה	גַּלֵּה	גֻּלֹּה	הִתְגַּלֵּה	הַגְלֵה	הָגְלֵה
PTCP MS	גֹּלֶה	נִגְלֶה	מְגַלֶּה	מְגֻלֶּה	מִתְגַּלֶּה	מַגְלֶה	מָגְלֶה
FS	גֹּלָה	נִגְלָה	מְגַלָּה	מְגֻלָּה	מִתְגַּלָּה	מַגְלָה	מָגְלָה
MP	גֹּלִים	נִגְלִים	מְגַלִּים	מְגֻלִּים	מִתְגַּלִּים	מַגְלִים	מָגְלִים
FP	גֹּלוֹת	נִגְלוֹת	מְגַלּוֹת	מְגֻלּוֹת	מִתְגַּלּוֹת	מַגְלוֹת	מָגְלוֹת

4g. II-ו/י Verbs

II-ו/י weak verbs have a ו or י as R_2. They are classified as weak verbs because the ו or י undergoes one of *two* changes:

- It **drops out**:

  Qal 3MS Perfect/MS Participle שָׂם בָּא קָם

- It **contracts** with a preceding or following vowel—the ו or י in these forms is merely a vowel letter, not a remnant of the original ו or י consonant:

  Qal 3MS Imperfect יָשִׂים יָבוֹא יָקוּם

Several common שָׁרָשִׁים retain their R_2 ו or י as a consonant (and thus the ו or י does not disappear or contract):

הָיָה he is; חָיָה he is alive; קָוָה he waited

Lexicon Tip 1: The II-ו/י weak verbs are listed in your lexicon by their Infinitive form because this form (unlike the 3MS Perfect, used for other verbs) better reflects the three consonants of these weak שָׁרָשִׁים.

Lexicon Tip 2: A few שָׁרָשִׁים are listed as both II-ו and II-י because they exhibit two Infinitive forms: an R_2 ו and an R_2 י:

שׂוּם and שִׂים

לוּן and לִין

Though these שָׁרָשִׁים should be classified as II-י forms, some older lexica list them as II-ו:

- Some שָׁרָשִׁים exhibit a distinction between **dynamic** and **stative** patterns in the Qal:

  קָם (dynamic) versus מֵת (stative)

- Instead of Piel, Pual, and Hitpael, *most* שָׁרָשִׁים that are II-ו/י roots have **Polel, Polal**, and **Hitpolel** בִּנְיָנִים:

  קוֹמֵם, קוֹמָם, הִתְקוֹמֵם; but Piel צִוָּה and Pual צֻוָּה

- Linking vowels often connect the שֹׁרֶשׁ to the consonantal inflectional suffixes: וֹ in **Nifal** and **Hifil Perfect**, יֶ in **Qal** and **Hifil Imperfect**:

  Nifal 2MS Perfect נְקוּמוֹתָ
  Hifil 2MS Perfect הֲקִימוֹתָ
  Qal 3FP/2FP Imperfect תְּקוּמֶינָה
  Hifil 3FP/2FP Imperfect תְּקִימֶינָה (sometimes תָּקֵמְנָה)

Paradigm: מוּת *"Die";* שִׂים *"Set";* קוּם *"Arise"*

	Qal Stative	Qal II-י	Qal II-ו	Nifal	Polel	Hifil	Hofal
PERF 3MS	מֵת	שָׂם	קָם	נָקוֹם	קוֹמֵם	הֵקִים	הוּקַם
3FS	מֵ֫תָה	שָׂ֫מָה	קָ֫מָה	נָ֫קוֹמָה	קוֹמְמָה	הֵקִ֫ימָה	הוּקְמָה
2MS	מַ֫תָּה	שַׂ֫מְתָּ	קַ֫מְתָּ	נְקוּמ֫וֹתָ	קוֹמַ֫מְתָּ	הֲקִימ֫וֹתָ	הוּקַ֫מְתָּ
2FS	מַ֫תְּ	שַׂ֫מְתְּ	קַ֫מְתְּ	נְקוּמוֹת	קוֹמַ֫מְתְּ	הֲקִימוֹת	הוּקַ֫מְתְּ
1CS	מַ֫תִּי	שַׂ֫מְתִּי	קַ֫מְתִּי	נְקוּמ֫וֹתִי	קוֹמַ֫מְתִּי	הֲקִימ֫וֹתִי	הוּקַ֫מְתִּי
3CP	מֵ֫תוּ	שָׂ֫מוּ	קָ֫מוּ	נָ֫קוֹמוּ	קוֹמְמוּ	הֵקִ֫ימוּ	הוּקְמוּ
2MP	מַתֶּם	שַׂמְתֶּם	קַמְתֶּם	נְקוּמוֹתֶם	קוֹמַמְתֶּם	הֲקִימוֹתֶם	הוּקַמְתֶּם
2FP	מַתֶּן	שַׂמְתֶּן	קַמְתֶּן	נְקוּמוֹתֶן	קוֹמַמְתֶּן	הֲקִימוֹתֶן	הוּקַמְתֶּן
1CP	מַ֫תְנוּ	שַׂ֫מְנוּ	קַ֫מְנוּ	נְקוּמ֫וֹנוּ	קוֹמַ֫מְנוּ	הֲקִימ֫וֹנוּ	הוּקַ֫מְנוּ
IMPF 3MS	יָמוּת	יָשִׂים	יָקוּם	יִקּוֹם	יְקוֹמֵם	יָקִים	יוּקַם
3FS/2MS	תָּמוּת	תָּשִׂים	תָּקוּם	תִּקּוֹם	תְּקוֹמֵם	תָּקִים	תּוּקַם
2FS	תָּמ֫וּתִי	תָּשִׂ֫ימִי	תָּק֫וּמִי	תִּקּ֫וֹמִי	תְּקוֹמֲמִי	תָּקִ֫ימִי	תּוּקְמִי
1CS	אָמוּת	אָשִׂים	אָקוּם	אֶקּוֹם	אֲקוֹמֵם	אָקִים	אוּקַם
3MP	יָמ֫וּתוּ	יָשִׂ֫ימוּ	יָק֫וּמוּ	יִקּ֫וֹמוּ	יְקוֹמֲמוּ	יָקִ֫ימוּ	יוּקְמוּ
3FP	תְּמוּתֶ֫ינָה	תְּשִׂימֶ֫ינָה	תְּקוּמֶ֫ינָה	תִּקּ֫וֹמְנָה	תְּקוֹמֵ֫מְנָה	תָּקֵ֫מְנָה תְּקִימֶ֫נָה	תּוּקַ֫מְנָה
2MP	תָּמ֫וּתוּ	תָּשִׂ֫ימוּ	תָּק֫וּמוּ	תִּקּ֫וֹמוּ	תְּקוֹמֲמוּ	תָּקִ֫ימוּ	תּוּקְמוּ
2FP	תְּמוּתֶ֫ינָה	תְּשִׂימֶ֫ינָה	תְּקוּמֶ֫ינָה	תִּקּ֫וֹמְנָה	תְּקוֹמֵ֫מְנָה	תָּקֵ֫מְנָה תְּקִימֶ֫ינָה	תּוּקַ֫מְנָה
1CP	נָמוּת	נָשִׂים	נָקוּם	נִקּוֹם	נְקוֹמֵם	נָקִים	נוּקַם

II-ו/י: Representative Forms

	Qal Stative	Qal II-י	Qal II-ו	Nifal	Polel	Hifil	Hofal
PAST 3MS	וַיָּ֫מָת	וַיָּ֫שֶׂם	וַיָּ֫קָם	וַיִּקּוֹם	וַיְקוֹמֵם	וַיָּ֫קֶם	וַיּוּקַם
JUSS 3MS	יָמֹת	יָשֵׂם	יָקֹם	יִקּוֹם	יְקוֹמֵם	יָקֵם	

	Qal Stative	Qal II-י	Qal II-ו	Nifal	Polel	Hifil	Hofal
1CS	אָמוּתָה	אָשִׂימָה	אָקוּמָה	אֶקּוֹמָה	אֲקוֹמֲמָה	אָקִימָה	
IMPV MS	מוּת	שִׂים	קוּם	הִקּוֹם	קוֹמֵם	הָקֵם	
FS	מוּתִי	שִׂימִי	קוּמִי	הִקּוֹמִי	קוֹמֲמִי	הָקִימִי	
MP	מוּתוּ	שִׂימוּ	קוּמוּ	הִקּוֹמוּ	קוֹמֲמוּ	הָקִימוּ	
FP	מֹתְנָה	שֵׂמְנָה	קֹמְנָה	הִקּוֹמְנָה	קוֹמֵמְנָה	הָקֵמְנָה	
INF	מוּת	שִׂים	קוּם	הִקּוֹם	קוֹמֵם	הָקִים	הוּקַם
ADV INF	מוֹת	שׂוֹם	קוֹם	הִקּוֹם	קוֹמֵם	הָקֵם	הוּקֵם
PTCP MS	מֵת	שָׂם	קָם	נָקוֹם	מְקוֹמֵם	מֵקִים	מוּקָם
FS	מֵתָה	שָׂמָה	קָמָה	נְקוֹמָה	מְקוֹמְמָה	מְקִימָה	מוּקָמָה
MP	מֵתִים	שָׂמִים	קָמִים	נְקוֹמִים	מְקוֹמְמִים	מְקִימִים	מוּקָמִים
FP	מֵתוֹת	שָׂמוֹת	קָמוֹת	נְקוֹמוֹת	מְקוֹמְמוֹת	מְקִימוֹת	מוּקָמוֹת

4h. II-III Verbs

The II-III weak verbs are roots with identical second (R_2) and third (R_3) root letters. They have the following characteristics:

- The identical root letters may *assimilate*:

  Qal 3CP Perfect סַבּוּ or סָבְבוּ

  When the lengthened (from assimilation) consonant is at the end of the word, the דָּגֵשׁ חָזָק drops out:

  Qal 3MS Perfect סַב (from *סַבּ)

  Sometimes instead of R_2 assimilating forward into R_3, it assimilates backward into R_1:

  Qal 3MP Imperfect יָסֹבּוּ but also יִסֹּבוּ

- Instead of Piel, Pual, and Hitpael, most II-III weak verbs have **Poel**, **Poal**, and **Hitpoel**:

  Poel סוֹבֵב *but* Piel קִלֵּל

- Linking vowels often appear before consonantal inflectional suffixes in some forms: **Qal**, **Nifal**, **Hifil**, and **Hofal** Perfect forms have וֹ, and **Qal**, **Nifal**, **Hifil**, and **Hofal** Imperfect, Imperative, and Past Narrative forms have ֵי:

2MS PERF:	Q	סַבּוֹתָ	NI	נְסַבּוֹתָ	HI	הֲסִבּוֹתָ
2/3FP IMPF:	Q	תְּסֻבֶּינָה	NI	תִּסַּבֶּינָה	HI	תְּסִבֶּינָה
FP IMPV:	Q	סֻבֶּינָה	NI	הִסַּבֶּינָה	HI	הֲסִבֶּינָה

Paradigm: קַל *"Be Slight";* סָבַב *"Surround"*

	Qal Stative	Qal Dynamic	Nifal	Poel	Hifil	Hofal
PERF 3MS	קַל	סָבַב/סַב	נָסַב	סוֹבֵב	הֵסֵב	הוּסַב
3FS	קַלָּה	סַבָּה/סָבְבָה	נָסַבָּה	סוֹבְבָה	הֵסֵבָּה	הוּסַבָּה
2MS	קַלּוֹתָ	סַבּוֹתָ	נְסַבּוֹתָ	סוֹבַבְתָּ	הֲסִבּוֹתָ	הוּסַבּוֹתָ
2FS	קַלּוֹת	סַבּוֹת	נְסַבּוֹת	סוֹבַבְתְּ	הֲסִבּוֹת	הוּסַבּוֹת
1CS	קַלּוֹתִי	סַבּוֹתִי	נְסַבּוֹתִי	סוֹבַבְתִּי	הֲסִבּוֹתִי	הוּסַבּוֹתִי
3CP	קַלּוּ	סַבּוּ/סָבְבוּ	נָסַבּוּ	סוֹבְבוּ	הֵסֵבּוּ	הוּסַבּוּ
2MP	קַלּוֹתֶם	סַבּוֹתֶם	נְסַבּוֹתֶם	סוֹבַבְתֶּם	הֲסִבּוֹתֶם	הוּסַבּוֹתֶם
2FP	קַלּוֹתֶן	סַבּוֹתֶן	נְסַבּוֹתֶן	סוֹבַבְתֶּן	הֲסִבּוֹתֶן	הוּסַבּוֹתֶן
1CP	קַלּוֹנוּ	סַבּוֹנוּ	נְסַבּוֹנוּ	סוֹבַבְנוּ	הֲסִבּוֹנוּ	הוּסַבּוֹנוּ
IMPF 3MS	יֵקַל	יִסֹּב/יָסֹב	יִסַּב	יְסוֹבֵב	יָסֵב	יוּסַב/יֻסַּב
3FS/2MS	תֵּקַל	תִּסֹּב/תָּסֹב	תִּסַּב	תְּסוֹבֵב	תָּסֵב	תּוּסַב
2FS	תֵּקַלִּי	תִּסְבִי/תָּסֹבִּי	תִּסַּבִּי	תְּסוֹבְבִי	תָּסֵבִּי	תּוּסַבִּי
1CS	אֵקַל	אֶסֹּב/אָסֹב	אֶסַּב	אֲסוֹבֵב	אָסֵב	אוּסַב
3MP	יֵקַלּוּ	יִסְבוּ/יָסֹבּוּ	יִסַּבּוּ	יְסוֹבְבוּ	יָסֵבּוּ	יוּסַבּוּ
3FP	תְּקַלֶּינָה	תִּסֹּבְנָה/ תְּסֻבֶּינָה	תִּסַּבֶּינָה	תְּסוֹבֵבְנָה	תְּסִבֶּינָה	תּוּסַבֶּינָה
2MP	תֵּקַלּוּ	תִּסְבוּ/תָּסֹבּוּ	תִּסַּבּוּ	תְּסוֹבְבוּ	תָּסֵבּוּ	תּוּסַבּוּ
2FP	תְּקַלֶּינָה	תִּסֹּבְנָה/ תְּסֻבֶּינָה	תִּסַּבֶּינָה	תְּסוֹבֵבְנָה	תְּסִבֶּינָה	תּוּסַבֶּינָה
1CP	נֵקַל	נִסֹּב/נָסֹב	נִסַּב	נְסוֹבֵב	נָסֵב	נוּסַב

II-III: Representative Forms

	Qal Stative	Qal Dynamic	Nifal	Poel	Hifil	Hofal
PAST 3MS	וַיֵּקַל	וַיָּסָב	וַיִּסַּב	וַיְסוֹבֵב	וַיָּסֶב	וַיּוּסַב
JUSS 3MS	יֵקַל	יָסֹב	יִסַּב	יְסוֹבֵב	יָסֵב	יוּסַב
1CS	אֵקַלָּה	אָסֹבָּה	אֶסַּבָּה	אֲסוֹבְבָה	אָסֵבָּה	
IMPV MS		סֹב	הִסַּב	סוֹבֵב	הָסֵב	
FS		סֹבִּי	הִסַּבִּי	סוֹבֲבִי	הָסֵבִּי	
MP		סֹבּוּ	הִסַּבּוּ	סוֹבֲבוּ	הָסֵבּוּ	
FP		סֻבֶּינָה	הִסַּבֶּינָה	סוֹבֵבְנָה	הֲסִיבֶּנָה	
INF	קֹל	סֹב	הִסַּב	סוֹבֵב	הָסֵב	הוּסַב
ADV INF	קָלוֹל	סָבוֹב	הִסּוֹב	סוֹבֵב	הָסֵב	הוּסֵב
PTCP MS	קַל	סֹבֵב	נָסָב	מְסוֹבֵב	מֵסֵב	מוּסָב
FS	קַלָּה	סֹבְבָה	נְסַבָּה	מְסוֹבְבָה	מְסִבָּה	מוּסַבָּה
MP	קַלִּים	סֹבְבִים	נְסַבִּים	מְסוֹבְבִים	מְסִבִּים	מוּסַבִּים
FP	קַלּוֹת	סֹבְבוֹת	נְסַבּוֹת	מְסוֹבְבוֹת	מְסִבּוֹת	מוּסַבּוֹת

4i. Doubly Weak Verbs

By this point, you have studied all of the major categories of weak שָׁרָשִׁים in Biblical Hebrew. However, many verb שָׁרָשִׁים contain more than one weak consonant. Such שָׁרָשִׁים are referred to as doubly weak. Below are listed some common doubly weak שָׁרָשִׁים:

אָבָה	I-א, III-ה
יָרָה	I-ו/י, III-ה
יָצָא	I-ו/י, III-א
נָשָׂא	I-נ, III-א
נָטָה	I-נ, III-ה
בּוֹא	II-ו/י, III-א
הָיָה	II-ו/י, III-ה

Although most of these שָׁרָשִׁים are still relatively simple to identify, other שָׁרָשִׁים become more difficult to identify since it is possible that up to two of their three שָׁרָשִׁים consonants may not be apparent, as in the verb וַיֵּךְ.

The key to correctly identifying and parsing these doubly weak verbs is to use a *three-step process of elimination.*

Step 1: **Identify** what parts of the verb form are inflectional affixes and what parts are remnants of the שֹׁרֶשׁ:

וַיַּךְ: the וַ and יַּ are clearly inflectional affixes for the Past Narrative conjugation; thus ךְ is the only remaining consonant from the שֹׁרֶשׁ of this verb.

Step 2: **Rule out** which weak consonants *cannot* be part of the verbal שֹׁרֶשׁ, or vice versa, and identify which weak consonants can account for what is left of the verbal שֹׁרֶשׁ in the verb form.

ךְ: Since we have only one consonant of the שֹׁרֶשׁ left, the other two consonants must be ones that disappear in some way:

- Of the weak consonants (ה, ו, י, and נ), only ה, ו, and י *drop out*, and נ *assimilates*.
- נ only assimilates at the beginning of a שֹׁרֶשׁ (except in נתן), so we can rule out a שֹׁרֶשׁ that ends in נ.
- ה only drops out at the end of a שֹׁרֶשׁ, so we rule out a שֹׁרֶשׁ beginning with ה.
- ו and י often drop out in II-ו/י verbs; however, these weak verbs never have a final ה that drops out or an initial נ that assimilates. Thus we can conclude that this verb is not a II-ו/י.

For the verb וַיַּךְ we are left with two logical possibilities after the first two steps: the שֹׁרֶשׁ is either נכה or יכה.

Step 3: **Use your lexicon** to identify which of your logical שָׁרָשִׁים actually exists in the Hebrew Bible. If both exist, then scan through the existing forms in each שֹׁרֶשׁ to aid you in identifying which is your verb's שֹׁרֶשׁ.

In the case of וַיַּךְ the lexicon should tell you that יכה as a שֹׁרֶשׁ does not exist. *Therefore*, the שֹׁרֶשׁ for this verb is נכה HI "smite, strike":

וַיַּךְ: Hifil 3MS Past of the שֹׁרֶשׁ נכה (from *וַיַּנְכֶּה)

Appendix D

Using a Lexicon

At some point in your study of Hebrew, you will begin to transition from using our glossary to using a full-scale *lexicon* (pl. *lexica*). Unlike dictionaries, which provide definitions of words and rules of usage, lexica provide *glosses* from one language to another. In addition, lexica for ancient languages often provide attested forms of words as well as examples taken from ancient texts.

Here we introduce you to the basic steps for using the dated but affordable and still standard lexicon for Biblical Hebrew, *A Hebrew and English Lexicon of the Old Testament*, edited by Brown, Driver, and Briggs (BDB).[1] This is accompanied by sample pages from this lexicon with sidebar notes explaining the layout of the entries.

Following the introduction to BDB is a discussion of two newer lexica: *The Concise Dictionary of Classical Hebrew*, edited by Clines (CDCH),[2] and *The Hebrew and Aramaic Lexicon of the Old Testament*, edited by Koehler, Baumgartner, and Richardson (HALOT).[3]

Basic Principles for Using BDB

1. Identify the three-letter שֹׁרֶשׁ and look it up in the lexicon.
2. Verb:
   a. If the word is a verb, identify the בִּנְיָן.
   b. If multiple meanings are listed for the בִּנְיָן, determine which meaning best fits the *context* for your passage. The lexicon may reference the verse on which you are working; this is the editors' opinion of which meaning best suits the passage.
3. Noun:
   a. If the word is a noun, look for its entry after the entry for the verbal שֹׁרֶשׁ.
   b. Same as 2b.

---

1. *A Hebrew and English Lexicon of the Old Testament*, ed. Francis Brown, S. R. Driver, and Charles A. Briggs (Oxford: Clarendon, 1907).
2. *The Concise Dictionary of Classical Hebrew*, ed. David J. A. Clines (Sheffield: Sheffield Phoenix, 2009).
3. *The Hebrew and Aramaic Lexicon of the Old Testament*, ed. Ludwig Koehler, Walter Baumgartner, and M. E. J. Richardson, 2 vols. (Leiden: Brill, 2001).

How to Read a BDB Entry, Part 1: Verbs (זבח)

1. Running headers provide the first and last words included on each page. (See the circled 1 in the reproduction of BDB 256.)

2. Verbs are listed in 3MS Perfect form.

3. The most common meanings are given in **bold**.

4. In parentheses are attestations and basic meanings of the root in other Semitic languages.

5. Entries are arranged by בְּנָיִן as follows: **Qal, Niph., Pi., Pu., Hithp., Hiph., Hoph.**

6. A partial listing of conjugated forms is provided for each בְּנָיִן.

7. Multiple meanings are given in outline form (e.g., **I.1.a.**) with *italicized* glosses.

How to Read a BDB Entry, Part 2: Nouns (מִזְבֵּחַ)

1. Running headers provide the first and last words included on each page. (See the circled 1 in the reproduction of BDB 258.)

2. Nouns are listed after the related verbal root, even if they do not begin with the first consonant of the שֹׁרֶשׁ, like מִזְבֵּחַ. *Note that such nouns are also conveniently listed alphabetically with a cross-reference to the שֹׁרֶשׁ entry for the meaning.*

3. Identification as noun (**n.**) and gender (**m.** or **f.**) follow the form.

4. Then the most common meanings are listed in **bold**.

5. In parentheses are attestations and basic meanings of the root in other Semitic languages.

6. A partial listing of declined forms is given.

7. Multiple meanings are arranged in outline form (meanings 3, 4, and 5 have lettered subpoints under them).

Although BDB remains a standard lexicon, especially for students, because of the pedagogical value of its root-based layout and extensive citation and translation of biblical forms and verses, two new lexica are increasingly preferred by many students and teachers: *The Concise Dictionary of Classical Hebrew*, edited by Clines (*CDCH*); and *The Hebrew and Aramaic Lexicon of the Old Testament*, edited by Koehler, Baumgartner, and Richardson (*HALOT*). These two lexica not only represent the latest scholarship in Hebrew lexicography (dictionary writing), but they also have both been issued in reasonably affordable student editions.

CDCH and *HALOT* differ from BDB in important ways. *HALOT* and *CDCH* include much of the same information (glossed meanings, listing of representative inflected forms), but both add information from *nonbiblical Hebrew texts*, from early inscriptions to the Dead Sea Scrolls, to which the much-older BDB did not have access. *HALOT* includes reference to the nonbiblical texts only when the שֹׁרֶשׁ is biblical—it does not list nonbiblical words when they do not also occur in the Bible. *CDCH*, in contrast, adds entries for words found in nonbiblical texts but not in biblical texts.

Another difference between the two is that while *HALOT* follows BDB by including attested cognates from other Semitic languages (including Ugaritic, which had not been discovered when BDB was written) as well as speculations about many words' etymologies, *CDCH* lacks cognate and etymological information.

For the student, perhaps the most noticeable difference between BDB, on the one hand, and *HALOT* and *CDCH*, on the other hand, is *layout*. While BDB lists all the forms of a word under the שֹׁרֶשׁ, as the entries above illustrate, *HALOT* and *CDCH* list words alphabetically. For example, you can see in the *CDCH* entries for זבח and מִזְבֵּחַ, the noun מִזְבֵּחַ is listed with other מ words (instead of in the ז entry, as it is in BDB).

Basic Principles for Using *HALOT* and *CDCH*

1. Verb:
   a. If the word is a verb, identify its שֹׁרֶשׁ, and look it up in the lexicon.
   b. Then identify the בִּנְיָן. If multiple meanings are listed for the בִּנְיָן, determine which meaning best fits the *context* for your passage. The lexicon may reference the verse on which you are working; this is the editors' opinion of which meaning best suits the passage.

2. Noun:
   a. If the word is a noun, look for its entry alphabetically.
   b. If multiple meanings are listed for the word, determine which meaning best fits the *context* for your passage. The lexicon may reference the verse on which you are working; this is the editors' opinion of which meaning best suits the passage.

How to Read a *CDCH* Entry, Part 1: Verbs (זבח)

1. A single running header identifies the first word included on each page. (See the circled 1 in the reproduction of *CDCH* 96.)

2. Verbs are listed by consonants only, no vowels (in contrast to BDB, which lists verbs by the 3MS Perfect form).
3. Entries are arranged by בִּנְיָן as follows: **Qal, Ni., Pi., Pu., Hi., Ho., Htp.**
4. Representative inflected forms follow each בִּנְיָן label.
5. Multiple meanings are given in outline form (see 1a and b, 2, 3) with **bold** glosses.

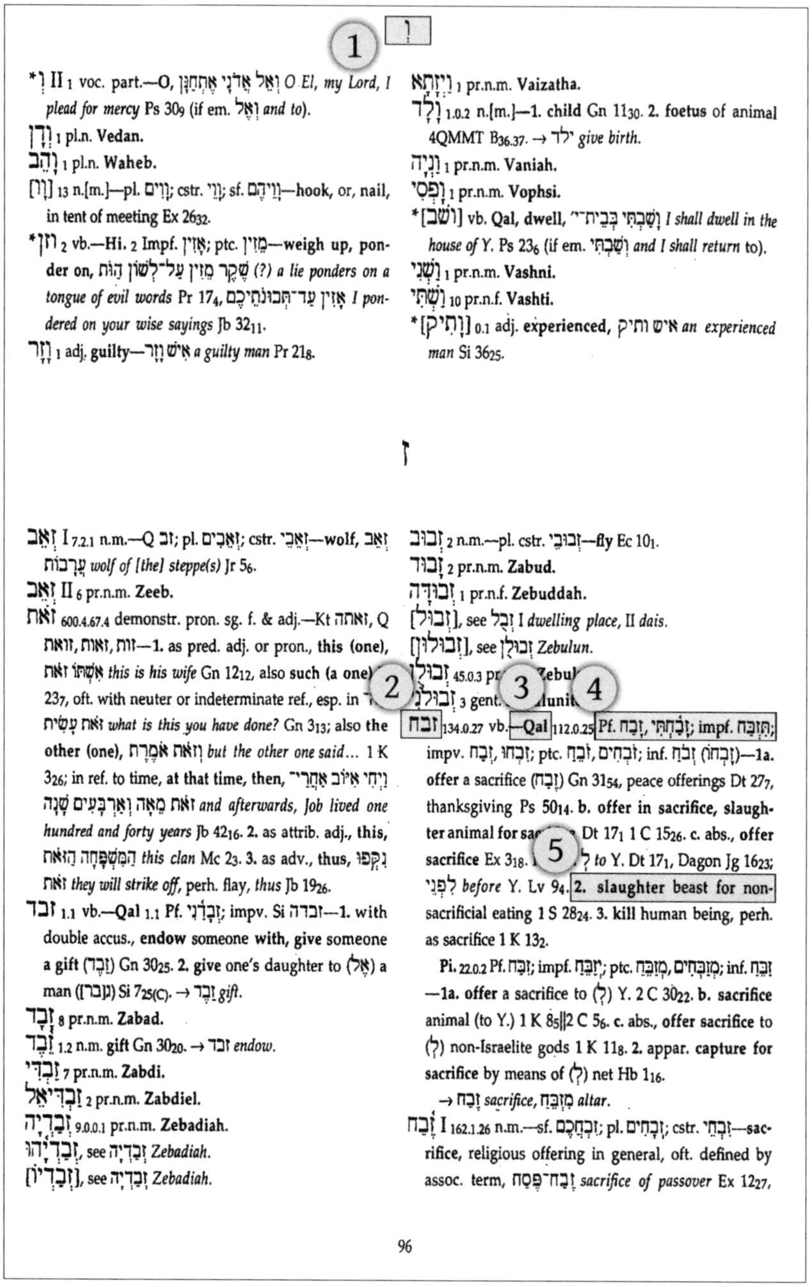

1 ו

*וְ II 1 voc. part.—**O,** וְאֵל אֲדֹנָי אֶתְחַנָּן *O El, my Lord, I plead for mercy* Ps 30_{9} (if em. וְאֶל *and to*).

וְדָן 1 pl.n. **Vedan.**

וָהֵב 1 pl.n. **Waheb.**

[וָו] 13 n.[m.]—pl. וָוִים; cstr. וָוֵי; sf. וָוֵיהֶם—**hook,** or, **nail,** in tent of meeting Ex 26_{32}.

*וזן 2 vb.—**Hi.** 2 Impf. אָזִין; ptc. מֵזִין—**weigh up, ponder on,** שֶׁקֶר מֵזִין עַל־לְשׁוֹן הַוֺּת (?) *a lie ponders on a tongue of evil words* Pr 17_{4}, אָזִין עַד־תְּבוּנֹתֵיכֶם *I pondered on your wise sayings* Jb 32_{11}.

וָזָר 1 adj. **guilty**—אִישׁ וָזָר *a guilty man* Pr 21_{8}.

וַיְזָתָא 1 pr.n.m. **Vaizatha.**

וָלָד 1.0.2 n.[m.]—**1. child** Gn 11_{30}. **2. foetus** of **animal** 4QMMT $B_{36.37}$. → ילד *give birth.*

וַנְיָה 1 pr.n.m. **Vaniah.**

וָפְסִי 1 pr.n.m. **Vophsi.**

*[ושׁב] vb. **Qal, dwell,** וְשַׁבְתִּי בְּבֵית־י׳ *I shall dwell in the house of Y.* Ps 23_{6} (if em. וְשַׁבְתִּי *and I shall return* to).

וַשְׁנִי 1 pr.n.m. **Vashni.**

וַשְׁתִּי 10 pr.n.f. **Vashti.**

*[וָתִיק] 0.1 adj. **experienced,** איש ותיק *an experienced man* Si 36_{25}.

ז

זְאֵב I 7.2.1 n.m.—Q זב; pl. זְאֵבִים; cstr. זְאֵבֵי—**wolf,** זְאֵב עֲרָבוֹת *wolf of [the] steppe(s)* Jr 5_{6}.

זְאֵב II 6 pr.n.m. **Zeeb.**

זֹאת 600.4.67.4 demonstr. pron. sg. f. & adj.—Kt זאתה, Q זואת, זאות, זות—**1.** as pred. adj. or pron., **this (one),** אִשְׁתּוֹ זֹאת *this is his wife* Gn 12_{12}, also **such (a one)** 2 ... 23_{7}, oft. with neuter or indeterminate ref., esp. in ... זֹאת עָשִׂית *what is this you have done?* Gn 3_{13}; also **the other (one),** וְזֹאת אֹמֶרֶת *but the other one said…* 1 K 3_{26}; in ref. to time, **at that time, then,** וַיְחִי אִיּוֹב אַחֲרֵי־זֹאת מֵאָה וְאַרְבָּעִים שָׁנָה *and afterwards, Job lived one hundred and forty years* Jb 42_{16}. **2.** as attrib. adj., **this,** הַמִּשְׁפָּחָה הַזֹּאת *this clan* Mc 2_{3}. **3.** as adv., **thus,** נִקְּפוּ זֹאת *they will strike off,* perh. flay, *thus* Jb 19_{26}.

זבד 1.1 vb.—**Qal** 1.1 Pf. זְבָדַנִי; impv. Si זבדה—**1.** with double accus., **endow** someone **with, give** someone **a gift** (זֶבֶד) Gn 30_{25}. **2. give** one's **daughter** to (אֶל) **a man** ([עבר]) Si $7_{25(C)}$. → זֶבֶד *gift.*

זָבָד 8 pr.n.m. **Zabad.**

זֶבֶד 1.2 n.m. **gift** Gn 30_{20}. → זבד *endow.*

זַבְדִּי 7 pr.n.m. **Zabdi.**

זַבְדִּיאֵל 2 pr.n.m. **Zabdiel.**

זְבַדְיָה 9.0.0.1 pr.n.m. **Zebadiah.**

זְבַדְיָהוּ, see זְבַדְיָה *Zebadiah.*

[זְבַדְיוֹ], see זְבַדְיָה *Zebadiah.*

זְבוּב 2 n.m.—pl. cstr. זְבוּבֵי—**fly** Ec 10_{1}.

זָבוּד 2 pr.n.m. **Zabud.**

זְבוּדָּה 1 pr.n.f. **Zebuddah.**

[זְבוּל], see זְבֻל I *dwelling place,* II *dais.*

[זְבוּלוּן], see זְבוּלֻן *Zebulun.*

2 זְבוּלֻן 45.0.3 pr.n. 3 Zebul... 4

זְבוּלֹנִי 3 gent. ...lunit...

זבח 134.0.27 vb.—**Qal** 112.0.25 Pf. זָבַח, זָבַחְתִּי; impf. תִּזְבַּח; impv. זְבַח, זִבְחוּ; ptc. זֹבֵחַ, זֹבְחִים; inf. זְבֹחַ (זָבְחוֹ)—**1a. offer a sacrifice** (זֶבַח) Gn 31_{54}, peace offerings Dt 27_{7}, thanksgiving Ps 50_{14}. **b. offer in sacrifice, slaughter animal for sa**... Dt 17_{1} 1 C 15_{26}. **c.** abs., **offer sacrifice** Ex 3_{18}. 5 לְ *to* Y. Dt 17_{1}, Dagon Jg 16_{23}; לִפְנֵי *before* Y. Lv 9_{4}. **2. slaughter beast for non-sacrificial eating** 1 S 28_{24}. **3. kill human being,** perh. as sacrifice 1 K 13_{2}.

Pi. 22.0.2 Pf. זִבַּח; impf. יְזַבֵּחַ; ptc. מְזַבֵּחַ, מְזַבְּחִים; inf. זַבֵּחַ—**1a. offer a sacrifice** to (לְ) Y. 2 C 30_{22}. **b. sacrifice animal** (to Y.) 1 K 8_{5}||2 C 5_{6}. **c.** abs., **offer sacrifice** to (לְ) non-Israelite gods 1 K 11_{8}. **2.** appar. **capture for sacrifice** by means of (לְ) net Hb 1_{16}.

→ זֶבַח *sacrifice,* מִזְבֵּחַ *altar.*

זֶבַח I 162.1.26 n.m.—sf. זִבְחֲכֶם; pl. זְבָחִים; cstr. זִבְחֵי—**sacrifice, religious offering in general,** oft. defined by assoc. term, זֶבַח־פֶּסַח *sacrifice of passover* Ex 12_{27},

96

How to Read a *CDCH* Entry, Part 2: Nouns (מִזְבֵּחַ)

1. A single running header identifies the first word included on each page. (See the circled 1 in the reproduction of *CDCH* 211.)
2. Nouns are listed with their singular, nonbound (סוֹמֵךְ) form alphabetically (in contrast to BDB, which lists all nouns, regardless of spelling, with their שֹׁרֶשׁ).
3. Identification as noun (**n.**) and gender (**m.** or **f.**) follow the form.
4. A partial listing of declined forms is given.
5. Meanings are given in outline form (if multiple meanings exist) with **bold** glosses for primary meanings and *italicized* contextually nuanced meanings.

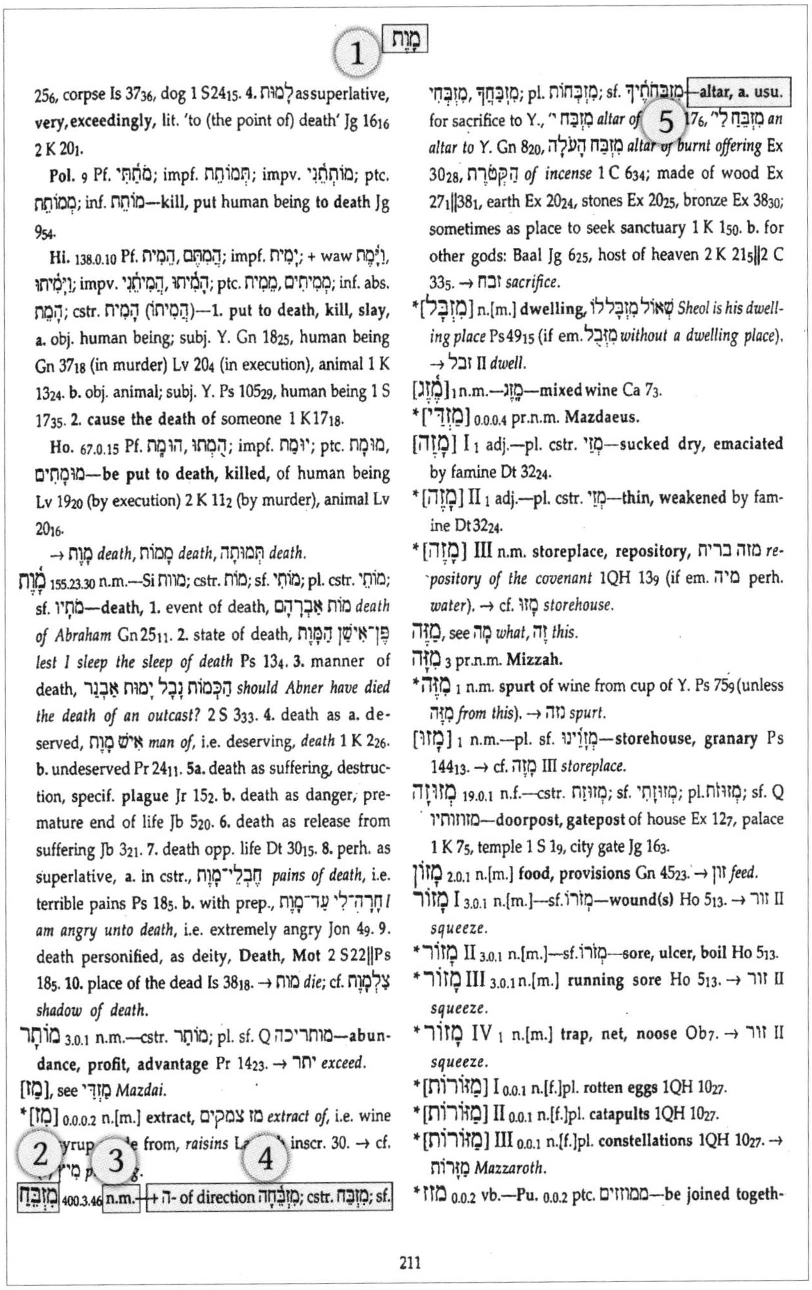

מָוֶת

25_{6}, corpse Is 37_{36}, dog 1 S24_{15}. **4.** לָמוּת as superlative, **very, exceedingly,** lit. 'to (the point of) death' Jg 16_{16} 2 K 20_{1}.

Pol. 9 Pf. מֹתַתִי; impf. תְּמוֹתֵת; impv. מוֹתְתֵנִי; ptc. מְמוֹתֵת; inf. מוֹתֵת—**kill, put human being to death** Jg 9_{54}.

Hi. 138.0.10 Pf. הֵמִית, הֱמִתֶּם; impf. יָמִית; + waw וַיָּמֶת, וַיְמִיתוּ; impv. הֲמִיתֵנִי, הָמִיתוּ; ptc. מֵמִית, מְמִיתִים; inf. abs. הָמֵת; cstr. הָמִית (הֲמִיתוֹ)—**1. put to death, kill, slay, a.** obj. human being; subj. Y. Gn 18_{25}, human being Gn 37_{18} (in murder) Lv 20_{4} (in execution), animal 1 K 13_{24}. **b.** obj. animal; subj. Y. Ps 105_{29}, human being 1 S 17_{35}. **2. cause the death of someone** 1 K17_{18}.

Ho. 67.0.15 Pf. הוּמַת, הֻמְתוּ; impf. יוּמַת; ptc. מוּמָת, מוּמָתִים—**be put to death, killed,** of human being Lv 19_{20} (by execution) 2 K 11_{2} (by murder), animal Lv 20_{16}.

→ מָוֶת *death*, מָמוֹת *death*, תְּמוּתָה *death*.

מָוֶת 155.23.30 n.m.—Si מוות; cstr. מוֹת; sf. מוֹתִי; pl. cstr. מוֹתֵי; sf. מֹתָיו—**death, 1.** event of death, מוֹת אַבְרָהָם *death of Abraham* Gn25_{11}. **2.** state of death, פֶּן־אִישַׁן הַמָּוֶת *lest I sleep the sleep of death* Ps 13_{4}. **3.** manner of death, הַכְּמוֹת נָבָל יָמוּת אַבְנֵר *should Abner have died the death of an outcast?* 2 S 3_{33}. **4.** death as **a.** deserved, אִישׁ מָוֶת *man of,* i.e. deserving, *death* 1 K 2_{26}. **b.** undeserved Pr 24_{11}. **5a.** death as suffering, destruction, specif. **plague** Jr 15_{2}. **b.** death as danger, premature end of life Jb 5_{20}. **6.** death as release from suffering Jb 3_{21}. **7.** death opp. life Dt 30_{15}. **8.** perh. as superlative, **a.** in cstr., חֶבְלֵי־מָוֶת *pains of death,* i.e. terrible pains Ps 18_{5}. **b.** with prep., חָרָה־לִי עַד־מָוֶת *I am angry unto death,* i.e. extremely angry Jon 4_{9}. **9.** death personified, as deity, **Death, Mot** 2 S22||Ps 18_{5}. **10.** place of the dead Is 38_{18}. → מות *die*; cf. צַלְמָוֶת *shadow of death.*

מוֹתָר 3.0.1 n.m.—cstr. מוֹתַר; pl. sf. Q מותריכה—**abundance, profit, advantage** Pr 14_{23}. → יתר *exceed.*

[מַז], see מַזְדַּי *Mazdai.*

*[מַז] 0.0.0.2 n.[m.] extract, מז צמקים *extract of,* i.e. wine syrup ...e from, *raisins* L... inscr. 30. → cf. מִי... p... g.

2 3 4

מִזְבֵּחַ 400.3.46 n.m.—+ ה- of direction מִזְבֵּחָה; cstr. מִזְבַּח; sf. מִזְבְּחִי, מִזְבַּחֲךָ; pl. מִזְבְּחוֹת; sf. מִזְבְּחֹתֶיךָ—**altar, a.** usu. for sacrifice to Y., מִזְבַּח י״ *altar of* 5 17_{6}, מִזְבֵּחַ לי״ *an altar to Y.* Gn 8_{20}, מִזְבַּח הָעֹלָה *altar of burnt offering* Ex 30_{28}, הַקְּטֹרֶת *of incense* 1 C 6_{34}; made of wood Ex 27_{1}||38_{1}, earth Ex 20_{24}, stones Ex 20_{25}, bronze Ex 38_{30}; sometimes as place to seek sanctuary 1 K 1_{50}. **b.** for other gods: Baal Jg 6_{25}, host of heaven 2 K 21_{5}||2 C 33_{5}. → זבח *sacrifice.*

*[מִזְבָּל] n.[m.] **dwelling,** שְׁאוֹל מִזְבָּללוֹ *Sheol is his dwelling place* Ps49_{15} (if em. מִזְּבֻל *without a dwelling place*). → זבל II *dwell.*

[מֶזֶג] 1 n.m.—מָזֶג—**mixed wine** Ca 7_{3}.

*[מַזְדַּי] 0.0.0.4 pr.n.m. **Mazdaeus.**

[מָזֶה] I 1 adj.—pl. cstr. מְזֵי—**sucked dry, emaciated** by famine Dt 32_{24}.

*[מָזֶה] II 1 adj.—pl. cstr. מְזֵי—**thin, weakened** by famine Dt32_{24}.

*[מָזֶה] III n.m. **storeplace, repository,** מזה ברית *repository of the covenant* 1QH 13_{9} (if em. מיה perh. *water*). → cf. מָזוּ *storehouse.*

מַזֶּה, see מָה *what,* זֶה *this.*

מִזָּה 3 pr.n.m. **Mizzah.**

*מִזֶּה 1 n.m. **spurt** of wine from cup of Y. Ps 75_{9} (unless מִזֶּה *from this*). → נזה *spurt.*

[מָזוּ] 1 n.m.—pl. sf. מְזָוֵינוּ—**storehouse, granary** Ps 144_{13}. → cf. מָזֶה III *storeplace.*

מְזוּזָה 19.0.1 n.f.—cstr. מְזוּזַת; sf. מְזוּזָתִי; pl. מְזוּזֹת; sf. Q מזוזותיו—**doorpost, gatepost** of house Ex 12_{7}, palace 1 K 7_{5}, temple 1 S 1_{9}, city gate Jg 16_{3}.

מָזוֹן 2.0.1 n.[m.] **food, provisions** Gn 45_{23}. → זון *feed.*

מָזוֹר I 3.0.1 n.[m.]—sf. מְזֹרוֹ—**wound(s)** Ho 5_{13}. → זור II *squeeze.*

*מָזוֹר II 3.0.1 n.[m.]—sf. מְזֹרוֹ—**sore, ulcer, boil** Ho 5_{13}.

*מָזוֹר III 3.0.1 n.[m.] **running sore** Ho 5_{13}. → זור II *squeeze.*

*מָזוֹר IV 1 n.[m.] **trap, net, noose** Ob7. → זור II *squeeze.*

*[מַזּוֹרוֹת] I 0.0.1 n.[f.]pl. **rotten eggs** 1QH 10_{27}.

*[מַזּוֹרוֹת] II 0.0.1 n.[f.]pl. **catapults** 1QH 10_{27}.

*[מַזּוֹרוֹת] III 0.0.1 n.[f.]pl. **constellations** 1QH 10_{27}. → מַזָּרוֹת *Mazzaroth.*

*מזז 0.0.2 vb.—**Pu.** 0.0.2 ptc. ממוזזים—**be joined togeth-**

211

Appendix E

Terminology

Many reference works on Hebrew (lexica and grammars) employ the traditional Latin-based grammatical terms to describe Hebrew. In order to facilitate using such resources, the following list provides equivalencies between the terminology of this grammar and the traditional Latin-based terminology.

Traditional Term	Term in This Grammar
absolute form	סוֹמֵךְ
cohortative	first-person jussive
construct form	נִסְמָךְ
construct relationship	סְמִיכוּת/bound form
dagesh forte	דָּגֵשׁ חָזָק
dagesh lene	דָּגֵשׁ קַל
furtive *patach*	פַּ֫תַח גְּנוּבָה
independent pronoun	subject pronoun
infinitive absolute	adverbial infinitive
infinitive construct	infinitive
inseparable (prefixed) preposition	attached preposition
mater lectionis (mother of reading)	vowel letter
stem(s)	בִּנְיָן/בִּנְיָנִים
suffixed pronoun	attached pronoun
(triconsonantal) root	שֹׁ֫רֶשׁ
waw-consecutive Imperfect	past narrative
waw-consecutive Perfect	irreal perfect

Hebrew-English Glossary

Conventions

Verbs are listed alphabetically by the Perfect 3MS forms for all בִּנְיָנִים in which they occur. In addition, a list of all the בִּנְיָנִים for each verb appears for the קַל Perfect 3MS form or the unvocalized שֹׁרֶשׁ if it does not occur in קַל in the Hebrew Bible. These unvocalized forms are enclosed in square brackets. The L and R numbers after the gloss refer to the lesson and reading number, respectively, in which the word appears as a vocabulary item. Other abbreviations appearing in the entries are listed below.

A	active	INTJ	interjection
ADJ	adjective	JUSS	Jussive
ADV	adverb	LOC	locative
ART	article	M	masculine
ATTCH	attached	NI	Nifal
C	common (gender)	NIS	נִסְמָךְ/bound form
COLL	collective	NUM	numeral
COMP	complementizer	P	plural
COND	conditional	PASS	passive
CONJ	conjunction	PAST	Past Narrative
DEM	demonstrative pronoun	PERF	Perfect
DET	determiner/article	PI	Piel
DU	dual	PN	proper noun
EXST	existential	PREP	preposition
F	feminine	PRON	independent pronoun
HI	Hifil	PTCP	participle
HIT	Hitpael	PU	Pual
HO	Hofal	Q	Qal
IMPF	Imperfect	S	singular
IMPV	imperative	TR	transitive
INF	infinitive	VB	verb
INTER	interrogative	W.	with

NOUN M father L7, R1	אָב, אַב/אֲבִי NIS; אָבוֹת P
VB Q perish; PI, HI destroy	אָבַד
VB PI destroy	אִבֵּד
VB Q be willing, consent	אָבָה
PN Abimelech	אֲבִימֶ֫לֶךְ
CONJ but	אֲבָל
VB Q, HIT mourn	אָבַל
NOUN M mourning R13	אֵ֫בֶל
ADJ M mourning R10	אָבֵל
NOUN F stone	אֶ֫בֶן; אֲבָנִים P, אַבְנֵי P NIS
PN Abraham	אַבְרָהָם
PN Abram	אַבְרָם
PN Absalom	אַבְשָׁלוֹם
PN Edom	אֱדוֹם
NOUN M man, humankind; PN Adam R1, 8	אָדָם
NOUN F ground, land L7, R8	אֲדָמָה, אַדְמַת NIS; אֲדָמוֹת P
NOUN M master, lord L3	אָדוֹן, אֲדוֹן NIS; אֲדֹנִים P; אֲדֹנֵי P NIS
PN (EPITHET) the Lord L3	אֲדֹנָי
PN Adonijah	אֲדֹנִיָּ֫הוּ
VB Q love R4	אָהֵב, אָהַב
NOUN M tent L20	אֹ֫הֶל; אֹהָלִים P, אָהֳלֵי P NIS
PN Aaron	אַהֲרוֹן
CONJ or	אוֹ
NOUN M (= Q PTCP) enemy	אוֹיֵב
CONJ but	אוּלָם
NOUN M treasure, store; treasury, storehouse	אוֹצָר, אוֹצַר NIS; אוֹצָרוֹת P, אֹצְרוֹת P NIS
NOUN M light L24	אוֹר; אוֹרִים P
VB Q be(come) light; HI give light, shine, make shine	אור
NOUN M/F sign R11	אוֹת; אוֹתוֹת P
VB NI consent, agree	[אות]
ADV then, at that time	אָז
NOUN F ear L10	אֹ֫זֶן; אָזְנַ֫יִם DU, אָזְנֵי NIS
VB Q gird, equip	אָזַר
NOUN M brother L10, R4	אָח, אֲחִי NIS; אַחִים P, אֲחֵי P NIS
NUM one, each one R5	אֶחָד, אַחַת F
NOUN F sister L10	אָחוֹת, אֲחֹת NIS; [אֲחָיוֹת] P
VB Q seize, grasp, hold on to	אָחַז
NOUN F landed property R12	אֲחֻזָּה, אֲחֻזַּת NIS
PREP, ADV, CONJ behind, after LL30, 33	אַחַר, אַחֲרֵי

ADJ another	אַחֵר, אַחֶ֫רֶת F
INTER where? from where? L14	אֵי; אֵי־מִזֶּה
NOUN F enmity, personal hostility	אֵיבָה
INTER where?	אַיֵּה
ADV how; INTJ how? L14	אֵיךְ
NOUN M ram R1	אַ֫יִל, אֵיל NIS; אֵילִים P, אֵילֵי P NIS
EXST ADV there is/are not L12	אַ֫יִן, אֵין־ NIS
INTER where? L14	אֵיפֹה
NOUN M man L6, R1	אִישׁ; אֲנָשִׁים P, אַנְשֵׁי P NIS
ADV only, surely	אַךְ
VB Q eat L18, R5	אָכַל
NOUN F food, eating R11	אָכְלָה
PREP to, toward	אֶל־
ADV not (with commands) R6	אַל
NOUN M god, God, mighty one L42	אֵל
CP DEM these L33	אֵ֫לֶּה
NOUN M God; gods L3	אֱלֹהִים
PN Elimelech	אֱלִימֶ֫לֶךְ
VB PI bind (a sheaf) R10	אִלֵּם
NOUN F sheaf	אֲלֻמָּה, אֲלֻמַּת NIS; אֲלֻמּוֹת P NIS
NOUN M (only P) thousand, clan; cattle	אֶ֫לֶף; אֲלָפִים P, אַלְפֵי P NIS
COND if; *also marks alternative condition*: or	אִם
NOUN F mother L7, R1	אֵם; אִמּוֹת P
NOUN F maid, handmaid	אָמָה, אֲמַת NIS; אֲמָהוֹת P, אַמְהוֹת P NIS
NOUN F cubit	אַמָּה, אַמַּת NIS; אַמּוֹת P NIS
VB Q support; HI believe	אָמַן
VB Q be strong, bold; PI strengthen (something); HIT make oneself bold, obstinate	אָמֵץ
VB PI strengthen (something)	אִמֵּץ
VB Q say	אָמַר
NOUN M speech, word	אֹ֫מֶר; אֲמָרִים P, אִמְרֵי P NIS
NOUN F truth, faithfulness	אֱמֶת
INTER where? to where? L14	אָן/אָ֫נָה
INTJ ah! now!	אָ֫נָּה, אָ֫נָּא
PRON 1CP we L11	אֲ֫נַחְנוּ, נַ֫חְנוּ
PRON 1CS I L5	אֲנִי, אָנֹכִי
PN Asa	אָסָא
VB Q gather, remove; NI be gathered L49	אָסַף
ADV also, even, moreover	אַף
NOUN M nose, face, anger	אַף; אַפַּ֫יִם DU, אַפֵּי P NIS

אַף כִּי	CONJ furthermore; how much more!
אָפָה	VB Q bake
אָפֵס	VB Q be at an end, be no more
אֶפְרַ֫יִם	PN Ephraim
אֵ֫צֶל	NOUN M proximity; PREP beside
אַרְבַּע, אַרְבָּעָה F; אַרְבָּעִים P	NUM four; P forty
אַרְבַּעְתַּ֫יִם	ADJ/NUM fourfold
אֲרוֹן	NOUN M chest, ark
אָרוּר	Q PASS PTCP cursed R8
אֹ֫רַח; אֳרָחוֹת P, אָרְחוֹת P NIS	NOUN M way, path
אֹרְחָה	NOUN F caravan
אֹ֫רֶךְ	NOUN M length
אָרֵךְ	VB Q be long; HI prolong, lengthen
אֲרָם	PN Aram
אֶ֫רֶץ; אֲרָצוֹת P, אַרְצוֹת P NIS	NOUN F earth, land L9, R6
אָרַר	VB Q curse
אֵרַר	VB PI curse
אֲרָרָט	PN Ararat
אֵשׁ	NOUN M, F fire R3
אִשָּׁה, אֵשֶׁת NIS; נָשִׁים P, נְשֵׁי P NIS	NOUN F woman, wife L6, R1
אַשּׁוּר	PN Assyria
אָשָׁם	NOUN M guilt (offering)
אֲשֶׁר	CONJ that, which, who; COMP that L30, R3
אֵת, אֶת־; אֹתִי W. ATTCH PRON	direct object marker L15
אֵת, אֶת־; אִתִּי W. ATTCH PRON	PREP with
אַתְּ	PRON 2FS you L5
אַתָּה	PRON 2MS you L5
אַתֶּם	PRON 2MP you L11
אַתֶּן, אַתֵּ֫נָה	PRON 2FP you L11

בְּ	PREP in, at, with, by L13
בְּאֵר	NOUN M well, cistern, pit
בְּאֵר שֶׁ֫בַע	PN Beersheba
בָּבֶל	PN Babylon
בֶּ֫גֶד; בְּגָדִים P, בִּגְדֵי P NIS	NOUN M garment L35, R10
בַּד	NOUN M solitude. W. לְ, *see* לְבַד
[בדל]	VB HI divide, separate L42, R11
בֹּ֫הוּ	NOUN M emptiness R11
בְּהֵמָה, בֶּהֱמַת NIS; בְּהֵמוֹת P, בַּהֲמוֹת P NIS	NOUN F cattle R1

VB Q come, enter; HI bring, make enter L26, R6	בּוֹא
NOUN M well, cistern, pit R1	בּוֹר; בֹּארוֹת P
VB Q be ashamed	בּוֹשׁ
VB Q choose	בָּחַר
VB Q trust	בָּטַח
PREP not yet, before (בְּ + טֶ֫רֶם)	בְּטֶ֫רֶם
PREP (only NIS) between L26	בֵּין
VB Q perceive, observe, have insight; HI understand, give understanding, teach	בִּין
NOUN F understanding	בִּינָה, בִּינַת NIS; בִּינוֹת P
NOUN M house L8, R1	בַּ֫יִת, בֵּית NIS; בָּתִּים P, בָּתֵּי P NIS
PN Bethel	בֵּית־אֵל
PN Bethlehem	בֵּית־לֶ֫חֶם
VB Q weep, bewail; PI lament R10	בָּכָה
VB PI lament	בִּכָּה
NOUN M firstborn	בְּכוֹר
NOUN F formal weeping R13	בְּכִית
NOUN M secrecy (בְּ + לָאט)	בְּלָאט, בְּלָט
PN Bilhah	בִּלְהָה
PN Balak	בָּלָק
ADV not, except	בִּלְתִּי, לְבִלְתִּי
NOUN F high place	בָּמָה; בָּמוֹת P
INTER how? L14	בַּמֶּה, בַּמָּה
NOUN M son L7, R1	בֵּן, בֶּן־ NIS; בָּנִים P, בְּנֵי P NIS
IDIOM X years old	בֶּן־שָׁנָה
VB Q build R3	בָּנָה
PN Benjamin	בִּנְיָמִין
PREP, CONJ for the sake of, on account of, in order that (בְּ + עֲבוּר) R8	בַּעֲבוּר
PREP behind, on behalf of, away from	בַּ֫עַד; בְּעַד NIS
PN Boaz	בֹּ֫עַז
NOUN M owner, lord, husband; Baal R7	בַּ֫עַל; בְּעָלִים P, בַּעֲלֵי P NIS
NOUN M (unlawful) profit, gain R10	בֶּ֫צַע
NOUN M dough	בָּצֵק
VB Q split, cleave	בָּקַע
VB PI split, cleave	בִּקַּע
NOUN F valley, plain	בִּקְעָה, בִּקְעַת NIS; בְּקָעוֹת P
NOUN M cattle, herd, ox R12	בָּקָר, בְּקַר NIS; בְּקָרִים P
NOUN M morning R6	בֹּ֫קֶר, בְּקָרִים P
VB PI seek R10	בִּקֵּשׁ

NOUN M corn	בַּר
VB Q create; NI be created L24, R11	בָּרָא
VB Q flee L39	בָּרַח
NOUN F covenant L7	בְּרִית
VB PI bless; PU, NI be blessed LL29, 49, R9	בֵּרֵךְ
NOUN F knee R13	בֶּ֫רֶךְ; בִּרְכַּ֫יִם DU, בִּרְכֵּי DU NIS
NOUN F blessing R13	בְּרָכָה, בִּרְכַּת NIS; בְּרָכוֹת P, בִּרְכוֹת P NIS
NOUN M flesh R10	בָּשָׂר, בְּשַׂר NIS; בְּשָׂרִים P
VB PI boil	בִּשֵּׁל
NOUN F daughter L7, R1	בַּת; בָּנוֹת P
PN Bathsheba	בַּת־שֶׁ֫בַע
PREP M (only NIS) in the middle of (בְּ + תָּ֫וֶךְ) R5	בְּתוֹךְ

VB Q redeem, act as a kinsman	גָּאַל
NOUN M (= Q PTCP) kinsman-redeemer, close relative	גֹּאֵל
VB Q be high, lofty, tall; HI make high	גָּבַה
NOUN M border, territory	גְּבוּל
ADJ great L32	גָּדוֹל, גְּדוֹלָה F; גְּדוֹלִים MP, גְּדוֹלוֹת FP; גְּדֹלֵי MP NIS
VB Q be great; PI make great, grow	גָּדֵל, גָּדַל
NOUN M greatness, magnificence	גֹּ֫דֶל
PN Gideon	גִּדְעוֹן
NOUN M nation, people L32	גּוֹי; גּוֹיִם P, גּוֹיֵי P NIS
NOUN F body, corpse R12	גְּוִיָּה, גְּוִיַּת NIS; גְּוִיּוֹת P
VB Q pass away, perish L49, R13	גָּוַע
VB Q to sojourn, abide R12	גּוּר
NOUN M belly (of reptiles)	גָּחוֹן
VB Q uncover, reveal	גָּלָה
PN Gilead	גִּלְעָד
ADV also, even L28	גַּם
VB Q wean; do or show R13	גָּמַל
NOUN M camel R1	גָּמָל, גְּמַל NIS; גְּמַלִּים P, גְּמַלֵּי P NIS
NOUN M garden R2	גַּן; גַּנִּים P
VB Q steal; NI be stolen; PI steal away; PU be stolen away; HIT go by stealth	גָּנַב
NOUN F stolen item	גְּנֵבָה
VB Q rebuke, speak insultingly to someone R7	גָּעַר
NOUN M resident alien, stranger	גֵּר
NOUN FP neck	גַּרְגְּרוֹת

NOUN M threshing floor R13	גֹּ֫רֶן
PN Gerar	גְּרָר
VB Q cast out, thrust out; PI drive out, away	גָּרַשׁ
PN Goshen	גֹּ֫שֶׁן

VB Q be anxious, worry	דָּאַג
NOUN F report, rumor	דִּבָּה
VB Q cling, cleave, keep close	דָּבַק
NOUN M word, thing L5, R4	דָּבָר, דְּבַר NIS; דְּבָרִים P, דִּבְרֵי P NIS
VB PI speak L15, R7	דִּבֵּר
NOUN M pestilence, plague	דֶּ֫בֶר
NOUN M honey	דְּבַשׁ
NOUN M fish R11	דָּג, דָּגָה F
PN David	דָּוִד
NOUN M generation	דּוֹר
VB Q draw (water)	דָּלָה
NOUN F door R1	דֶּ֫לֶת; דְּלָתוֹת P, דַּלְתוֹת P NIS
NOUN M blood, P bloodguilt L23, R10	דָּם, דַּם NIS; דָּמִים P, דְּמֵי P NIS
VB Q be like, resemble	דָּמָה
NOUN F likeness R11	דְּמוּת
PN Dan	דָּן
NOUN F/M knowledge R8	דַּ֫עַת
NOUN M thistles	דַּרְדַּר
NOUN M/F way, road L16, R5	דֶּ֫רֶךְ; דְּרָכִים P, דַּרְכֵי P NIS
VB Q tread, march, walk	דָּרַךְ
VB Q seek L23	דָּרַשׁ
VB Q be green; HI cause to sprout	דָּשָׁא
NOUN M grass R11	דֶּ֫שֶׁא
PN Dothan	דֹּתָן

DET the L8	הַ·
INTER marker for yes-or-no question L8	הֲ
ADV to, toward (attached to end of nouns) R7	־ָה
INTJ behold, see! R12	הֵא
VB HI destroy (אָבַד)	הֶאֱבִיד
PN Atad	הָאָטָד
VB HI give light, shine, make shine (אוֹר) R11	הֵאִיר
VB HI believe (אָמַן)	הֶאֱמִין

VB HI prolong, lengthen (אָרֵךְ)	הֶאֱרִיךְ
VB HI divide, separate (בדל) L42, R11	הִבְדִּיל
VB HI bring, make enter (בּוֹא) L36, R7	הֵבִיא
VB HI understand, give understanding, teach (בִּין)	הֵבִין
VB HI look, gaze (נבט)	הִבִּיט
PN Abel	הֶבֶל
VB HI declare (נגד) R5	הִגִּיד
PN Hagar	הָגָר
VB HI cause to sprout(דָּשָׁא) R11	הִדְשִׁיא
MS PRON he; DEM that L5	הוּא
HI multiply, do again, continue (יָסַף) R7	הוֹסִיף
VB HI bring forth (יָצָא) R11	הוֹצִיא
VB HI bring down, cause to descend(יָרַד) R7	הוֹרִיד
VB HI settle, set, cause to sit, inhabit (יָשַׁב) R12	הוֹשִׁיב
VB HI produce seed (זָרַע) R11	הִזְרִיעַ
VB HI keep alive, let live, revive (חָיָה) R12	הֶחֱיָה
VB HI turn, incline (something) (נטה)	הִטָּה
FS PRON she; DEM that L5	הִיא
VB Q become, be L6	הָיָה
VB HI smite, strike(נכה) R10	הִכָּה
VB HI recognize, regard (נכר) R10	הִכִּיר
NOUN M palace, temple	הֵיכָל, הֵיכַל NIS; הֵיכָלוֹת P, הֵיכְלֵי P NIS
VB HI clothe (לָבַשׁ) L35, R8	הִלְבִּישׁ
VB Q walk, go L16, R3	הָלַךְ
VB PI praise	הִלֵּל
MP PRON they; DEM those L11	הֵם, הֵ֫מָּה
NOUN M multitude, crowd	הָמוֹן
VB HI kill (מוּת) R7	הֵמִית
INTJ behold, see! R8	הֵן
FP PRON they; DEM those L11	הֵן, הֵ֫נָּה
ADV here	הֵ֫נָּה
INTJ behold, see! L22, R3	הִנֵּה
VB HI cause to rest, make quiet; set down; let remain, leave (נוּחַ)	הֵנִיחַ/הִנִּיחַ
VB HI cause to depart, remove(סוּר)	הֵסִיר
VB HI conceal (סתר)	הִסְתִּיר
VB HI allow to pass over(עבר) R12	הֶעֱבִיר
VB HI cause to rise up, lead up (עָלָה) R4	הֶעֱלָה
VB HI set up, cause to stand (עָמַד) R12	הֶעֱמִיד
VB Q overturn, destroy	הָפַךְ

NOUN F overthrow, destruction	הֲפֵכָה
VB HI do an extraordinary thing (פלא)	הִפְלִיא
VB HI break, frustrate (פרר)	הֵפֵר
VB HI divide, separate (something) (פָּרַד)	הִפְרִיד
VB HI strip off, rcmove (פָּשַׁט) R4	הִפְשִׁיט
VB HI justify (צָדֵק/צָדֹק)	הִצְדִּיק
VB HI set, place, establish (יצג) R12	הִצִּיג
VB HI snatch away, deliver (נצל) R7	הִצִּיל
VB HI make successful, show experience (צָלֵחַ/צָלַח) L29	הִצְלִיחַ
VB HI cause to sprout, grow (צָמַח)	הִצְמִיחַ
VB HI congregate (קהל)	הִקְהִיל
VB HI make sacrifices go up in smoke (קטר)	הִקְטִיר
VB HI raise, erect (קוּם)	הֵקִים
VB HO be avenged (נָקַם)	הֻקַּם
VB HI shorten (קָצֵר/קָצַר)	הִקְצִיר
NOUN M mountain, hill country R3	הַר; הָרִים ;P הָהָר, הֶהָרִים W. DET
VB HI show, exhibit (רָאָה)	הֶרְאָה
VB HI make much/many, make multiply (רָבָה) R9	הִרְבָּה
VB Q kill, slay L27, R7	הָרַג
VB HI chase (רָדַף)	הִרְדִּיף
VB Q conceive, become pregnant	הָרָה
VB HI cause to be distant, far away; remove (רָחַק)	הִרְחִיק
NOUN M conception, pregnancy	הֵרָיוֹן, הֵרוֹן
VB HI cause to skip (רָקַד)	הִרְקִיד
VB HI condemn (רָשַׁע)	הִרְשִׁיעַ
VB HI utterly mock (שָׂחַק)	הִשְׂחִיק
VB HI collect, reach (נשׂג) R12	הִשִּׂיג
VB HI look at, ponder; give insight, teach (שָׂכַל) R5	הִשְׂכִּיל
VB HI leave over, behind (שׁאר)	הִשְׁאִיר
VB HI cause to swear (an oath) (שׁבע) L29, R9	הִשְׁבִּיעַ
VB HI sell grain (שָׁבַר) R12	הִשְׁבִּיר
VB HI put an end to, destroy (שָׁבַת)	הִשְׁבִּית
VB HI spoil, destroy (שׁחת) L29	הִשְׁחִית
VB HI deceive (נשׁא) R8	הִשִּׁיא
VB HI return (something)(שׁוּב) R7	הֵשִׁיב
VB HI wake early (שׁכם) R6	הִשְׁכִּים
VB HI settle (someone), cause to dwell (שׁכן) R5	הִשְׁכִּין
VB HI throw (שׁלך) L15, R7	הִשְׁלִיךְ
VB HI annihilate (שׁמד)	הִשְׁמִיד

הִשְׁמִין	VB HI make fat (שָׁמֵן)
הֵשַׁע	VB HI blind (שָׁעַע)
הִשְׁקָה	VB HI water, give drink (שׁקה)
הִשְׁקִיט	VB HI show/cause quietness (שָׁקַט)
הִשְׁתַּחֲוָה	VB HISHTAFEL bow down, prostrate oneself (חוה) R6
הִתְאַבֵּל	VB HIT mourn (אָבַל) R10
הִתְאַמֵּץ	VB HIT make oneself bold, obstinate (אָמֵץ)
הִתְחַבֵּא	VB HIT hide (oneself) (חבא) R5
הִתְנַבֵּא	VB HIT prophesy (נבא)
הִתְנַחֵם	VB HIT be grieved, allow oneself to be comforted (נחם) R10
הִתְנַכֵּל	VB HIT behave cunningly (נכל) R10
הִתְפַּלֵּא	VB HIT be difficult, extraordinary (פלא)
הִתְפַּלֵּל	VB HIT pray (פלל)
הִתְקַבֵּץ	VB HIT gather (intransitive) (קבץ)
הִתְקַשֵּׁר	VB HIT conspire (קָשַׁר)

וְ	CONJ and
וַיֹּאמֶר	VB Q 3MS PAST he said (אמר)

זֹאת	FS DEM this L33
זָבַח	VB Q, PI slaughter, sacrifice
זֶה	MS DEM this L33
זָהָב, זְהַב NIS	NOUN M gold
זָכַר	VB Q remember
זָכָר; זְכָרִים P	NOUN M male L7, R11
זִלְפָּה	PN Zilpah
זְמָן	NOUN M appointed time, time
זֵעָה, זֵעַת NIS	NOUN F sweat R8
זָקֵן	VB Q be old L38
זָקֵן, זְקֵנָה FS, זְקַן MS NIS; זְקֵנִים MP, זְקֵנוֹת FP; זִקְנֵי MP NIS	ADJ old R13
זְקֻנִים	NOUN MP old age R7
זָרַח	VB Q rise, come forth, appear
זָרַע	VB Q sow seed; HI produce seed R11
זֶרַע; זְרָעִים P, זַרְעֵי P NIS	NOUN M seed L34

[חבא]	VB NI, HIT hide (oneself); HI hide (something)
חָבַל	VB Q bind, pledge; NI be pledged; PI writhe, twist

חֹבֵל	NOUN M (= Q PTCP) mariner, sailor
חָבַק	VB Q, PI embrace
חֶבְרוֹן	PN Hebron
חָבַשׁ	VB Q bind, bind on, bind up; PI bind, restrain; PU be bound up R3
חִבֵּשׁ	VB PI bind, restrain
חֻבַּשׁ	VB PU be bound up
חֲגוֹרָה	NOUN M belt, girdle R5
חַגִּית	PN Haggit
חָדַל	VB Q cease, come to an end
חָדָשׁ, חֲדָשָׁה F; חֲדָשִׁים MP, חֲדָשׁוֹת FP	ADJ new
חֹדֶשׁ; חֳדָשִׁים P, חָדְשֵׁי P NIS	NOUN M new moon, month
[חוה]	VB HISHTAFEL bow down, prostrate oneself
חַוָּה	PN Eve
חוֹל	NOUN M mud, sand R9
חוֹמָה, חוֹמַת NIS; חוֹמוֹת P	NOUN F wall
חָזַק	VB Q be strong; HI strengthen, seize R12
חָטָא	VB Q sin
חֵטְא; חֲטָאִים P, חֲטָאֵי P NIS	NOUN M sin
חֲטָאָה	NOUN F sin
חַטָּאת, חַטַּאת NIS; חַטָּאוֹת P, חַטֹּאת P NIS	NOUN F sin, sin offering
חַי M, חֵי NIS, חַיָּה F; חַיִּים MP, חַיּוֹת FP	ADJ alive, living R5
חָיָה	VB Q live, be alive; HI keep alive, let live, revive R8
חַיָּה, חַיַּת NIS; חַיּוֹת P	NOUN F animal R1, 11
חַיִּים	NOUN MP life R5
חַיִל, חֵיל NIS; חֲיָלִים P	NOUN M strength, wealth, valor; army R12
חֵיק	NOUN M bosom, lap
חָכָם M, חֲכַם NIS, חֲכָמָה F; חֲכָמוֹת P, חַכְמוֹת FP NIS	ADJ wise
חָכַם	VB Q be wise
חֲלוֹם; חֲלוֹמוֹת P	NOUN M dream R4
[חלל]	VB NI be defiled; PI pollute, defile; HI begin
חָלַם	VB Q dream R4
חָלַק	VB Q, PI divide, distribute; NI divide oneself
חָלָק	ADJ smooth, slippery
חֵלֶק	NOUN M portion, share, territory
חֶלְקָה	NOUN F portion
חָמַד	VB Q desire, take pleasure in
חֲמוֹר; חֲמוֹרִים P	NOUN M donkey R1
חָמוֹת	NOUN F mother-in-law

חֲמִישִׁי, חֲמִישִׁית F	NUM fifth R11, 12
חָמָס	NOUN M violence
חֹ֫מֶר	NOUN M cement, mortar, clay
חָמֵשׁ, חֲמִשָּׁה F; חֲמִשִּׁים P	NUM five; P fifty R12
חֹ֫מֶשׁ	NOUN M fifth part R12
חֵן	NOUN M favor, grace R12
חָנָה	VB Q incline, bend down, camp
חַנָּה	PN Hannah
חֲנוֹךְ	PN Enoch
חָנַט	VB Q embalm R13
חֲנֻטִים	NOUN M (always plural) embalming R13
חָנַן	VB Q show favor, be gracious
חָנֵף	VB Q be polluted, profane; HI pollute, make profane
חֶ֫סֶד	NOUN M kindness, goodness R12
חָסָה	VB Q seek refuge
חֵ֫פֶץ	NOUN M delight, pleasure
חֹק, חָק־; חֻקִּי, חָקְךָ W. ATTCH PRON	NOUN M statute R12
חֶ֫רֶב; חֲרָבוֹת P, חַרְבוֹת NIS	NOUN F sword R5
חֹרֵב	PN Horeb
חָרָה	VB Q burn, be kindled L36
חָשַׂךְ	VB Q keep back, withhold R9
חָשַׁב	VB Q think, devise; NI be reckoned R13
חָשָׁה	VB Q be silent; HI exhibit silence, make still/quiet
חֹ֫שֶׁךְ	NOUN M darkness R11
חֵת	PN Heth; Hittites חִתִּים; Hittite חִתִּי
חָתַת	VB Q be shattered, dismayed

טַבָּח	NOUN M bodyguard R10
טָבַל	VB Q dip something (into) R10
טָהוֹר	ADJ clean, pure
טוֹב; טוֹבִים P, טוֹבֵי NIS MP; טוֹבָה F, טוֹבַת NIS; טוֹבוֹת FP	ADJ good, pleasant R5
[טוּל]	VB HI cast, hurl, throw; HO be hurled, cast, throw
טָמֵא	ADJ unclean
טַף	NOUN M (COLL) children R12
טֶ֫רֶם	ADV not yet, before (with בְּ)
טָרַף	VB Q tear, rend, pluck R10

English	Hebrew
NOUN M stream; PN Nile	יְאֹר; יְאֹרִים P, יְאֹרֵי NIS
NOUN F sister-in-law	יְבָמָה; יְבֶמֶת NIS
VB Q be(come) dry; HI cause to be dry	יָבֵשׁ
NOUN F dry land R11	יַבָּשָׁה
NOUN F hand L10, R2	יָד, יָדַיִם DU, יְדֵי NIS; יָדוֹת P, יְדוֹת NIS
VB HI give thanks, praise, confess	[ידה]
VB Q know L19, R4	יָדַע
VB Q give (always IMPV; frequently functions as INTJ come!) R12	יָהַב
PN Jehu	יֵהוּא
PN Judah	יְהוּדָה
PN Yhwh (personal name of Hebrew God) L3	יְהוָה
PN Jonathan	יְהוֹנָתָן
PN Joshua	יְהוֹשֻׁעַ
PN Joab	יוֹאָב
PN Joash	יוֹאָשׁ
NOUN M day; w. ART today הַיּוֹם; daily יוֹם יוֹם L21, R5	יוֹם; יָמִים P, יְמֵי P NIS
NOUN F dove	יוֹנָה
PN Jonah	יוֹנָה
PN Joseph	יוֹסֵף
ADV together, altogether L32, R6	יַחְדָּו
ADJ/NUM only, only one, solitary R6	יָחִיד
VB Q be good, pleasing; HI do (something) well, deal well with	יָטַב
NOUN M wine	יַיִן
VB Q be able, have power R7	יָכֹל
VB Q beget, bear (children) R8	יָלַד
VB PU be born R13	יֻלַּד
NOUN M boy; F girl R1	יֶלֶד; יַלְדָּה F
ADJ born (יָלַד)	יִלּוֹד
VB HI howl	[ילל]
NOUN M sea L13, R9	יָם; יַמִּים P
PN Sea of Reeds ("Red Sea")	יַם־סוּף
VB HI go right, choose the right, use the right hand	[ימן]
NOUN F right side, right hand	יָמִין
VB Q suck; HI suckle, nurse	יָנַק
VB Q add; HI multiply, do again, continue	יָסַף
CONJ because R9	יַעַן
PN Jacob	יַעֲקֹב
VB Q be fair, beautiful; PI beautify	יָפָה
PN Japhet	יֶפֶת

יָצָא	VB Q go forth; HI bring forth L22
[יצב]	VB HIT station oneself, take one's stand
[יצג]	VB HI set, place, establish; HO be stayed, stopped, detained
יִצְחָק	PN Isaac
[יצע]	VB HI lay, spread; HO be laid, spread
יָצַק	VB Q pour, pour out; HI pour (oil); HO be poured, cast, molten, firmly established
יָצַר	VB Q form, fashion, shape
יָצַת	VB Q kindle, burn; NI be kindled; HI kindle, set on fire
יָקַץ	VB Q awake
יָרֵא	VB Q fear, be afraid L38
יָרֵא	ADJ afraid L30, R5
יִרְאָה, יִרְאַת NIS	NOUN F fear, terror, reverence
יָרַד	VB Q go down, descend
[ירד]	VB HI bring down, cause to descend
יַרְדֵּן	PN Jordan (River)
יָרָה	VB Q, HI throw, cast, shoot (arrows)
יְרוּשָׁלִַם	PN Jerusalem
יָרֵחַ	NOUN M moon R7
יְרִיחוֹ	PN Jericho
יָרֵךְ, יֶ֫רֶךְ NIS	NOUN M upper thigh, side R12
יִרְמְיָ֫הוּ, יִרְמְיָה	PN Jeremiah
יֶ֫רֶק, יְרַק NIS	NOUN M green (thing), greenness R11
יָרַשׁ	VB Q take possession, inherit
יִשְׂרָאֵל	PN Israel
יִשְׁמָעֵאל	PN Ishmael
יִשְׁמְעֵאלִי; יִשְׁמְעֵאלִים P	PN Ishmaelite
יֵשׁ	EXST there is L12
יָשַׁב	VB Q sit, dwell (Q PTCP inhabitant, dweller); HI set, cause to sit, inhabit, settle L16, R6
יִשַׁי	PN Jesse
[ישׁע]	VB NI be saved; HI save, deliver
יֵ֫שַׁע	NOUN M deliverance, rescue, salvation
יָשַׁר	VB Q be smooth, right; PI make even, smooth
[יתר]	VB NI be left over, remain over; HI leave over, leave a remnant

כְּ	PREP like, as L13
כַּאֲשֶׁר	CONJ as, just as, when L30
כָּבֵד, כְּבַד M NIS; כְּבֵדִים MP, כִּבְדֵי MP NIS	ADJ heavy R12

כָּבֵד, כָּבַד	VB Q be heavy; PI, HI make heavy, honor L29
כָּבוֹד	NOUN M glory, honor, wealth
כֶּבֶשׂ; כְּבָשִׂים P	NOUN M lamb
כָּבַשׁ	VB Q subdue, dominate
כֹּה	ADV thus, so L27, R13
כֹּהֵן; כֹּהֲנִים P, כֹּהֲנֵי P NIS	NOUN M priest R12
כּוֹכָב, כּוֹכַב NIS; כּוֹכָבִים P, כּוֹכְבֵי P NIS	NOUN M star R7
[כול]	VB PILPEL contain, sustain, keep
[כון]	VB NI be set up, established, fixed; HI establish, set up, make firm
כֹּחַ	NOUN M strength, power L31
[כחד]	VB PI hide, conceal
כִּחֵד	VB PI hide, conceal (כחד) R12
כִּי	CONJ because, when, if, though, but; COMP that L30, R4
כִּי אִם	CONJ but
כִּכָּר, כִּכַּר NIS; כִּכָּרִים P, כִּכְּרֵי P NIS	NOUN F round district, loaf, weight
כָּל־, כֹּל, כֻּלֵּךְ W. ATTCH PRON	ADJ all, every; NOUN M everything L11, R4
כָּלָה	VB Q be complete; PI complete, finish; PU be completed, finished
כִּלָּה	VB PI complete, finish L29
כֻּלָּה	VB PU be completed, finished R11
כַּלָּה	NOUN F daughter-in-law, bride
כִּלְכֵּל	VB PILPEL contain, sustain, keep (כול) R12
כְּלִי; כֵּלִים P	NOUN M vessel, utensil
כִּלְיוֹן	PN Kilyon
כֵּן	ADV so, thus, yes
כָּנַס	VB Q gather, collect; PI gather together; HIT gather oneself together
כְּנַעַן, כְּנַעֲנִי	PN Canaan, Canaanite
כָּנָף, כְּנַף NIS; כְּנָפַיִם DU, כַּנְפוֹת/כַּנְפֵי DU NIS	NOUN F wing, extremity R11
כִּסֵּא	NOUN M seat, throne R1
כִּסָּה	VB PI cover, conceal R10
כֶּסֶף; כְּסָפִים P, כַּסְפֵּי P NIS	NOUN M silver, money R10, 12
כַּעַס; כְּעָסִים P	NOUN M vexation, anger
כִּפֶּר	VB PI appease, atone
כַּר	NOUN M saddlebag
כָּרָה	VB Q hollow out, dig R13
כְּרוּב; כְּרוּבִים P	NOUN M cherub (type of subordinate divine being) R5
כֶּרֶם; כְּרָמִים P, כַּרְמֵי P NIS	NOUN M/F vineyard
כָּרַע	VB Q bend one's knee, bow down, kneel

VB Q cut, cut off, cut down L31	כָּרַת
VB Q write	כָּתַב
NOUN F tunic R4	כֻּתֹּנֶת, כְּתֹנֶת NIS; כָּתְנוֹת P NIS

PREP to, for L13	לְ
ADV no, not L5	לֹא
PN Leah	לֵאָה
NOUN M secrecy (always with בְּ)	לָאט, לָט
COMP used to introduce direct speech; not translated	לֵאמֹר
NOUN M heart, mind R13	לֵב, לֵבָב; לִבֶּךָ, לְבַבְךָ W. ATTCH PRON
ADV alone, only (ל+בד) R12	לְבַד
ADV not, except (ל+בלתי) R8	לְבִלְתִּי
PN Laban	לָבָן
NOUN F sun-baked brick	לְבֵנָה, לִבְנַת NIS; לְבֵנִים P
PN Lebanon	לְבָנוֹן
VB Q wear; HI clothe	לָבֵשׁ, לָבַשׁ
VB Q languish R12	לָהָה
NOUN M flame R8	לַהַט
COND would that, if (irreal) L30	לוּ
NOUN M tablet, board, plank, plate	לוּחַ; לֻחוֹת P
PN Lot	לוֹט
PN Levi	לֵוִי
COND if not (irreal, negative) L30	לוּלֵי
NOUN M bread, food L17, R7	לֶחֶם
NOUN M gum R10	לֹט
NOUN M night L24	לַיְלָה
VB Q capture	לָכַד
CONJ therefore L30	לָכֵן
VB Q learn; PI teach	לָמַד
INTER why? L14	לָמָּה, לָמָה
PN Lamech	לֶמֶךְ
PREP for the sake of; CONJ in order that (purpose), so that (result) L30, R7	לְמַעַן
NOUN M W. PREP forever, long. *See also* עוֹלָם	לְעוֹלָם
PREP according to (לְ+פֶּה) R12	לְפִי
PREP, CONJ before L13	לִפְנֵי
ADV formerly, previously	לְפָנִים
VB Q take, receive L16, R3	לָקַח

לָקַט	VB Q glean, pick up, gather
לִקֵּט	VB PI gather, collect (לָקַט) R12
לָשׁוֹן; לְשֹׁנוֹת P	NOUN M tongue, language

מְאֹד	NOUN M strength; ADV exceedingly R11
מֵאָה, מְאַת NIS	NOUN F hundred R12
מְאֹ֫ומָה; מְאוּמָה	PRON anything L30, R6
מָאוֹר; מְאוֹרוֹת P	NOUN M luminary, light, lamp R11
מֵאַ֫יִן	INTER from where? L14
מַאֲכָל	NOUN M food R2
מַאֲכֶ֫לֶת; מַאֲכָלוֹת P	NOUN F knife R3
מֵאֵן	VB PI refuse R10
מָגוֹר; מְגוּרִים P	NOUN M temporary abode, place of sojourning R10, 12
מִדְבָּר	NOUN M wilderness R7
מָדוֹן; מִדְוָנִים, מְדָנִים, מְדוֹנִים P	NOUN M strife, contention
מַדּוּעַ	INTER why? L14
מִדְיָן	PN Midian
מָה	INTER what? how? L8
מְהוּמָה, מְהוּמַת NIS	NOUN F tumult, confusion
מוֹאָב; מוֹאָבִי, מוֹאֲבִיָּה F	PN Moab; Moabite
מוֹעֵד; מוֹעֲדֵי P NIS	NOUN M meeting, appointed time R11
מוֹפֵת; מוֹפְתִים P	NOUN M wonder, sign, portent
מוּת	VB Q die; HI kill L30, R5
מָ֫וֶת	NOUN M death
מִזְבֵּחַ; מִזְבְּחוֹת P	NOUN M altar R3
מָחָה	VB Q blot out, wipe away
מַחְלוֹן	PN Machlon
מַחֲנֶה; מַחֲנִים/מַחֲנוֹת P	NOUN M encampment, camp R13
מַטֶּה; מַטּוֹת P	NOUN M staff, rod, branch, tribe
מִטָּה, מִטַּת NIS; מִטּוֹת P	NOUN F bed, couch R12
מִי	INTER who? L6
מֵיטָב, מֵיטַב NIS	NOUN M best, best part R12
מְיַלֶּ֫דֶת; מְיַלְּדוֹת P	NOUN F midwife (= PI PTCP ילד)
מַ֫יִם; מֵי/מֵימֵי NIS	NOUN M water L13, R4
מִין	NOUN M kind, species R11
מַכָּה; מַכּוֹת P	NOUN F blow, wound
מָכִיר	PN Machir
מַכְפֵּלָה	PN Machpelah

מָכַר	VB Q sell R10
מָלֵא, מְלֵאָה FS; מְלֹא MS NIS; מְלֵאִים MP, מְלֵאוֹת FP	ADJ full R7
מָלֵא	VB Q be full, fill; PI fill R11
מִלֵּא	VB PI fill (מָלֵא)
מַלְאָךְ; מַלְאָכִים P, מַלְאֲכֵי P NIS	NOUN M messenger, angel L40, R6
מְלָאכָה, מְלֶאכֶת NIS; מַלְאֲכוֹת P NIS	NOUN F work L45, R11
מֶלַח	NOUN M salt
מִלְחָמָה; מִלְחָמוֹת P, מִלְחֲמוֹת P NIS	NOUN F war, battle
מֶלֶךְ; מְלָכִים P, מַלְכֵי P NIS; מַלְכִּי W. ATTCH PRON	NOUN M king L9
מָלַךְ	VB Q reign, be(come) king L23, R10
מִלְכָּה	PN Milcah
מַלְכוּת	NOUN F royalty, royal power, reign, kingdom
מַמְלָכָה, מַמְלֶכֶת NIS; מַמְלָכוֹת P	NOUN F kingdom, rule
מַמְרֵא	PN Mamre
מֶמְשָׁלָה, מֶמְשֶׁלֶת NIS	NOUN F rule, dominion R11
מִן־ and ·מִ	PREP from; more than L13
מָנָה	VB Q count, number, assign; PI appoint, ordain
מִנָּה	VB PI appoint, ordain
מִנְחָה, מִנְחַת NIS	NOUN F gift, grain offering L36
מְנַשֶּׁה	PN Manasseh
מַס; מִסִּים P	NOUN M forced labor, conscription
מִסְפֵּד, מִסְפַּד NIS	NOUN M funeral ceremony, mourning rites R13
מְעַט; מְעַטִּים P	ADV little, few R12
מַ֫עַל/מִמַּ֫עַל, מַ֫עְלָה W. LOC	NOUN M higher part, above; W. LOC upward
מַעֲלָל; מַעֲלָלִים P, מַעַלְלֵי P NIS	NOUN M deed, practice
מְעָרָה, מְעָרַת NIS; מְעָרוֹת P, מַעֲרוֹת P NIS	NOUN F cave R13
מִפְּנֵי	PREP, CONJ from the presence of; because of (מִן + פְּנֵי) R8
מַעֲשֶׂה; מַעֲשִׂים P, מַעֲשֵׂי P NIS	NOUN M deed, work L22
מָצָא	VB Q find L22, R4; NI be found, be discovered, be caught
מִצְוָה; מִצְוֹת P	NOUN F commandment
מִצְרַ֫יִם	PN Egypt
מִקֶּ֫דֶם	NOUN M W. PREP (from the) east. *See also* קֶ֫דֶם R8
מִקְוֶה, מִקְוֵה NIS	NOUN M collection, collected mass R11
מָקוֹם, מְקוֹם NIS; מְקֹמוֹת P	NOUN M place L12, R3
מִקְנֶה, מִקְנֵה NIS; מִקְנֵי P NIS	NOUN M property (land or livestock) R12

מָרָא	PN Mara ("bitterness")
מַרְאֶה, מַרְאֵה NIS	NOUN M appearance, vision
מַרְגְּלוֹת	NOUN FP place of feet; ADV at [his] feet
מֵרָחֹק	NOUN M at a distance. *See also* רָחֹק R3
מֹרִיָּה	PN Moriah
מֶרְכָּבָה	NOUN F chariot
מָרַר	VB Q be bitter; PI, HI make bitter
מִרְעֶה, מִרְעֵה NIS; מִרְעֵי P NIS	NOUN M pasture R12
מַשְׂכֹּ֫רֶת	NOUN F wages
מֹשֶׁה	PN Moses L1
מָשַׁךְ	VB Q pull, drag, carry off R10
מִשְׁכָּב; מִשְׁכְּבֵי P NIS	NOUN M couch, place of lying
מִשְׁכָּן	NOUN M dwelling, tabernacle
מָשַׁל	VB Q rule R4, 8
מִשְׁמֶ֫רֶת	NOUN F guard, watch; charge, function
מִשְׁפָּחָה, מִשְׁפַּ֫חַת NIS; מִשְׁפָּחוֹת P, מִשְׁפְּחוֹת P NIS	NOUN F family, clan R1
מִשְׁפָּט, מִשְׁפַּט NIS; מִשְׁפָּטִים P, מִשְׁפְּטֵי P NIS	NOUN M judgment, justice; custom L26
מֵת	ADJ M dead (= Q PTCP מוּת)
מָתַי	INTER when? L14
מָתְנַ֫יִם, מָתְנֵי NIS	NOUN DU hips, loins R10

נָא	a marker of politeness: "please" R6
נָאוֹת	VB NI consent, agree (אות)
נֶאֱחַז	VB NI grasped, held fast, caught (אחז) R6
נְאֻם	NOUN M utterance, announcement (always NIS) R9
נֶאֱסַף	VB NI be gathered, assembled (אָסַף) L49
[נאף]	VB Q commit adultery
נִאֵף	VB PI commit adultery
נְאָקָה, נַאֲקַת NIS	NOUN F groan, groaning
[נבא]	VB NI, HIT prophesy
נִבָּא	VB NI prophesy
[נבט]	VB PI, HI look, gaze
נִבֵּט	VB PI look, gaze
נָבִיא, נְבִיא NIS; נְבִיאִים P, נְבִיאֵי P NIS	NOUN M prophet
נִבְרָא	VB NI be created (בָּרָא) R11
נִבְרַךְ	VB NI be blessed, bless oneself (ברך)
נֶ֫גֶב, נֶ֫גְבָּה W. LOC	NOUN M south
נֶ֫גֶב	PN Negeb

[נגד]	VB HI declare
נֶ֫גֶד	ADV, PREP in front of, in sight of, opposite to R12
נָגַע	VB Q touch, reach, strike R8
נָגַשׁ	VB Q draw near, approach
[נהל]	VB PI escort, transport, supply
נִהֵל	VB PI escort, transport, supply (נהל)
נוֹד	PN Nod
נוּחַ	VB Q rest; HI cause to rest, make quiet; set down; let remain, leave
נֹחַ	PN Noah
נֶחְבָּא	VB NI hide (oneself) (חבא) R8
נָחוֹר	PN Nahor
נַ֫חַל	NOUN M torrent (valley)/runoff ravine, wadi
נַחֲלָה, נַחֲלַת NIS	NOUN F possession, property, inheritance
[נחם]	VB NI be sorry/regret, comforted; PI comfort, console; HIT be grieved
נִחַם	VB NI be sorry/regret, comforted
נִחַם	VB PI comfort, console R10
נֶחְמָד	ADJ desirable (= NI PTCP חמד) R8
נָחָשׁ	PN Nahash
נָחָשׁ; נְחָשִׁים P	NOUN M serpent R1
נֶחְשַׁב	VB NI be reckoned (חָשַׁב)
נָטָה	VB Q stretch out, extend; HI turn (something)
נָטַע	VB Q plant
נְכֹאת	NOUN F resin R10
[נכה]	VB HI smite, strike
[נכל]	VB HIT behave cunningly
[נכר]	VB NI be recognized; HI recognize, regard
נִכַּר	VB NI be recognized (נָכַר)
נֵכָר	NOUN M foreign thing
נָכְרִי, נָכְרִיָּה F; נָכְרִים MP, נָכְרִיּוֹת FP	ADJ foreign, alien
נִמְצָא	VB NI be found, be discovered, be caught (מָצָא) R12
[נסה]	VB PI test
נִסָּה	VB PI test (נסה) L30, R6
נָסַע	VB Q pull up (tent pegs), set out, journey R10
נִסְפַּד	VB NI be bewailed (סָפַד)
נִסְתַּר	VB NI hide (oneself) (סתר)
נַ֫עַל; נַעֲלַ֫יִם DU	NOUN F sandal, shoe
נָעֳמִי	PN Naomi ("my pleasantness")
נַ֫עַר; נְעָרִים P, נַעֲרֵי P NIS	NOUN M young man L6, R3
נַעֲרָה; נְעָרוֹת P, נַעֲרוֹת P NIS	NOUN F young woman L6

נָפַל	VB Q fall R13
נִפְלָא	VB NI be difficult, extraordinary (פלא)
נְפִלִים	NOUN MP giants, "fallen ones"
נִפְקַח	VB NI be opened (פָּקַח) R5
נִפְרַץ	VB NI spread (פָּרַץ)
נֶפֶשׁ; נְפָשׁוֹת P, נַפְשׁוֹת P NIS	NOUN F life, self L34, R10
[נצב]	VB NI take one's stand, station oneself; be stationed, appointed R10
נִצַּב	VB NI take one's stand, station oneself; be stationed, appointed (נצב)
[נצל]	VB NI be delivered, deliver oneself; HI snatch away, deliver
נִצַּל	VB NI be delivered, deliver oneself (נצל)
נָצַר	VB Q watch, guard, keep
נְקֵבָה	NOUN F female L7, R11
נִקְבַּר	VB NI be buried (קָבַר) L49
נִקְוָה	VB NI be collected (קוה) R11
נָקִי, נְקִי MS NIS; נְקִיִּם MP	ADJ clean, innocent, exempt
נָקַם	VB Q avenge, take vengeance; NI avenge oneself; HO be avenged
נִקַּם	VB NI avenge oneself (נָקַם)
נִקְרָא	VB NI be called, named (קָרָא) L45
נִקְרַע	VB NI be rent, split asunder (קָרַע)
נִקְשַׁר	VB NI was bound, joined together (קָשַׁר)
נִרְאָה	VB NI show oneself, appear (רָאָה) L42
נִרְדַּף	VB NI are pursued (רָדַף)
נָשָׂא	VB Q lift up, carry; NI be deceived; HI deceive L32, R6
[נשׂג]	VB HI collect, reach
נָשָׁא	VB NI be deceived; HI deceive
נִשָּׁא	VB NI be deceived (נָשָׁא)
נִשְׁאַר	VB NI be left over/behind, remain over/behind (שׁאר) R12
נִשְׁבַּע	VB NI swear (an oath) (שׁבע) R9
נָשִׁים	NOUN FP women. *See also* אִשָּׁה
נִשְׁעַן	VB NI lean, support oneself (שׁען)
נָשַׁק	VB Q kiss R13
נִשֵּׁק	VB PI kiss (נָשַׁק)
נֶשֶׁר; נְשָׁרִים P, נִשְׁרֵי P NIS	NOUN M vulture, eagle
נָתַן	VB Q give, place, set L17, R5
נָתָן	PN Nathan

VB Q turn about, go around, surround R10	סָבַב
ADV/PREP around, about	סָבִיב
NOUN M thicket R9	סְבַךְ; סִבְכֵי P NIS
PN Sodom	סְדֹם
NOUN M horse, stallion R1	סוּס; סוּסִים P, סוּסֵי P NIS
NOUN F mare R1	סוּסָה
NOUN M reeds, rushes. *See also* יַם־סוּף	סוּף
VB Q turn aside, depart; HI cause to depart, remove	סוּר
Q PTCP trader R10	סֹחֵר
PN Sinai	סִינַי
VB Q forgive	סָלַח
PN Sennacherib	סַנְחֵרִיב
VB Q wail, lament; NI be bewailed R13	סָפַד
VB Q count, number; PI recount, declare	סָפַר
VB PI recount, declare, tell (סָפַר) R7	סִפֵּר
NOUN M scroll, document, book	סֵפֶר; סְפָרִים P; סִפְרִי W. ATTCH PRON
NOUN M high official R10	סָרִיס
VB NI hide (oneself); HI conceal	[סתר]
NOUN M hiding place, secrecy	סֵתֶר

NOUN M servant L11	עֶבֶד; עֲבָדִים P, עַבְדֵי P NIS
VB Q serve, work R8	עָבַד
PREP, CONJ for the sake of, on account of, in order that R8	עֲבוּר, בַּעֲבוּר only as
VB Q pass over; HI allow to pass over R10	עָבַר
NOUN M side, edge R13	עֵבֶר
PN Hebrew	עִבְרִי; עִבְרִים P
PREP unto, as far as; CONJ while, until L30	עַד
NOUN M witness	עֵד; עֵדִים P, עֵדֵי P NIS
NOUN F congregation	עֵדָה, עֲדַת NIS
PN Adah	עָדָה
NOUN F testimony	עֵדוּת
PN Eden	עֵדֶן
PN Obed	עוֹבֵד
ADV still, yet, again R7	עוֹד
NOUN M forever, long duration, antiquity R8	עוֹלָם; עוֹלָמִים P, עוֹלְמֵי P NIS
NOUN M transgression, iniquity	עָוֹן; עֲוֹנוֹת P
VB Q fly; POLEL fly about	עוּף
NOUN M (COLL) flying creatures, fowl, insects R11	עוֹף

עוֹפֵף	VB POLEL fly about (עוּף) R11
עוֹר	NOUN M skin, (animal) hide R8
עֵז; עִזִּים P	NOUN F goat R1
עָזַב	VB Q abandon, forsake R13
עַ֫יִן; עֵינַ֫יִם DU, עֵינֵי DU NIS	NOUN F eye, spring LL10, 40, R2
עִיר; עָרִים P, עָרֵי P NIS	NOUN F city L11
עֵירֹם, עֵירֻמָּה F	ADJ naked
עַל	PREP upon, over L13
עָלָה	VB Q go up R3
עֹלָה, עֹלַת NIS; עוֹלוֹת P	NOUN F burnt offering L14, R3
עָלֶה, עָלֵה NIS	NOUN M leaf, leafage R2
עִם; עִמִּי/עִמָּדִי W. ATTCH PRON	PREP with; with me, at my side L13, R8
עַם; עַמִּים P, עַמֵּי P NIS; עַמִּי W. ATTCH PRON	NOUN M people L15
עָמַד	VB Q stand; HI set up, cause to stand L19
עֵ֫מֶק	NOUN M valley, plain R10
עֲמֹרָה	PN Gomorrah
עָנָה	VB Q answer, respond
עֲנָק; עֲנָקִים P	PN Anak, Anakite
עָפָר, עֲפַר NIS	NOUN M dust, dirt, dry earth R8
עֶפְרוֹן	PN Ephron
עֵץ; עֵצִים P, עֲצֵי P NIS	NOUN M tree; P wood R1
עָצָב; עֲצַבִּים P	NOUN M idol (always plural)
עֶ֫צֶב; עֲצָבִים P	NOUN M pain, hurt, toil R8
עִצָּבוֹן	NOUN M pain, toil
עֶ֫צֶם; עֲצָמִים/עֲצָמוֹת P	NOUN F bone R13
עָקֵב, עֲקֵב NIS	NOUN M heel, footprint, hinderpart R8
עָקַד	VB Q bind together (legs of an animal for sacrifice) R3
עָקַר	VB Q pluck, root up
עֵר	PN Er
עֶ֫רֶב; הָעַרְבַּ֫יִם DU	NOUN M evening, sunset R11
עָרֹב	NOUN M swarm (of flies), mixture
עֲרָבָה	NOUN F desert plain, steppe; Jordan valley
עָרוֹם, עֲרֻמָּה F	ADJ naked
עָרוּם	ADJ crafty, shrewd, sensible R5
עָרַךְ	VB Q set out, lay in rows R6
עֲרֵמָה, עֲרֵמַת NIS; עֲרֵמוֹת P	NOUN F heap
עָרְפָּה	PN Orpah
עֵ֫שֶׂב; עִשְׂבוֹת P	NOUN M herb, herbage R11
עָשָׂה	VB Q do, make, act L15, R4

עֵשָׂו	PN Esau
עֶשֶׂר, עֲשָׂרָה FS; עֶשְׂרִים P	NUM S ten; P twenty RR4, 10
עֲשִׂירִי	NUM M tenth
עֵת; עִתּוֹת/עִתִּים P	NOUN F time
עַתָּה	ADV now L30, R6

פֶּה, פִּי NIS	NOUN M mouth. W. לְ, *see* לְפִי
פֹּה	DEM here R6
פּוֹטִיפַר	PN Potiphar
[פלא]	VB NI, HIT be difficult, extraordinary; HI do an extraordinary thing
פִּילֶגֶשׁ; פִּילַגְשִׁים P, פִּלַגְשֵׁי P NIS	NOUN F concubine
[פלל]	VB HIT pray
פְּלִשְׁתִּי; פְּלִשְׁתִּים P	PN Philistine; Philistines
פֶּן	CONJ lest, so that not (negative purpose) L30, R5
פָּנֶה; פָּנִים P	NOUN M (always P) face R11
פַּס	NOUN M palm (of hand) (plural meaning uncertain with reference to Joseph's tunic)
פֶּסֶל	NOUN M idol, image
פֹּעַל	NOUN M doing, deed, work
פַּעַם; פְּעָמִים P, פַּעֲמֵי P NIS	NOUN M step, time
פָּקַד	VB Q attend to, visit, appoint L25
פָּקַח	VB Q open (eyes/ears); NI be opened L30
פָּקִיד	NOUN M commissioner, deputy, overseer
פַּר	NOUN M young bull, steer R1
פָּרַד	VB Q separate; HI divide, separate (something)
פָּרָה	NOUN F heifer, cow R1
פָּרָה	VB Q bear fruit, be fruitful
פְּרִי	NOUN M fruit R2
פַּרְעֹה	PN Pharaoh
פָּרַץ	VB Q break through/open/out; NI spread; PU broken down
פֹּרַץ	VB PU broken down
[פרר]	VB HI break, frustrate
פָּרָשׁ; פָּרָשִׁים P	NOUN M horseman R13
פָּשַׁט	VB Q spread out, take off clothes; HI strip off, remove
פֶּשַׁע; פְּשָׁעִים P, פִּשְׁעֵי P NIS	NOUN M offense, crime, wrongdoing R13
פֶּתַח; פְּתָחִים P, פִּתְחֵי P NIS	NOUN M opening L42
פָּתַח	VB Q open
פָּתַר	VB Q interpret

צֹאן	NOUN M/F sheep, flock R4
צָבָא, צְבָא NIS; צְבָאוֹת P, צִבְאוֹת P NIS	NOUN M host, army; hard service R11
צְבִי; צְבָיִם P	NOUN M gazelle
צַדִּיק; צַדִּיקִים MP	ADJ righteous L32
צָדֵק/צָדֹק	VB Q be righteous; HI justify
צֶ֫דֶק; צִדְקִי W. ATTCH PRON	NOUN M righteousness
צְדָקָה, צִדְקַת NIS; צְדָקוֹת P, צִדְקוֹת P NIS	NOUN F righteousness L26
צִוָּה	VB PI command (צוה) L35, R8
צָחַק	VB Q laugh; PI jest L38
צִחֵק	VB PI jest (צָחַק)
צְחֹק	NOUN M laughter, laughingstock
צִיּוֹן	PN Zion
צִלָּה	PN Silah
צָלֵחַ/צָלַח	VB Q prosper, be successful; HI make successful, show experience
צֶ֫לֶם; צַלְמוֹ W. ATTCH PRON	NOUN M image, likeness R11
צָמֵא	VB Q be thirsty
צָמַח	VB Q sprout, spring up; HI cause to sprout, grow
צָעִיר; צְעִירִים MP	ADJ small, young
צְעָקָה, צַעֲקַת NIS	NOUN F cry, outcry
צָרִי, צְרִי	NOUN M fragrant resin
צָרַר	VB Q show hostility

קְבוּרָה, קְבֻרַת NIS; קְבוּרוֹת P	NOUN F burial, grave
קָבַץ	VB Q gather (intransitive) L27
קִבֵּץ	VB PI gather (transitive) (קָבַץ) L15
קָבַר	VB Q, PI bury; NI be buried L49
קִבֵּר	VB PI bury (קָבַר) R12
קֶ֫בֶר; קְבָרִים P, קִבְרֵי P NIS	NOUN M grave, sepulchre R13
קָדוֹשׁ, קְדוֹשׁ NIS; קְדוֹשִׁים P	ADJ sacred, holy
קֶ֫דֶם	NOUN M front, east, aforetime; ADV anciently R8
קָדֵשׁ/קָדַשׁ	VB Q be holy; PI consecrate L38
קִדֵּשׁ	VB PI consecrate (קָדֵשׁ/קָדַשׁ) R11
קֹ֫דֶשׁ; קֳדָשִׁים P, קָדְשֵׁי P NIS	NOUN M holiness, apartness, sacredness
[קהל]	VB HI congregate
קָהָל, קְהַל NIS	NOUN M assembly, congregation
[קוה]	VB NI be collected
קוֹל; קוֹלוֹת P	NOUN M voice, sound L15, R5

קוּם	VB Q rise, stand up; PI confirm, establish; HI raise, erect R6
קוֹץ	NOUN M thorns, thornbush
קָטָן, קְטַנָּה F; קְטַנִּים MP, קְטַנּוֹת FP, קְטַנֵּי MP NIS	ADJ small
קָטֹן	ADJ MS small; F, P supplied by קָטָן
קָטֹן	VB Q be small, insignificant L32
[קטר]	VB PI, HI make sacrifices smoke
קִטֵּר	VB PI make sacrifices smoke (קטר)
קִיֵּם	VB PI confirm, establish (קום)
קַיִן	PN Cain
קָלַל	VB Q be slight, trifling; be quick
קֵן, קַן NIS; קִנִּים P; קִנִּי W. ATTCH PRON	NOUN M nest
קִנֵּא	VB PI envy R7
קַנָּא	ADJ jealous
קָנָה	VB Q buy, acquire R12
קָצֶה, קְצֵה NIS	NOUN M end, extremity R12
קָצֵר/קָצַר	VB Q be short, impatient; PI HI shorten
קִצֵּר	VB PI shorten (קָצֵר/קָצַר)
קָצַר	VB Q reap, harvest
קָרָא	VB Q call, proclaim, read aloud; NI be called, named L16, R6
קָרֵב/קָרַב	VB Q draw near, approach R7
קֶרֶב; קְרָבַיִם DU	NOUN M inward part, midst; DU entrails
קָרוֹב, קְרוֹבָה F; קְרוֹבִים MP, קְרוֹבוֹת FP	ADJ near
קְרִיאָה	NOUN F proclamation
קֶרֶן; קַרְנַיִם DU; קְרָנוֹת P, קַרְנוֹת P NIS	NOUN F horn R6
קָרַע	VB Q tear, rend; NI be rent, split asunder R10
קָשַׁר	VB Q bind, conspire together; NI was bound, joined together; PI bind on; HIT conspire
קִשֵּׁר	VB PI bind on (קָשַׁר)
קֶשֶׁת; קְשָׁתוֹת P; קַשְׁתִּי W. ATTCH PRON	NOUN F bow (for shooting arrows)

רָאָה	VB Q see, look; NI show oneself, appear; HI show, exhibit R3
רְאוּבֵן	PN Reuben
רֹאשׁ; רָאשִׁים P, רָאשֵׁי P NIS	NOUN M head L10, R2
רִאשׁוֹן, רִאשֹׁנָה F; רִאשֹׁנִים MP, רִאשֹׁנוֹת FP	ADJ first
רֵאשִׁית	NOUN F initial period or chief part R11
רַב, רַבָּה F, רַבַּת F NIS; רַבִּים MP, רַבּוֹת FP	ADJ many, much L32
רֹב	NOUN M multitude, greatness, abundance

VB Q be(come) many, much	רָבַב
VB Q be(come) many, multiply; HI make much/many, make multiply R11	רָבָה
NUM fourth, (those of) the fourth generation (cf. אַרְבַּע) R11	רְבִיעִי; רְבִיעִים P
ADJ/NUM M (those of) the fourth generation	רִבֵּעַ, רִבֵּעִים MP
PN Rebekah	רִבְקָה
NOUN F foot L10, R2	רֶ֫גֶל; רַגְלַ֫יִם DU, רַגְלֵי DU NIS
VB Q have dominion, rule R11	רָדָה
VB Q pursue, chase, persecute; NI are pursued; PI pursue ardently; PU be chased away; HI chase	רָדַף
VB PI pursue ardently (רָדַף)	רִדֵּף
VB PU be chased away (רָדַף)	רֻדַּף
NOUN M water trough	רַ֫הַט; רְהָטִים P
NOUN F spirit, wind R5	רוּחַ; רוּחוֹת P
VB Q run L36	רוּץ
PN Ruth	רוּת
ADJ wide, broad	רָחָב, רְחַב MS NIS; רְחָבָה FS, רַחֲבַת FS NIS
PN Rehoboam	רְחַבְעָם
PN Rachel	רָחֵל
VB PI have compassion on	רִחַם
VB PI hover R11	רִחֵף
VB Q be far, distant; PI send far away, distance; HI cause to be distant, far away; remove	רָחַק
ADJ far, distant; NOUN M distance, at a distance (רָחַק)	רָחֹק; רְחֹקִים MP
VB PI send far away, distance (רָחַק)	רִחַק
ADV emptily, vainly	רֵיקָם
NOUN M (COLL) chariot, war chariot(s) R13	רֶ֫כֶב
VB Q creep (on the ground), move lightly R11	רָמַשׂ
NOUN M creeping things, moving things R11	רֶ֫מֶשׂ
VB Q, PI give a ringing cry	רָנַן
VB PI give a ringing cry (רָנַן)	רִנֵּן
ADJ bad, evil R5	רַע, רָעָה F; רָעִים MP, רָעֵי MP NIS, רָעוֹת FP
NOUN M friend	רֵעַ
NOUN M famine, hunger L28, R12	רָעָב
VB Q shepherd, tend, pasture R4	רָעָה
NOUN M shepherd (= Q PTCP) R4	רֹעֶה
PN Rameses	רַעְמְסֵס
VB Q heal R13	רָפָא
ADV only, still, but, however, nevertheless R12	רַק

רֵק, רֵיקָה F; רֵיקִים MP, רֵקוֹת FP	ADJ empty R7
רָקַד	VB Q skip about; PI dance, leap; HI cause to skip
רִקֵּד	VB PI dance, leap (רָקַד)
רָקִיעַ	NOUN M extended surface, expanse, firmament R11
רָשָׁע, רְשָׁעָה F; רְשָׁעִים MP, רִשְׁעֵי MP NIS	ADJ wicked
רָשַׁע	VB Q be wicked; HI condemn

שָׂדֶה; שָׂדוֹת P, שְׂדֵי P NIS	NOUN M field R8
שֶׂה, שֵׂה NIS	NOUN M sheep or goat R1
שׂוּם/שִׂים	VB Q put, place, set R6
שָׂחַק	VB Q laugh, play; PI make sport, jest; HI utterly mock
שִׂחֵק	VB PI make sport, jest (שָׂחַק)
שָׂטַם	VB Q be at enmity with, be hostile toward R13
שָׂכַל	VB Q be prudent; HI look at, ponder; give insight, teach
שֵׂכֶל; שִׂכְלוֹ W. ATTCH PRON	NOUN M prudence, insight
שְׂמֹאל	NOUN M left side, left hand
שָׂמַח/שָׂמֵחַ	VB Q rejoice, be glad; PI make rejoice, gladden L38
שִׂמֵּחַ	VB PI make rejoice, gladden (שָׂמַח/שָׂמֵחַ)
שִׂמְלָה, שִׂמְלַת NIS; שְׂמָלוֹת P, שִׂמְלוֹת P NIS	NOUN F outer garment, cloak, mantle R10
שָׂנֵא	VB Q hate R4
שָׂעִיר	ADJ hairy, goat R10
שָׂפָה, שְׂפַת NIS; שְׂפָתַיִם DU, שִׂפְתֵי DU NIS	NOUN F lip, shore R9
שַׂק; שַׂקִּים P, שַׂקֵּי P NIS	NOUN M sack(cloth) R10
שַׂר; שָׂרִים P, שָׂרֵי P NIS	NOUN M official, captain, prince R10
שָׂרָה	PN Sarah
שָׂרַי	PN Sarai
שָׂרִיד; שְׂרִידִים P, שְׂרִידֵי P NIS	NOUN M survivor, remnant

שֶׁ·	CONJ that, which, who
שָׁאוּל	PN Saul
שְׁאוֹל	NOUN F underworld, Sheol R10
שָׁאַל	VB Q inquire, ask R10
[שׁאר]	VB NI be left over/behind, remain; HI leave over/behind
שֵׁבֶט; שְׁבָטִים P, שִׁבְטֵי P NIS	NOUN M rod; tribe R13
שְׁבִיעִי, שְׁבִיעִית F	NUM seventh L21

NOUN F ear of grain	שִׁבֹּ֫לֶת; שִׁבֳּלִים P, שִׁבֳּלֵי P NIS
VB NI swear (an oath); HI cause to swear (an oath)	[שׁבע]
NUM seven; P seventy R4, 13	שֶׁ֫בַע, שְׁבַע NIS, שִׁבְעָה F, שִׁבְעַת F NIS; שִׁבְעִים P
NOUN DU sevenfold	שִׁבְעָתַ֫יִם
PN Sheba	שֶׁ֫בַע
VB Q break; PI shatter, break	שָׁבַר
VB PI shatter, break (שָׁבַר)	שִׁבֵּר
VB Q buy grain; HI sell grain R12	שָׁבַר
NOUN M grain R12	שֶׁ֫בֶר; שִׁבְרוֹ W. ATTCH PRON
VB Q cease, desist, rest; HI put an end to, destroy L21	שָׁבַת
NOUN F sabbath, rest L45	שַׁבָּת, שַׁבַּת NIS; שַׁבָּתוֹת P
PN Shaddai, Almighty	שַׁדַּי
VB Q turn back, return; HI return (something) R6	שׁוּב
NOUN M fox R1	שׁוּעָל; שֻׁעָלִים
VB Q bruise R8	שׁוּף
VB Q slaughter R3	שָׁחַט
VB PI, HI spoil, destroy	[שׁחת]
VB PI spoil, destroy (שׁחת)	שִׁחֵת
NOUN F song	שִׁירָה, שִׁירַת NIS; שִׁירוֹת P
VB Q put, set	שִׁית
VB Q lie (down) R12	שָׁכַב
VB Q forget L21	שָׁכַח
VB Q be bereaved, childless; PI make childless	שָׁכֹל
VB PI make childless (שָׁכֹל)	שִׁכֵּל
VB HI wake early	[שׁכם]
PN Shechem	שְׁכֶם
VB Q settle, dwell	שָׁכַן
NOUN M inhabitant, neighbor	שָׁכֵן, שְׁכַן NIS
PN Shiloh	שִׁלֹה
VB Q be at ease, prosper	שָׁלֵו
NOUN M peace, well-being L5, R4	שָׁלוֹם, שְׁלוֹם NIS; שְׁלוֹמִים P
VB Q send L15, R4	שָׁלַח
NOUN M table R1	שֻׁלְחָן, שֻׁלְחַן NIS; שֻׁלְחָנוֹת P, שֻׁלְחֲנוֹת P NIS
VB HI throw, cast L15	[שׁלך]
VB Q be whole; PI reward, pay back	שָׁלֵם
VB PI reward, pay back (שָׁלֵם)	שִׁלֵּם
PN Solomon	שְׁלֹמֹה

שָׁלַף	VB Q draw out, off
שָׁלֹשׁ, שְׁלֹשָׁה F; שְׁלֹשִׁים P	NUM three; P thirty R12
שְׁלִישִׁי, שְׁלִישִׁית F; שְׁלֹשִׁים P	NUM a third, third; P thirtieth R6
שִׁלֵּשִׁים	ADJ/NUM (those of) the third generation R13
שָׁם	ADV there L12, R6
שֵׁם; שֵׁמוֹת P	NOUN M name L6, R8
שֵׁם	PN Shem
[שׁמד]	VB HI annihilate
שְׁמוּאֵל	PN Samuel
שָׁמַיִם, שְׁמֵי NIS	NOUN M heavens L13, R6
שְׁמִינִי	NUM eighth
שָׁמֵם	VB Q be uninhabited, be deserted; be appalled R12
שָׁמֵן	VB Q grow fat; HI make fat
שְׁמֹנֶה, שְׁמֹנָה F; שְׁמֹנִים P	NUM eight; P eighty
שָׁמַע	VB Q hear, listen; obey w. בְּקוֹל L16, R3
שֵׁמַע	NOUN M report, news, hearsay
שָׁמַר	VB Q keep, guard L15, R5
שֶׁמֶשׁ	NOUN M/F sun R7
שָׁנָה, שְׁנַת NIS; שָׁנִים P, שְׁנֵי P NIS	NOUN F year L28, R4
שְׁנֵים עָשָׂר	NUM twelve L45
שְׁנַיִם M, שְׁתַּיִם F; שֵׁנִי	NUM two; second L31, RR6, 8, 11, 12
שִׁנְעָר	PN Shinar (Babylonia)
[שׁען]	VB NI lean, support oneself
שָׁעַע	VB Q be blinded; HI blind
שַׁעַר; שְׁעָרִים P, שַׁעֲרֵי P NIS	NOUN M gate
שִׁפְחָה, שִׁפְחַת NIS; שְׁפָחוֹת P	NOUN F maidservant
שָׁפַט	VB Q judge, govern L26
שָׁפַךְ	VB Q pour out, shed (blood) L39, R10
[שׁקה]	VB HI water, give drink
שָׁקַט	VB Q be quiet, undisturbed, inactive; HI show/cause quietness
שָׁרַץ	VB Q swarm, teem R11
שֶׁרֶץ	NOUN M swarmers, swarming things R11
שֵׁשׁ, שִׁשָּׁה F; שִׁשִּׁים P	NUM six; P sixty
שִׁשִּׁי	NUM sixth R11
שָׁתָה	VB Q drink
שְׁתַּיִם, שְׁתֵּי NIS	NUM F two
שָׁתַק	VB Q be quiet

תַּאֲוָה, תַּאֲוַת NIS	NOUN F desire, delight R8
תְּאֵנָה; תְּאֵנִים P, תְּאֵנֵי P NIS	NOUN F fig tree; fig R5
תֵּבָה	NOUN F ark
תְּבוּאָה, תְּבוּאַת NIS; תְּבוּאוֹת P	NOUN F produce, yield R12
תֹּהוּ	NOUN M emptiness, formlessness R11
תְּהוֹם; תְּהוֹמוֹת P	NOUN M/F deep, sea, abyss
תָּוֶךְ	NOUN M midst (often in compound PREP בְּתוֹךְ in the midst of)
תּוֹלְדוֹת	NOUN F descendants
תּוֹעֵבָה, תּוֹעֲבַת NIS; תּוֹעֵבוֹת P, תּוֹעֲבוֹת P NIS	NOUN F abomination
תּוֹרָה, תּוֹרַת NIS; תּוֹרוֹת P	NOUN F direction, instruction, law
תַּחַת; תַּחְתַּי W. ATTCH PRON	PREP under, beneath R6
תָּלָה	VB Q hang
תְּמוּנָה, תְּמוּנַת NIS	NOUN F likeness, form
תָּמִים, תְּמִימָה F	ADJ complete, sound
תָּמַם	VB Q be complete, finished R12
תַּנִּין; תַּנִּינִים P	NOUN M serpent, dragon, sea monster R11
תָּעָה	VB Q wander about R10
תָּפַר	VB Q sew together R5
תָּפַשׂ	VB Q lay hold of, wield
תִּקְוָה, תִּקְוַת NIS	NOUN F hope
תְּרָפִים	NOUN MP teraphim (a kind of idol, a means of divination)
תַּרְשִׁישׁ	PN Tarshish
תְּשׁוּקָה	NOUN F longing R8
תְּשִׁיעִי	NUM ninth
תֵּשַׁע, תִּשְׁעָה F; תִּשְׁעִים P	NUM nine; P ninety

English-Hebrew Glossary

[direct object marker (mostly for definite nouns)] אֶת־, אֵת, with suffix אֹתִי, etc.
[marker of politeness, such as "please"] נָא
[question marker for yes-or-no questions] הֲ
[used to introduce direct speech] לֵאמֹר

Aaron אַהֲרֹן
abandon Q עזב
Abel הֶבֶל
abide Q גור
Abimelech אֲבִימֶ֫לֶךְ
abomination תּוֹעֵבָה
about סָבִיב
above מַ֫עַל only מִמַּ֫עַל
Abraham אַבְרָהָם
Abram אַבְרָם
Absalom אַבְשָׁלוֹם
abundance רֹב
abyss תְּהוֹם
according to לְפִי (NIS לְ+פֶּה)
acquire Q קנה
act Q עשׂה
act as a kinsman Q גאל
Adah עָדָה
Adam אָדָם
add Q יסף
Adonijah אֲדֹנִיָּהוּ
aforetime קֶ֫דֶם
after אַחֲרֵי, אַחַר
again עוֹד
agree NI אות
ah! now! אָ֫נָּה, אָ֫נָּא
alien נָכְרִי F נָכְרִיָּה
alive חַי
all כָּל־, כֹּל (with suffix, כֻּלֵּךְ, etc.)
allow to pass over הֶעֱבִיר (HI עבר)
Almighty שַׁדַּי
alone לְבַד (לְ+בַּד)
also גַּם; אַף
altar מִזְבֵּחַ P מִזְבְּחוֹת
Anak עֲנָק
Anakites עֲנָקִים
anciently קֶ֫דֶם
and וְ
angel מַלְאָךְ
anger כַּעַס; אַף
animal חַיָּה
annihilate HI שׁמד
announcement (always NIS) נְאֻם
another אַחֵר
answer Q ענה
antiquity עוֹלָם
apartness קֹ֫דֶשׁ
appear Q זרח; NI ראה
appearance מַרְאֶה
appease PI כפר
appoint Q פקד; PI מנה
appointed time מוֹעֵד; זְמָן
approach Q קָרֵב/קָרַב; Q נגשׁ
Aram אֲרָם
Ararat אֲרָרָט
ark תֵּבָה; אֲרוֹן
army חַיִל; צָבָא
around סָבִיב
as כַּאֲשֶׁר; כְּ
as far as עַד
Asa אָסָא
ask Q שׁאל
assembly קָהָל
assign Q מנה
Assyria אַשּׁוּר
at בְּ
at a distance מֵרָחוֹק
at my side עִמָּדִי
at one's feet מַרְגְּלוֹת
Atad הָאָטָד
atone PI כפר
attend to Q פקד
avenge Q נקם
avenge oneself NI נקם
awake Q יקץ
away from בַּ֫עַד NIS בְּעַד

Baal בַּ֫עַל
Babylon בָּבֶל
bad רַע F רָעָה
bake Q אפה
Balak בָּלָק
Bathsheba בַּת־שֶׁ֫בַע
battle מִלְחָמָה
be Q היה
be able Q יכל
be alive Q חיה
be appointed NI פקד
be ashamed Q בושׁ
be at an end Q אפס
be at ease Q שׁלו

be at enmity with, be hostile toward Q שָׂטַם
be avenged HO נקם
be beautiful Q יפה
be bereaved Q שׁכל
be bewailed NI ספד
be bitter Q מרר
be blessed PU ברך
be blinded Q שׁעע
be born PU ילד
be bound NI קשׁר
be bound up PU חבשׁ
be buried NI קבר
be called NI קרא
be cast HO טוּל
be chased away PU רדף
be childless Q שׁכל
be collected NI קוה
be comforted NI נחם
be complete Q תמם; Q כלה; PU כלה
be created NI ברא
be deceived NI נשׁא
be defiled NI חלל
be delivered NI נצל
be detained HO יצג
be difficult NI, HIT פלא
be dismayed Q חתת
be distant Q רחק
be dry, become dry Q יבשׁ
be established NI כון
be fair Q יפה
be far Q רחק
be finished Q תמם
be fixed NI כון
be found נִמְצָא (NI מצא)
be fruitful Q פרה
be full Q מלא
be gathered, be assembled נֶאֱסַף (NI אסף)
be glad Q שׂמח, שׂמח
be good Q יטב
be gracious Q חנן
be great Q גדל
be green Q דשׁא
be grieved HIT נחם
be heavy Q כבד
be high Q גבה
be holy Q קדשׁ
be hurled HO טוּל
be impatient Q קצר
be inactive Q שׁקט
be insignificant Q קטן
be joined together NI קשׁר
be kindled Q חרה; NI יצת
be king Q מלך
be laid HO יצע
be left behind NI שׁאר
be left over NI שׁאר; NI יתר
be light, become light Q אור
be like Q דמה
be lofty Q גבה
be long Q ארך
be many Q רבה; Q רבב
be much Q רבב
be old Q זקן
be opened NI פקח
be pleasing Q יטב
be pledged NI חבל
be polluted Q חנף
be poured HO יצק
be profane Q חנף
be prudent Q שׂכל
be pursued NI רדף
be quick Q קלל
be quiet Q שׁתק; Q שׁקט
be reckoned NI חשׁב
be recognized NI נכר
be rent NI קרע
be right Q ישׁר
be righteous Q צדק
be saved NI ישׁע
be set up NI כון
be shattered Q חתת
be short Q קצר
be silent Q חשׁה
be slight Q קלל
be small Q קטן
be smooth Q ישׁר
be sorry NI נחם
be split asunder NI קרע
be spread HO יצע
be stationed NI נצב
be stayed HO יצג
be stolen NI גנב
be stolen away PU גנב
be stopped HO יצג
be strong Q חזק; Q אמץ
be successful Q צלח
be tall Q גבה
be thirsty Q צמא
be thrown HO טוּל
be trifling Q קלל
be undisturbed Q שׁקט
be whole Q שׁלם
be wicked Q רשׁע
be willing Q אבה
be wise Q חכם
bear (children) Q ילד
bear fruit Q פרה
beautify PI יפה
because יַעַן, כִּי
because of מִפְּנֵי
become Q היה
become king Q מלך
become many Q רבה; Q רבב
become much Q רבב
become pregnant Q הרה
bed, couch מִטָּה
Beer-Sheva בְּאֵר שֶׁבַע
before לִפְנֵי; טֶרֶם
beget Q ילד
begin HI חלל
beginning (= initial period) רֵאשִׁית
behave cunningly HIT נכל
behind בַּעַד NIS בְּעַד; NIS אַחֲרֵי אחר
behold! הֵן; הִנֵּה; הֵא
behold, see הֵא; הֵן; הִנֵּה
believe HI אמן
belly (of reptiles) גָּחוֹן
belt חֲגוֹרָה
bend down Q חנה
beneath תַּחַת
Benjamin בִּנְיָמִין
beside אֵצֶל

best, best part מֵיטָב
Bethel בֵּית־אֵל
Bethlehem בֵּית־לֶ֫חֶם
between בֵּ֫ין only NIS בֵּין
bewail Q בכה
Bilhah בִּלְהָה
bind Q קשׁר; Q חבל; PI חבשׁ
bind (sheaves) PI אלם
bind on PI קשׁר
bind, bind on, bind up Q חבשׁ
bless PI ברך
blessing בְּרָכָה
blind HI שׁעע
blood דָּם
bloodguilt דָּם
blot out Q מחה
blow מַכָּה
board NOUN לוּחַ P לֻחוֹת
Boaz בֹּ֫עַז
body, corpse גְּוִיָּה
bodyguard טַבָּח
boil PI בשׁל
bold Q אמץ
bone עֶ֫צֶם
book סֵ֫פֶר
border גְּבוּל
bosom חֵיק
bow NOUN קֶ֫שֶׁת
bow down HISHTAFEL חוה
branch מַטֶּה P מַטּוֹת
bread לֶ֫חֶם
break Q שׁבר; PI שׁבר; HI פרר
break through/open/out Q פרץ
bride כַּלָּה
bring HI בוא
bring down HI ירד
bring forth HI יצא
broad רָחָב
broken down PU פרץ
brother אָח P אַחִים
bruise Q שׁוף
build Q בנה
burial, grave קְבוּרָה
burn Q חרה; Q יצת
burnt offering עֹלָה

bury Q, PI קבר
but אֲבָל; כִּי אִם; כִּי; אוּלָם
buy Q קנה
buy grain Q שׁבר
by בְּ

Cain קַ֫יִן
call Q קרא
camel גָּמָל
camp NOUN מַחֲנֶה P מַחֲנִים, מַחֲנוֹת
camp Q חנה
Canaan, Canaanite כְּנַ֫עַן, כְּנַעֲנִי
captain שַׂר P שָׂרִים
capture Q לכד
caravan אֹרְחָה
cast Q, HI ירה; HO PTCP מוּצָק; HI שׁלך; HI טול
cast out Q גרשׁ
cattle אֶ֫לֶף; בְּהֵמָה; בָּקָר
caught NI אחז
cause quietness HI שׁקט
cause to be distant HI רחק
cause to be dry HI יבשׁ
cause to be far away HI רחק
cause to depart HI סור
cause to dwell HI שׁכן
cause to grow HI צמח
cause to rest HI נוּחַ
cause to skip HI רקד
cause to sprout HI צמח; HI דשׁא
cause to swear (an oath) HI שׁבע
cave מְעָרָה
cease Q חדל; Q שׁבת
cement חֹמֶר
charge NOUN מִשְׁמֶ֫רֶת
chariot מֶרְכָּבָה
chariot, war chariot (COLL) רֶ֫כֶב
chase HI רדף
chase Q רדף
cherub כְּרוּב
chest אֲרוֹן
chief (part) רֵאשִׁית
children טַף

choose Q בחר
choose the right HI ימן
cistern בּוֹר; בְּאֵר
city עִיר P עָרִים
clan מִשְׁפָּחָה; אֶ֫לֶף
clay חֹמֶר
clean נָקִי; טָהוֹר
cleave (to) Q דבק
cling Q דבק
close relative גֹּאֵל
clothe HI לבשׁ
collect Q כנס
collect, reach הִשִּׂיג (HI נשׂג)
collected mass מִקְוֶה
collection מִקְוֶה
come Q בוא
come forth Q זרח
come to an end Q חדל
comfort PI נחם
command PI צוה
commandment מִצְוָה P מִצְוֹת
commissioner פָּקִיד
commit adultery Q, PI נאף
complete תָּמִים; PI כלה
conceal HI סתר
conceive Q הרה
conception הֵרָיוֹן (also הֵרוֹן)
concubine פִּילֶ֫גֶשׁ
condemn HI רשׁע
confess HI ידה
confirm PI קום
confusion מְהוּמָה
congregate HI קהל
congregation עֵדָה; קָהָל
consecrate PI קדשׁ
consent Q אבה; NI אות
console PI נחם
conspire HIT קשׁר
conspire together Q קשׁר
contain, sustain, keep כִּלְכֵּל (PILPEL כול)
contention מָדוֹן P מִדְוָנִים, מְדָנִים/מְדוֹנִים
continue HI יסף
corn בַּר
couch מִשְׁכָּב

count Q ספר; Q מנה
covenant בְּרִית
cover, conceal PI כסה
cow פָּרָה
crafty עָרוּם
create Q ברא
creep (on the ground) Q רמשׂ
creeping things רֶ֫מֶשׂ
crowd NOUN הָמוֹן
cry NOUN צְעָקָה
cubit אַמָּה
curse Q, PI ארר
custom מִשְׁפָּט
cut, cut off, cut down Q כרת

daily יוֹם יוֹם
Dan דָּן
dance PI רקד
darkness חֹ֫שֶׁךְ
daughter בַּת P בָּנוֹת
daughter-in-law כַּלָּה
David דָּוִד
day יוֹם P יָמִים
deal well with HI יטב
death מָ֫וֶת
deceive HI נשׁא
declare PI ספר; HI נגד
deed מַעֲשֶׂה; מַעֲלָל; פֹּ֫עַל
deep תְּהוֹם
defile PI חלל
delight תַּאֲוָה; חֵ֫פֶץ
deliver HI נצל; HI ישׁע
deliver oneself NI נצל
deliverance יֵ֫שַׁע
depart Q סור
deputy פָּקִיד
descend Q ירד
desert plain עֲרָבָה
desire NOUN תַּאֲוָה
desire Q חמד
desist Q שׁבת
destroy Q הפך; PI, HI שׁחט; PI, HI אבד; HI שׁבת
destruction הֲפֵכָה
devise Q חשׁב
die Q מות

direction תּוֹרָה
dirt עָפָר
distance רָחוֹק
distant רָחוֹק
distribute Q, PI חלק
divide Q, PI חלק; HI בדל
divide (something) HI פרד
divide oneself NI חלק
do Q עשׂה
do again HI יסף
do an extraordinary thing HI פלא
do (something) well HI יטב
do, show Q גמל
document סֵ֫פֶר
doing פֹּ֫עַל
dominate Q כבשׁ
dominion מֶמְשָׁלָה
donkey חֲמוֹר
Dothan דֹּתָן
dough בָּצֵק
dove יוֹנָה
dragon תַּנִּין
draw (water) Q דלה
draw near Q קָרֵב/קָרַב; Q נגשׁ
draw out/off Q שׁלף
drink Q שׁתה
drive away PI גרשׁ
drive out PI גרשׁ
dry earth עָפָר
dry land יַבָּשָׁה
dust עָפָר
dwell Q שׁכן; Q ישׁב
dweller (Q PTCP) יוֹשֵׁב
dwelling מִשְׁכָּן

each (one) אֶחָד
eagle נֶ֫שֶׁר
ear אֹ֫זֶן DU אָזְנַ֫יִם
ear of grain שִׁבֹּ֫לֶת P שִׁבֳּלִים
earth אֶ֫רֶץ
east קֶ֫דֶם
eat Q אכל
eating אָכְלָה
Eden עֵ֫דֶן
Edom אֱדוֹם

Egypt מִצְרַ֫יִם
eight שְׁמֹנָה F שְׁמֹנֶה
eighth שְׁמִינִי
eighty שְׁמֹנִים
Elimelech אֱלִימֶ֫לֶךְ
embalm Q חָנַט
embalming (always P) חֲנֻטִים
embrace Q, PI חבק
emptily רֵיקָם
emptiness בֹּ֫הוּ
encampment מַחֲנֶה P מַחֲנִים, מַחֲנוֹת
end NOUN קָצֶה
enemy (Q PTCP) אוֹיֵב
enmity אֵיבָה
Enoch חֲנוֹךְ
enter Q בוא
envy PI קנא
Ephraim אֶפְרַ֫יִם
Ephron עֶפְרוֹן
equip Q אזר
Er עֵר
erect HI קום
Esau עֵשָׂו
escort, transport, supply נִהֵל (PI נהל)
establish PI קום; HI כון; HI יצג
Eve חַוָּה
even אַף; גַּם
evening עֶ֫רֶב
every כָּל-, כֹּל (W. ATTCH PRON כֻּלְּךָ, etc.)
everything כָּל-, כֹּל (W. ATTCH PRON כֻּלְּךָ, etc.)
evil רַע F רָעָה
exceedingly מְאֹד
except בִּלְתִּי
exempt נָקִי
exhibit HI ראה
exhibit silence HI חשׁה
expanse רָקִיעַ
extend Q נטה
extended surface רָקִיעַ
extraordinary NI, HIT פלא
extremity כָּנָף DU כְּנָפַ֫יִם DU NIS כְּנָפוֹת; קָצֶה
eye עַ֫יִן P עֵינַ֫יִם

face אַף; פָּנֶה
faithfulness אֱמֶת
fall Q נפל
fallen ones נְפִלִים (literal meaning)
family מִשְׁפָּחָה
famine רָעָב
far רָחוֹק
fashion Q יצר
father אָב P אָבוֹת
favor חֵן
fear NOUN יִרְאָה
fear Q ירא
female נְקֵבָה
few מְעַט
field שָׂדֶה P שָׂדוֹת
fifth חֲמִשִׁי
fifth part חֹמֶשׁ
fifty חֲמִשִּׁים
fig תְּאֵנָה
fig tree תְּאֵנָה
fill Q מלא; PI מלא
find Q מצא
finish PI כלה
firmament רָקִיעַ
first רִאשׁוֹן
firstborn בְּכוֹר
fish דָּג F דָּגָה
five חָמֵשׁ F חֲמִשָּׁה
flame לַהַט
flee Q ברח
flesh בָּשָׂר
flock צֹאן
fly Q עוף
fly about POLEL עוף
flying creatures עוֹף
food מַאֲכָל; לֶחֶם; אָכְלָה
foot רֶגֶל
footprint עָקֵב
for לְ
for the sake of עֲבוּר (only as בַּעֲבוּר); לְמַעַן
foreign נָכְרִי F נָכְרִיָּה
foreign thing נֵכָר
forever עוֹלָם
forget Q שׁכח
forgive Q סלח
form NOUN תְּמוּנָה
form Q יצר
formal weeping בְּכִית
formerly לְפָנִים
formlessness תֹּהוּ
forsake Q עזב
forty אַרְבָּעִים
four אַרְבַּע F אַרְבָּעָה
fourfold אַרְבַּעְתַּיִם
fourth רְבִיעִי (those of) the fourth generation רְבִיעִי; רִבֵּעִים
fourth generation, (those of) the רִבֵּעַ P רִבֵּעִים
fowl עוֹף
fragrant resin צְרִי,צֳרִי
friend רֵעַ
from מִן־ and מִ·
from the presence of מִפְּנֵי
from where? מֵאַיִן; אֵי־מִזֶּה
front קֶדֶם
fruit פְּרִי
frustrate HI פרר
full מָלֵא
function מִשְׁמֶרֶת
funerary ceremony, mourning rites מִסְפֵּד
furthermore אַף כִּי

garden גַּן
garment בֶּגֶד
gate שַׁעַר
gather Q כנס; Q אסף; Q, PI לקט; Q, PI קבץ
gather oneself together HIT כנס
gather together PI כנס
gaze PI, HI נבט
generation דּוֹר
Gerar גְּרָר
giants נְפִלִים
Gideon גִּדְעוֹן
gift מִנְחָה
Gilead גִּלְעָד
gird Q אזר
girdle חֲגוֹרָה
give Q נתן; יָהַב
give a ringing cry Q, PI רנן
give drink HI שׁקה
give insight HI שׂכל
give light HI אור
give thanks HI ידה
give understanding HI בין
glean Q לקט
glory כָּבוֹד
go, walk Q הלך
go around Q סבב
go by stealth HIT גנב
go down Q ירד
go forth Q יצא
go right HI ימן
go up Q עלה
God אֱלֹהִים; אֵל
gods אֱלֹהִים
gold זָהָב
Gomorrah עֲמֹרָה
good טוֹב
goodness חֶסֶד
Goshen גֹּשֶׁן
govern Q שׁפט
grace חֵן
grain offering מִנְחָה
grasp Q אחז
grasped, held fast NI אחז
grass דֶּשֶׁא
grave קֶבֶר
great גָּדוֹל
greatness רֹב; גֹּדֶל
green (thing), greenness יֶרֶק
groan נְאָקָה
groaning נְאָקָה
ground אֲדָמָה
grow PI גדל
grow fat Q שׁמן
guard NOUN מִשְׁמֶרֶת
guard Q שׁמר; Q נצר
guilt (offering) אָשָׁם
gum לֹט

Hagar הָגָר
Haggit חַגִּית

hairy שָׂעִיר
hand יָד DU יָדַ֫יִם P יָדוֹת
handmaid אָמָה
hang Q תלה
Hannah חַנָּה
hard service צָבָא
harvest Q קצר
hate Q שׂנא
have compassion on PI רחם
have dominion Q רדה
have insight Q בין
have power Q יכל
he הוּא
head רֹאשׁ P רָאשִׁים
heal Q רפא
heap עֲרֵמָה
hear, listen Q שׁמע
heart לֵב, לֵבָב
heavens שָׁמַ֫יִם
heavy כָּבֵד
Hebrew עִבְרִי P עִבְרִים
Hebron חֶבְרוֹן
heel עָקֵב
heifer פָּרָה
herb, herbage עֵשֶׂב
herd בָּקָר
here הֵנָּה
Heth חֵת
hide (of an animal) עוֹר
hide (oneself) NI, HIT חבא; NI סתר
hide (something) HI חבא; PI כחד
hiding place סֵתֶר
high official סָרִיס
high place בָּמָה
higher part מַ֫עַל (only מִמַּ֫עַל "above" and מַ֫עְלָה "upward")
hill country הַר P הָרִים W. DET הָהָר, הֶהָרִים
hinderpart עָקֵב
Hittite חִתִּי
Hittites חִתִּים
holiness קֹ֫דֶשׁ
hollow out, dig Q כָּרָה

holy קָדוֹשׁ
honey דְּבַשׁ
honor NOUN כָּבוֹד
honor PI, HI כבד
hope תִּקְוָה
Horeb חֹרֵב
horse סוּס
horseman פָּרָשׁ
host צָבָא
hostility (personal) אֵיבָה
house בַּ֫יִת P בָּתִּים
hover PI רחף
how אֵיךְ
how? אֵיךְ, בַּמֶּה/בַּמָּה
how much more! אַף כִּי
howl HI ילל
humankind אָדָם
hundred מֵאָה
hunger רָעָב
hurl HI טול
hurt עֶ֫צֶב

I אֲנִי, אָנֹכִי
idol פֶּ֫סֶל; עָצָב
if כִּי; אִם
if (irreal) לוּ
if not (irreal, negative) לוּלֵי
image צֶ֫לֶם; פֶּ֫סֶל
in בְּ
in front of נֶ֫גֶד
in order that עֲבוּר (only as בַּעֲבוּר)
in order that (purpose) לְמַ֫עַן
in sight of נֶ֫גֶד
in the middle of בְּתוֹךְ (only NIS). *See also* תָּ֫וֶךְ
incline Q חנה
incline (something) HI נטה
inhabitant שָׁכֵן; Q PTCP יוֹשֵׁב
inherit Q ירשׁ
inheritance נַחֲלָה
iniquity עָוֹן
innocent נָקִי
inquire Q שׁאל
insects עוֹף
insight שֵׂ֫כֶל

instruction תּוֹרָה
interpret Q פתר
inward part קֶ֫רֶב
Isaac יִצְחָק
Ishmael יִשְׁמָעֵאל
Israel יִשְׂרָאֵל

Jacob יַעֲקֹב
Japhet יֶ֫פֶת
jealous קַנָּא
Jehu יֵהוּא
Jeremiah יִרְמְיָ֫הוּ, יִרְמְיָה
Jericho יְרִיחוֹ
Jerusalem יְרוּשָׁלַ֫ם
Jesse יִשַׁי
jest PI צחק; PI שׂחק
Joab יוֹאָב
Joash יוֹאָשׁ
Jonah יוֹנָה
Jonathan יְהוֹנָתָן
Jordan (River) יַרְדֵּן
Jordan valley עֲרָבָה
Joseph יוֹסֵף
Joshua יְהוֹשֻׁעַ
journey Q נסע
Judah יְהוּדָה
judge Q שׁפט
judgment מִשְׁפָּט
just as כַּאֲשֶׁר
justice מִשְׁפָּט
justify HI צדק

keep Q שׁמר; Q נצר
keep alive הֶחֱיָה (HI חָיָה)
keep back, withhold Q חשׂך
keep close Q דבק
kill Q הרג; HI מות
Kilyon כִּלְיוֹן
kind מִין
kindle Q יצת; HI יצת
kindness חֶ֫סֶד
king מֶ֫לֶךְ
kingdom מַלְכוּת; מַמְלָכָה
kinsman-redeemer Q גאל
kiss Q, PI נשׁק
knee בֶּ֫רֶךְ

know Q ידע
knowledge דַּ֫עַת

Laban לָבָן
lamb כֶּ֫בֶשׂ
Lamech לֶ֫מֶךְ
lament Q ספד; PI בכה
lamp מָאוֹר P מְאוֹרוֹת
land אֶ֫רֶץ; אֲדָמָה
landed property אֲחֻזָּה
language לָשׁוֹן P לְשֹׁנוֹת
lap חֵיק
laugh Q שׂחק; Q צחק
laughingstock צְחֹק
laughter צְחֹק
law תּוֹרָה
lay HI יצע
lay hold of Q תפשׂ
leaf עָלֶה
leafage עָלֶה
Leah לֵאָה
lean NI שׁען
leap PI רקד
learn Q למד
leave נוּחַ
leave a remnant HI יתר
leave behind HI שׁאר
leave over HI שׁאר; HI יתר
Lebanon לְבָנוֹן
left hand שְׂמֹאל
left side שְׂמֹאל
length אֹ֫רֶךְ
lengthen HI ארך
lest פֶּן
let remain HI נוּחַ
Levi לֵוִי
lie (down) Q שׁכב
life נֶ֫פֶשׁ; חַיִּים
lift up Q נשׂא
light אוֹר; מָאוֹר P מְאוֹרוֹת
like כְּ
likeness דְּמוּת; צֶ֫לֶם; תְּמוּנָה
lip שָׂפָה
little מְעַט
live Q חיה
living חַי

loaf כִּכָּר
long duration עוֹלָם
longing תְּשׁוּקָה
look Q ראה; PI, HI נבט
look at HI שׂכל
lord אָדוֹן; בַּ֫עַל
Lord, the (epithet) אֲדֹנָי
Lot לוֹט
love Q אהב
luminary מָאוֹר P מְאוֹרוֹת

Machir מָכִיר
Machlon מַחְלוֹן
Machpelah מַכְפֵּלָה
magnificence גֹּ֫דֶל
maid אָמָה
maidservant שִׁפְחָה
make Q עשׂה
make bitter PI, HI מרר
make childless PI שׁכל
make enter HI בוא
make even PI ישׁר
make fat HI שׁמן
make firm HI כון
make glad PI שׂמח, שׂמח
make great PI גדל
make heavy PI, HI כבד
make high HI גבה
make many HI רבה
make much HI רבה
make multiply HI רבה
make oneself bold HIT אמץ
make oneself obstinate HIT אמץ
make profane HI חנף
make quiet HI נוּחַ; HI חשׁה
make rejoice PI שׂמח
make a sacrifice smoke PI, HI קטר
make shine HI אור
make smooth PI ישׁר
make sport PI שׂחק
make still HI חשׁה
make successful HI צלח
male זָכָר
Mamre מַמְרֵא

man אִישׁ P אֲנָשִׁים; אָדָם
Manasseh מְנַשֶּׁה
many רַב P רַבִּים
Mara ("bitterness") מָרָא
march Q דרך
mare סוּסָה
mariner Q PTCP חבל
master אָדוֹן
meeting מוֹעֵד
messenger מַלְאָךְ
Midian מִדְיָן
midst, among תָּ֫וֶךְ (in compound בְּתוֹךְ "in the midst of"); קֶ֫רֶב
midwife מְיַלֶּ֫דֶת
mighty one אֵל
Milcah מִלְכָּה
mind לֵב, לֵבָב
mixture עֵ֫רֶב
Moab מוֹאָב
Moabite מוֹאָבִי F מוֹאֲבִיָּה
molten HO מוּצָק
money כֶּ֫סֶף
month חֹ֫דֶשׁ
more than מִן־ and ·מִ
moreover אַף
Moriah מֹרִיָּה
morning בֹּ֫קֶר
mortar חֹ֫מֶר
Moses מֹשֶׁה
mother אֵם P אִמּוֹת
mother-in-law חָמוֹת
mountain הַר P הָרִים W. DET הֶהָרִים, הָהָר
mourning NOUN אֵ֫בֶל
mourning ADJ אָבֵל
mouth פֶּה NIS פִּי
move lightly Q רמשׂ
moving things רֶ֫מֶשׂ
much רַב P רַבִּים
multiply Q רבה; HI יסף
multitude הָמוֹן; רֹב

Nahash נָחָשׁ
Nahor נָחוֹר
naked עֵירֹם; עָרוֹם

name שֵׁם P שֵׁמוֹת
Naomi ("pleasant one") נָעֳמִי
Nathan נָתָן
nation גּוֹי
near קָרוֹב
neck גַּרְגָּרוֹת
Negeb נֶגֶב
neighbor שָׁכֵן
nest קֵן
new moon חֹדֶשׁ
night לַיְלָה
nine תֵּשַׁע F תִּשְׁעָה
ninety תִּשְׁעִים
ninth תְּשִׁיעִי
no לֹא
Noah נֹחַ
Nod נוֹד
nose אַף
not לֹא; לְבִלְתִּי, בִּלְתִּי
not (with commands) אַל
not yet טֶרֶם
now עַתָּה
number Q ספר; Q מנה
nurse HI ינק

Obed עוֹבֵד
obey שמע בְּקוֹל
observe Q בין
offense, crime, wrongdoing פֶּשַׁע
official שַׂר P שָׂרִים
old זָקֵן
on account of עֲבוּר (only as בַּעֲבוּר)
on behalf of בַּעַד NIS בְּעַד
one אֶחָד F אַחַת
only רַק; יָחִיד; אַךְ
only one יָחִיד
open Q פתח
open (eyes/ears) Q פקח
opening פֶּתַח
opposite to נֶגֶד
or אוֹ
ordain PI מנה
Orpah עָרְפָּה
outcry צְעָקָה

over עַל
overseer פָּקִיד
overthrow הֲפֵכָה
overturn Q הפך
owner בַּעַל
ox בָּקָר

pain עֶצֶב; עִצָּבוֹן
palace הֵיכָל
pass away, perish Q גוע; Q אבד
pass over Q עבר
pasture NOUN מִרְעֶה
pasture Q רעה
path אֹרַח
pay back PI שלם
peace (greeting) שָׁלוֹם
people עַם; גּוֹי
perceive Q בין
perish Q גוע; אָבַד
persecute Q רדף
pestilence דֶּבֶר
Pharaoh פַּרְעֹה
Philistine פְּלִשְׁתִּי
Philistines פְּלִשְׁתִּים
pick up Q לקט
pit בּוֹר; בְּאֵר
place NOUN מָקוֹם P מְקֹמוֹת
place Q נתן; Q שׂים/שׂוּם; HI יצג
place of feet מַרְגְּלוֹת
place of lying (down) מִשְׁכָּב
plague דֶּבֶר
plain בִּקְעָה
plank לוּחַ P לֻחוֹת
plant Q נטע
plate לוּחַ P לֻחוֹת
play Q שׂחק
pleasant טוֹב
pleasure חֵפֶץ
pledge Q חבל
pluck Q עקר; Q טרף
pollute PI חלל; HI חנף
ponder HI שׂכל
portent מוֹפֵת
portion M חֵלֶק, F חֶלְקָה

possession נַחֲלָה
Potiphar פּוֹטִיפַר
pour (oil) HI יצק
pour, pour out Q יצק
pour out (blood) Q שׁפך
power כֹּחַ
practice מַעֲלָל
praise PI הלל; HI ידה
pray HIT פלל
pregnancy הֵרָיוֹן (also הֵרֹון)
previously לְפָנִים
priest כֹּהֵן
prince שַׂר P שָׂרִים
proclaim Q קרא
proclamation קְרִיאָה
produce, yield תְּבוּאָה
produce seed HI זרע
profit (unlawful), gain בֶּצַע
prolong HI ארך
property מִקְנֶה; נַחֲלָה
prophesy NI, HIT נבא
prophet נָבִיא
prosper Q שׁלו; Q צלח
prostrate oneself HISHTAFEL חוה
proximity אֵצֶל
prudence שֵׂכֶל
pull, drag, carry off Q משׁך
pull up (tent pegs) Q נסע
pure טָהוֹר
pursue Q רדף
pursue ardently PI רדף
put Q שׁית; Q שׂים/שׂוּם
put an end to HI שׁבת

Rachel רָחֵל
raise HI קום
Rameses רַעְמְסֵס
reach Q נגע
read aloud Q קרא
reap Q קצר
Rebekah רִבְקָה
rebuke, insult Q גָּעַר
receive Q לקח
recognize HI נכר
redeem Q גאל

reeds סוּף
refuse PI מאן
regard HI נכר
regret NI נחם
Rehoboam רְחַבְעָם
reign NOUN מַלְכוּת
reign Q מלך
rejoice Q שָׂמַח/שָׂמֵחַ
remain NI שׁאר
remain over NI יתר
remember Q זכר
remove רחק
remove Q אסף; HI סור
rend Q קרע; Q טרף
report, rumor דִּבָּה
rescue NOUN יֵשַׁע
resemble Q דמה
resident alien גֵּר
resin נְכֹאת
respond Q ענה
rest NOUN שַׁבָּת
rest Q נוּחַ; Q שׁבת
restrain PI חבשׁ
return Q שׁוב
return (something) HI שׁוב
Reuben רְאוּבֵן
reverence יִרְאָה
reward PI שׁלם
right hand יָמִין
right side יָמִין
righteous צַדִּיק
righteousness צֶדֶק; צְדָקָה
rise Q קום; Q זרח
road דֶּרֶךְ
rod שֵׁבֶט; מַטֶּה
root up Q עקר
round district כִּכָּר
royal power מַלְכוּת
royalty מַלְכוּת
rule NOUN מֶמְשָׁלָה; מַמְלָכָה
rule Q רדה; Q משׁל
run Q רוץ
runoff ravine נַחַל
rushes סוּף
Ruth רוּת

sabbath שַׁבָּת
sacred קָדוֹשׁ
sacredness קֹדֶשׁ
sacrifice Q, PI זבח
saddlebag כַּר
sailor Q PTCP חֹבֵל
salt מֶלַח
salvation יֵשַׁע
Samuel שְׁמוּאֵל
sand חוֹל
sandal נַעַל DU נַעֲלַיִם
Sarah שָׂרָה
Sarai שָׂרַי
Saul שָׁאוּל
save HI ישׁע
say Q אמר
scroll סֵפֶר
sea יָם; תְּהוֹם
Sea of Reeds ("Red Sea") יַם־סוּף
sea monster תַּנִּין
second שֵׁנִי
secrecy לָט, לָאט; סֵתֶר
see Q ראה
see! הֵא; הֵן; הִנֵּה
seed זֶרַע
seek Q דרשׁ; PI בקשׁ
seek refuge Q חסה
seize HI חזק; Q אחז
self נֶפֶשׁ
sell Q מכר
sell grain HI שׁבר
send Q שׁלח
send far away PI רחק
Sennacherib סַנְחֵרִיב
sensible עָרוּם
separate Q פרד; HI בדל
separate (something) HI פרד
sepulchre קֶבֶר
serpent נָחָשׁ; תַּנִּין
servant עֶבֶד
serve Q עבד
set Q נתן; Q שׁית; Q שׂוּם/שִׂים; HI יצג
set down HI נוּחַ
set on fire HI יצת

set out Q נסע
set up HI כון
set up, cause to stand הֶעֱמִיד (HI עמד)
set, place, establish הִצִּיג (HI יצג)
settle Q שׁכן
settle (TR), set, cause to sit הוֹשִׁיב (HI יָשַׁב)
seven שֶׁבַע F שִׁבְעָה
sevenfold שִׁבְעָתַיִם
seventh שְׁבִיעִי
seventy שִׁבְעִים
sew together Q תפר
Shaddai שַׁדַּי
shape Q יצר
share חֵלֶק
shatter PI שׁבר
she הִיא
sheaf אֲלֻמָּה
Sheba שֶׁבַע
Shechem שְׁכֶם
shed (blood) Q שׁפך
sheep צֹאן
Shem שֵׁם
Sheol שְׁאוֹל
shepherd NOUN Q PTCP רֹעֶה
shepherd Q רעה
Shiloh שִׁלֹה
Shinar (Babylonia) שִׁנְעָר
shine HI אור
shoe נַעַל P נַעֲלַיִם
shoot (arrows) Q, HI ירה
shore שָׂפָה
shorten PI, HI קצר
show HI ראה
show experience HI צלח
show favor Q חנן
show hostility Q צרר
show oneself NI ראה
show quietness HI שׁקט
shrewd עָרוּם
side, edge עֵבֶר
sign אוֹת; מוֹפֵת
Silah צִלָּה
silver כֶּסֶף

sin NOUN חֵטְא F חַטָּאָה; חַטָּאת
sin Q חטא
Sinai סִינַי
sin offering חַטָּאת
sister אָחוֹת P אֲחָיוֹת
sister-in-law יְבָמָה NIS יְבֶמֶת
sit Q ישב
six שֵׁשׁ F שִׁשָּׁה
sixth שִׁשִּׁי
sixty שִׁשִּׁים
skin עוֹר
skip about Q רקד
slaughter Q, PI זבח; Q שחט
slay Q הרג
slippery חָלָק
small קְטַנָּה; קָטֹן, plural supplied by קָטָן; צָעִיר
smite HI נכה
smooth חָלָק
snake נָחָשׁ
snatch away HI נצל
so כֹּה; כֵּן
so that (result) לְמַעַן
so that not (negative purpose) פֶּן
Sodom סְדֹם
sojourn Q גור
solitary יָחִיד
solitude בַּד. *See also* לְבַד
Solomon שְׁלֹמֹה
son בֵּן P בָּנִים
song שִׁירָה
sound קוֹל; תָּמִים
south נֶגֶב
sow seed Q זרע
speak PI דבר
species מִין
speech אֵמֶר
spirit, wind רוּחַ
spoil PI, HI שחת
spread NI פרץ; HI יצע
spring up Q צמח
sprout Q צמח
staff מַטֶּה P מַטּוֹת
stallion סוּס
stand Q עמד
stand up Q קום
star כּוֹכָב
station oneself NI נצב; HIT יָצַב
statute חֹק, חָק־ (W. ATTCH PRON חֻקְּךָ, חֻקִּי)
steal Q גנב
steal away PI גנב
steer פַּר
step פַּעַם
steppe עֲרָבָה
still עוֹד
stolen item גְּנֵבָה
stone אֶבֶן P אֲבָנִים
store אוֹצָר
storehouse אוֹצָר
stranger גֵּר
strength כֹּחַ; חַיִל; מְאֹד
strengthen HI חזק
strengthen (something) PI אמץ
stretch out Q נטה
strife מָדוֹן P מְדָנִים, מְדוֹנִים, and מִדְיָנִים
strike Q נגע; HI נכה
subdue Q כבשׁ
suck Q ינק
suckle HI ינק
sun שֶׁמֶשׁ
sunset עֶרֶב
support Q אמן
support oneself NI שׁען
surely אַךְ
surround Q סבב
survivor שָׂרִיד
swarm Q שׁרץ
swarm (of flies) עָרֹב
swarmers שֶׁרֶץ
swarming things שֶׁרֶץ
swear (an oath) NI שׁבע
sweat זֵעָה
sword חֶרֶב P חֲרָבוֹת

tabernacle מִשְׁכָּן
tablet לוּחַ P לֻחוֹת
take Q לקח
take one's stand HIT יָצַב; NI נצב
take pleasure in Q חמד
take possession Q ירשׁ
take vengeance Q נקם
Tarshish תַּרְשִׁישׁ
teach שׂכל; PI למד; HI בין
tear Q קרע; Q טרף
teem Q שׁרץ
tell, declare PI ספר
temple הֵיכָל
temporary abode, place of sojourning מָגוּר
ten עֶשֶׂר F עֲשָׂרָה
tend Q רעה
tent אֹהֶל
tenth עֲשִׂירִי
teraphim (a kind of idol, a means of divination) P תְּרָפִים
territory חֵלֶק; גְּבוּל
terror יִרְאָה
testimony עֵדוּת
that אֲשֶׁר; הוּא; הִיא; כִּי
the הַ•
then, at that time אָז
there שָׁם
there are not אַיִן, אֵין־
there is יֵשׁ
there is not אַיִן, אֵין־
therefore לָכֵן
these אֵלֶּה
they הֵן/הֵנָּה; הֵם/הֵמָּה
thing דָּבָר
think Q חשׁב
third generation, (those of) the שִׁלֵּשִׁים
thirty, thirtieth שְׁלֹשִׁים
this F זֹאת
this M זֶה
thistles דַּרְדַּר
thornbush קוֹץ
thorns קוֹץ
those הֵן/הֵנָּה; הֵם/הֵמָּה
though כִּי
thousand אֶלֶף

three שָׁלשׁ F שְׁלֹשָׁה
threshing floor גֹּרֶן
throne כִּסֵּא
throw Q, HI ירה; HI שׁלך; HI טול
thrust out Q גרשׁ
thus כֹּה; כֵּן
time פַּעַם; עֵת; זְמַן
to אֶל־; לְ; ־ָה (attached to end of nouns)
to where? אָנָה
today הַיּוֹם
toil עִצָּבוֹן; עֶצֶב
tongue לָשׁוֹן P לְשֹׁנוֹת
torrent (valley) נַחַל
touch Q נגע
toward אֶל־
toward ־ָה (attached to end of nouns)
trader (Q PTCP) סֹחֵר
transgression עָוֺן
tread Q דרך
treasure אוֹצָר
treasury אוֹצָר
tree עֵץ
tribe שֵׁבֶט; מַטֶּה
trust Q בטח
truth אֱמֶת
tumult מְהוּמָה
tunic כֻּתֹּנֶת, כְּתֹנֶת
turn HI נטה
turn about Q סבב
turn aside Q סור
turn back Q שׁוב
twenty עֶשְׂרִים
twist PI חבל
two שְׁנַיִם F שְׁתַּיִם; NIS שְׁתֵּי

unclean טָמֵא
uncover, reveal Q גלה
under תַּחַת
understand HI בין
understanding בִּינָה
underworld שְׁאוֹל
until עַד
unto עַד
upon עַל
upper thigh, side יָרֵךְ
upward מַעַל (only מַעְלָה)
use the right hand HI ימן
utensil כְּלִי P כֵּלִים
utterance (always NIS) נְאֻם
utterly mock HI שׂחק

vainly רֵיקָם
valley עֵמֶק; בִּקְעָה
valor חַיִל
vessel כְּלִי P כֵּלִים
vexation כַּעַס
vineyard כֶּרֶם
violence חָמָס
vision מַרְאֶה
visit Q פקד
voice קוֹל
vulture נֶשֶׁר

wadi נַחַל
wages מַשְׂכֹּרֶת
wail Q ספד
wake early HI שׁכם
walk Q הלך; Q דרך
wall חוֹמָה
wander Q תעה
war מִלְחָמָה
watch NOUN מִשְׁמֶרֶת
watch Q נצר
water NOUN מַיִם
water HI שׁקה
water trough רַהַט
way דֶּרֶךְ; אֹרַח
we אֲנַחְנוּ, נַחְנוּ
wealth כָּבוֹד; חַיִל
wean Q גָּמַל
wear Q לבשׁ
weep Q בכה
weight כִּכָּר
well בּוֹר; בְּאֵר
well-being שָׁלוֹם
what? מָה
when כִּי; כַּאֲשֶׁר
when? מָתַי
where? אֵי; אַיֵּה; אֵיפֹה; אָנָה
which אֲשֶׁר; ־שֶׁ
while עַד
who אֲשֶׁר; ־שֶׁ
who? מִי
why? מַדּוּעַ; לָמָּה, לָמָה
wicked רָשָׁע
wide רָחָב
wield Q תפשׂ
wife אִשָּׁה P נָשִׁים
wilderness מִדְבָּר
wine יַיִן
wing כָּנָף DU כְּנָפַיִם DU NIS כַּנְפוֹת/כַּנְפֵי
wipe away Q מחה
wise חָכָם F חֲכָמָה
with עִם (W. ATTACH PRON עִמִּי, etc.); בְּ; אֶת־, אֵת
with me עִמָּדִי
witness עֵד
woman אִשָּׁה, P נָשִׁים
wonder מוֹפֵת
wood עֵצִים
word דָּבָר; אֵמֶר
work NOUN מְלָאכָה; מַעֲשֶׂה; פֹּעַל
work Q עבד
would that לוּ
wound מַכָּה
write Q כתב
writhe PI חבל

year שָׁנָה P שָׁנִים
years old (idiom for X years old) בֶּן־שָׁנָה
yes כֵּן
yet עוֹד
YHWH (personal name of God of Israel) יהוה
you MS אַתָּה; MP אַתֶּם; FS אַתְּ; FP אַתֵּנָה, אַתֶּן
young צָעִיר
young bull פַּר
young man נַעַר
young woman נַעֲרָה

Zilpah זִלְפָּה
Zion צִיּוֹן

BEGINNING
Biblical Hebrew

BEGINNING
Biblical Hebrew

A Grammar and
Illustrated Reader

John A. Cook and
Robert D. Holmstedt

Illustrated by Philip Williams

Baker Academic
a division of Baker Publishing Group
Grand Rapids, Michigan

Contents

מִקְרָא א

READING 1

הַבַּיִת (The Home)

עֵץ

בַּיִת

בְּהֵמָה

גָּמָל

עֵז

דֶּלֶת

כִּסֵּא

שֻׁלְחָן

פַּר

סוּס

אִשָּׁה (אֵם)

פָּרָה

סוּסָה

אִישׁ (אָב)

בּוֹר

עֵצִים

אָדָם (מִשְׁפָּחָה)

יַלְדָּה (בַּת)

יֶלֶד (בֵּן)

חֲמוֹר

שֶׂה

אַיִל

שׁוּעָל

חַיָּה

נָחָשׁ

א. תְּדַבְּרוּ אִישׁ אֶל־רֵעֵהוּ (Speak, Each to His Neighbor = Dialogue)

With a partner, point to items in the picture, and using the correct pronouns, ask each other to identify them.

Person 2	Person 1
{הוּא/הִיא} _____.	מָה {הוּא/הִיא}?

ב. תִּכְתֹּב *(Write)*

Using the items in the picture (or if you prefer, up to five new vocabulary from the English-to-Hebrew glossary), write five copular ("X is Y") sentences in Hebrew.

א) ____________________
ב) ____________________
ג) ____________________
ד) ____________________
ה) ____________________

ג. תַּעֲנֶה—כֵּן אוֹ לֹא *(Answer—Yes or No)*

א) הַדֶּ֫לֶת לַבַּ֫יִת? ______
ב) הַשּׁוּעָל חַיָּה? ______
ג) הַסּוּסָה הִיא חַיָּה? ______
ד) הָאָב לַמִּשְׁפָּחָה? ______
ה) הָאִישׁ הוּא אֵם? ______
ו) הַשֶּׂה הוּא חַיָּה? ______
ז) הַבַּת לַמִּשְׁפָּחָה? ______
ח) הַבֵּן הוּא בְּהֵמָה? ______
ט) הַבַּת הִיא יֶ֫לֶד? ______
י) הַפַּר הוּא בְּהֵמָה? ______

כ) הַנָּחָשׁ חַיָּה? ______
ל) הַגָּמָל חַיָּה? ______
מ) הַבּוֹר לַבַּ֫יִת? ______
נ) הָעֵצִים לַמִּשְׁפָּחָה? ______
ס) הַכִּסֵּא לַחֲמוֹר? ______
ע) הַיֶּ֫לֶד הוּא חַיָּה? ______
פ) הָאַ֫יִל הוּא אָדָם? ______
צ) הָעֵז הוּא בְּהֵמָה? ______
ק) הַפָּרָה הִיא אָדָם? ______
ר) הַסּוּס לַבַּ֫יִת? ______

ד. תְּדַבְּרוּ אִישׁ אֶל־רֵעֵ֫הוּ

Complete the following sentences to have a conversation with a partner, choosing the correct option for your partner's gender. Practice it until the two of you can have the conversation easily (i.e., without reading).

Person 1	Person 2
א) שָׁלוֹם.	א) שָׁלוֹם.
ב) הֲשָׁלוֹם {לְךָ/לָךְ}?	ב) שָׁלוֹם לִי. הֲשָׁלוֹם {לְךָ/לָךְ}?
ג) שָׁלוֹם לִי. מִי {אַתָּה/אַתְּ}?	ג) אֲנִי ______. מִי {אַתְּ/אַתָּה}?
ד) אֲנִי ______.	
ה) הַ{אַתָּה/אַתְּ} אִישׁ אוֹ אִשָּׁה?	ה) אֲנִי {אִישׁ/אִשָּׁה}. הַ{אַתָּה/אַתְּ} אִישׁ אוֹ אִשָּׁה?

Person 2	Person 1
ו) אֲנִי {בֵּן/בַּת}. הַ{אַתָּה/אַתְּ} בֵּן אוֹ בַּת?	ו) אֲנִי {אִישׁ/אִשָּׁה}. הַ{אַתָּה/אַתְּ} בֵּן אוֹ בַּת?
	ז) אֲנִי {בֵּן/בַּת}.

דְּבָרִים חֲדָשִׁים *(New Words)*

Use the list of words below, repeated from the picture above and organized by category, to help you learn the vocabulary.

בַּ֫יִת	מִשְׁפָּחָה	בְּהֵמָה	אָדָם	חַיָּה
דֶּ֫לֶת	אָב	אַ֫יִל	אִישׁ	נָחָשׁ
שֻׁלְחָן	אֵם	שֶׂה	אִשָּׁה	שׁוּעָל
כִּסֵּא	בַּת	סוּס	יֶ֫לֶד	
עֵץ	בֵּן	סוּסָה	יַלְדָּה	
עֵצִים		פַּר		
בּוֹר		פָּרָה		
		גָּמָל		
		חֲמוֹר		
		עֵז		

מִקְרָא ב

גַּן־עֵ֫דֶן (א)

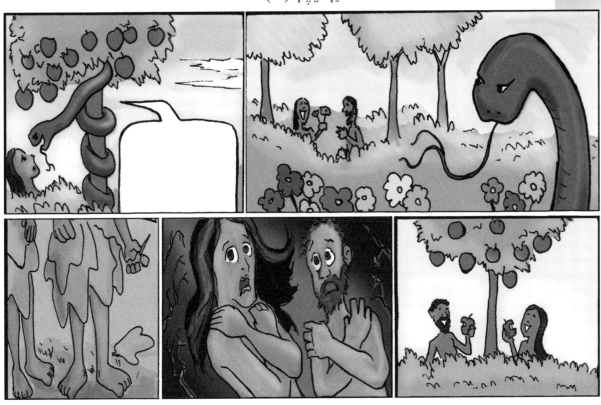

דְּבָרִים חֲדָשִׁים

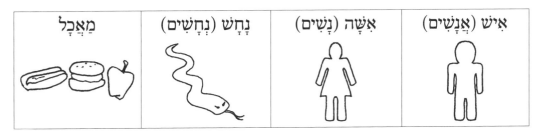

מַאֲכָל	נָחָשׁ (נְחָשִׁים)	אִשָּׁה (נָשִׁים)	אִישׁ (אֲנָשִׁים)

רֹאשׁ (רָאשִׁים)	עַיִן (עֵינַיִם, עֲיָנוֹת)	יָד (יָדַיִם, יָדוֹת)	רֶגֶל (רַגְלַיִם, רְגָלִים)
גַּן (גַּנִּים)	עֵץ (עֵצִים)	עָלֶה	פְּרִי
עֵירֹם (עֵירֻמָּה, עֵירֻמִּים)			

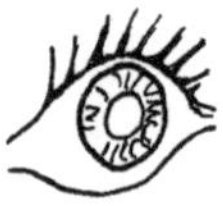

א. תְּמַלֵּא אֶת־הַמָּקוֹם *(Fill in the Blank)*

א) יֵשׁ ________ ________ גַּן. ________ נָחָשׁ בְּ________.

[יֵשׁ עֵץ בְּ אֲנָשִׁים]

ב) ______ וְאִשָּׁה ______ אֲנָשִׁים, וְנָחָשׁ הוּא ______, וּ______ הוּא ______.

[אִישׁ מַאֲכָל הֵם פְּרִי חַיָּה]

ג) הָאִישׁ ________. ________ עֵירֻמָּה. הֵם ________.

[הָאִשָּׁה עֵירֻמִּים עֵירֹם]

ב. מָה הַמַּעֲנֶה? *(What Is the Answer?)*

א) מָה בַּגָּן? ________________________________

ב) מִי בַּגָּן? ________________________________

ג) מָה בָּעֵץ? ________________________________

ד) אַיֵּה הָאִישׁ? ________________________________

ה) אַיֵּה הַנָּחָשׁ? ________________________________

ו) אַיֵּה הָעֵץ? ________________________________

ז) לְמִי יָדַ֫יִם? ____________________

ח) לְמִי רַגְלַ֫יִם? ____________________

ט) לְמִי רֹאשׁ? ____________________

ג. תַּעֲנֶה—אֱמֶת אוֹ לֹא אֱמֶת, וְלָ֫מָּה? *(Answer—True or Not True, and Why?)*

א) הֶעָלֶה בָּעֵץ. ______

____

ב) הָאִשָּׁה עֵירֻמָּה. ______

____

ג) אֵין יָדַ֫יִם לָאִשָּׁה. ______

____

ד) יֵשׁ יָדַ֫יִם לַנָּחָשׁ. ______

____

ה) הַנָּחָשׁ תַּ֫חַת הָעֵץ. ______

____

ו) יֵשׁ לַנָּחָשׁ שְׁאֵלָה עַל הָאִישׁ. ______

____

ד. תְּמַלֵּא אֶת־הַמָּקוֹם

א) יֵשׁ אִשָּׁה וְ______ בַּ______. ______ נְקֵבָה וְהוּא ______.
הֵם ______.
[זָכָר הִיא אִישׁ עֵירֻמִּים גַּן]

ב) יֵשׁ לָאִשָּׁה ______ וְיֵשׁ ______ יָדַ֫יִם. וְיֵשׁ לָהּ ______.
וְיֵשׁ ______ רֹאשׁ.
[לָהּ רַגְלַ֫יִם עֵינַ֫יִם לָהּ]

ג) וְהָ______ — יֵשׁ ______ עֵינַ֫יִם. יֵשׁ לוֹ ______.
וְיֵשׁ ______ רַגְלַ֫יִם. וְיֵשׁ לוֹ ______.
[אִישׁ רֹאשׁ לוֹ יָדַ֫יִם לוֹ]

ד) יֵשׁ _______ בָּעֵץ. הוּא _______ לָאִישׁ וְלָ_______.

[אִשָּׁה פְּרִי מַאֲכָל]

ה) הָאִישׁ וְהָאִשָּׁה — לִפְנֵי הַפְּרִי _______ _______. וְ_______ הַפְּרִי הֵם _______ _______. מָה עַל הָ_______ וְ_______ הָאִשָּׁה?

— _______!

[אִישׁ לֹא אַחֲרֵי עֵירֻמִּים עָלֶה עֵירֻמִּים הֵם עַל]

ה. תַּעֲשֶׂה תְּמוּנוֹת *(Make Pictures [= Draw])*

עֵינַיִם וְרַגְלַיִם לְעֵץ	פְּרִי וְעָלֶה לְנָחָשׁ	הַנָּחָשׁ הוּא מַאֲכָל לָאִישׁ

ו. תְּדַבְּרוּ אִישׁ אֶל־רֵעֵהוּ

Choose the correct forms to have the following conversation with two partners. Practice it until the three of you can converse easily (i.e., without pausing to choose the correct forms).

Person 1	Person 2	Person 3
א) שָׁלוֹם.	א) שָׁלוֹם.	א) שָׁלוֹם.
ב) הֲשָׁלוֹם {לְךָ/לָךְ}?	ב) שָׁלוֹם לִי. הֲשָׁלוֹם {לְךָ/לָךְ}?	ב) שָׁלוֹם לִי. הֲשָׁלוֹם {לְךָ/לָךְ}?
ג) שָׁלוֹם לִי. יֵשׁ לִי יָדַיִם וְרַגְלַיִם. הֲיֵשׁ {לְךָ/לָךְ}?	ג) לֹא, אֵין לִי יָדַיִם, וְכֵן יֵשׁ לִי רַגְלַיִם. הֲיֵשׁ {לְךָ/לָךְ}?	ג) לֹא, אֵין לִי יָדַיִם אוֹ רַגְלַיִם.
ד) מָה?! מָה {אַתָּה/אַתְּ}?	ד) אֲנִי ____. מָה {אַתָּה/אַתְּ}?	ד) אֲנִי ____. מָה {אַתָּה/אַתְּ}?
ה) אֲנִי {אִישׁ/אִשָּׁה}!		

ז. תִּכְתֹּב

Using the items in the picture (or if you prefer, up to five new vocabulary from the English-to-Hebrew glossary), write five Hebrew questions and their answers.

(א _____

_____

(ב _____

_____

(ג _____

_____

(ד _____

_____

(ה _____

_____

מִקְרָא ג

עֲקֵדַת־יִצְחָק (א)

הָאֱלֹהִים אָמַר לְאַבְרָהָם[1] "אַבְרָהָם." וְאַבְרָהָם חָבַשׁ חֲמוֹר וְלָקַח יִצְחָק וְהַנְּעָרִים וְהוּא הָלַךְ אֶל־הֶהָרִים אֲשֶׁר אָמַר לוֹ אֱלֹהִים וְאַבְרָהָם רָאָה הַמָּקוֹם מֵרָחֹק.

אֵשׁ הָיָה לוֹ וּמַאֲכֶלֶת הָיְתָה לוֹ וְלֹא הָיָה לוֹ הַשֶּׂה לְעֹלָה. וְיִצְחָק אָמַר אֶל־אַבְרָהָם "הִנֵּה רָאִיתִי הָאֵשׁ וְהָעֵצִים וְאַיֵּה הַשֶּׂה לְעֹלָה?" וְאַבְרָהָם אָמַר לוֹ "הָאֱלֹהִים רָאָה לוֹ."

1. In the readings, proper nouns appear in dark red. This prevents their being confused with other words and avoids the need to include proper nouns in the vocabulary lists.

אַבְרָהָם עָלָה אֶל הָהָר אֲשֶׁר אָמַר לוֹ אֱלֹהִים וְיִצְחָק עָלָה עִם אַבְרָהָם.
וְאַבְרָהָם בָּנָה הַמִּזְבֵּחַ עַל הָהָר. וְהוּא עָקַד יִצְחָק עַל הַמִּזְבֵּחַ. וְאַבְרָהָם לָקַח
הַמַּאֲכֶ֫לֶת. וְ... (הַהוּא שָׁחַט יִצְחָק?)

דְּבָרִים חֲדָשִׁים

מָקוֹם (מְקוֹמוֹת) place	הַר (הָרִים) 	נַ֫עַר (נְעָרִים) 	אֵשׁ
	מִזְבֵּחַ (מִזְבְּחוֹת) 	מַאֲכֶ֫לֶת 	עֹלָה (עֹלוֹת)
שָׁחַט 	בָּנָה 	הָלַךְ 	אָמַר
	עָקַד 	עָלָה 	שָׁמַע
	חָבַשׁ 	לָקַח 	רָאָה
	הִנֵּה behold! look!	אֲשֶׁר that, which, who	מֵרָחֹק from afar, at a distance

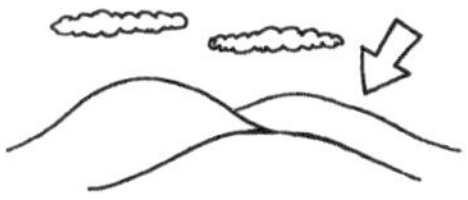

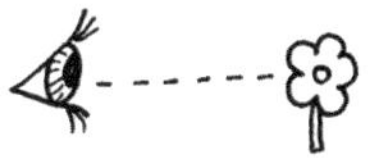

א. תִּבְחַר אֶת־הַמַּעֲנֶה *(Choose the Answer)*

א) אַבְרָהָם ________ הַחֲמוֹר.
- חָבַ֫שְׁתִּי
- חָבְשָׁה
- עָקַד
- חָבַשׁ

ב) יִצְחָק ________ אֶל־הֶהָרִים.
- רָאָה
- הָלַ֫כְתָּ
- הָלַךְ
- הָלַ֫כְתְּ

ג) יִצְחָק אָמַר לְאַבְרָהָם, "________ מִזְבֵּחַ."
- בָּנִ֫יתָ
- בָּנָה
- בָּנִ֫יתִי
- עָלִ֫יתָ

ד) אַבְרָהָם אָמַר, "________ יִצְחָק."
- לָקַ֫חְתְּ
- לָקַ֫חְתִּי
- שָׁחַ֫טְתִּי
- לָקְחָה

ב. תַּעֲנֶה—אֱמֶת אוֹ לֹא אֱמֶת, וְלָ֫מָּה?

א) אֱלֹהִים אָמַר לַחַיּוֹת. ______

____

ב) אַבְרָהָם אָמַר לַחֲמוֹר. ______

____

ג) יִצְחָק הָלַךְ וְלֹא הָלַךְ אַבְרָהָם. ______

____

ד) יִצְחָק אָמַר לָאָב, "אֲנִי לָקַ֫חְתִּי הָעֵצִים וְאַתָּה לָקַ֫חְתָּ הָעוֹלָה." ______

____

ה) אַבְרָהָם עָלָה עַל הָהָר וְלֹא עָלָה יִצְחָק. ______

____

ו) אַבְרָהָם לָקַח הַמַּאֲכֶ֫לֶת וְאָמַר, "אַתָּה עֹלָה."
וְהוּא שָׁחַט יִצְחָק. ______

____

ג. תַּחֲלִיף לְ- *(Change to . . .)*

For each example, make the given change (indicated by the arrow) in any form that can be changed and thus create a new sentence.

א) הוּא חָבַשׁ חֲמוֹר וְלָקַח יִצְחָק וְהַנְּעָרִים. (fem. ⇐ masc.)

____

ב) הוּא הָלַךְ אֶל־הֶהָרִים וְרָאָה הַמָּקוֹם מֵרָחֹק. (1st ⇐ 3rd)

____

ג) הוּא לָקַח הָאֵשׁ וְהָעֵצִים וְלֹא לָקַח הַשֶּׂה לְעֹלָה. (2nd ⇐ 3rd)

____

ד) הוּא עָלָה עַל הָהָר וּבָנָה הַמִּזְבֵּחַ עַל הָהָר וְעָקַד יִצְחָק עַל הַמִּזְבֵּחַ.
(fem. ⇐ masc.)

____

____

ד. תַּעֲשֶׂה תְּמוּנוֹת

אַבְרָהָם עָקַד הַמִּזְבֵּחַ עַל יִצְחָק	הַחֲמוֹר לָקַח הַמַּאֲכֶלֶת	יִצְחָק חָבַשׁ הַר

ה. תְּדַבְּרוּ אִישׁ אֶל־רֵעֵהוּ

Choose the correct forms to have the following conversation with a partner. Practice it until the two of you can converse without pausing to choose forms.

Person 1	Person 2
א) שָׁלוֹם!	א) שָׁלוֹם {לְךָ/לָךְ}!
ב) הֲשָׁמַעְ{תָּ/תְּ} עַל יִצְחָק?	ב) לֹא, לֹא שָׁמַעְ{תִּי/תָּ}. מָה עַל יִצְחָק?

Person 1	Person 2
ג) אַבְרָהָם לָקַח יִצְחָק.	ג) הוּא לָקַח יִצְחָק? לָ֫מָּה?
ד) אֱלֹהִים אָמַר לְאַבְרָהָם וְהוּא {הָלַךְ/הָלְכָה}, עִם יִצְחָק, אֶל־הַר אֲשֶׁר {אָמַר/אָמְרָה} אֱלֹהִים.	ד) לָ֫מָּה?
ה) הוּא שָׁחַט יִצְחָק לְעֹלָה.	ה) מָה?! אַבְרָהָם {שָׁחַ֫טְתִּי/שָׁחַט} יִצְחָק?!
ו) אֱלֹהִים אָמַר לוֹ וַאֲנִי שָׁמַ֫עְ{תְּ/תִּי}. אַבְרָהָם שָׁחַט יִצְחָק.	ו) לֹא. אַבְרָהָם לֹא שָׁחַט יִצְחָק.
ז) אֲנִי שָׁמַ֫עְתִּי!	ז) אֲנִי יִצְחָק!

ו. תִּכְתֹּב

Using the items in the picture (or if you prefer, up to five new vocabulary from the English-to-Hebrew glossary), write five Hebrew questions and their answers, including at least one verb.

א) ______________________________

____

ב) ______________________________

____

ג) ______________________________

____

ד) ______________________________

____

ה) ______________________________

____

מִקְרָא ד

כְּתֹ֫נֶת־יוֹסֵף (א)

יוֹסֵף בֶּן־שְׁבַע־עֶשְׂרֵה שָׁנָה וְהוּא הָיָה רֹעֶה בַּצֹּאן וְהוּא נַ֫עַר עִם־בְּנֵי בִלְהָה וְעִם־בְּנֵי זִלְפָּה נְשֵׁי יַעֲקֹב. יַעֲקֹב אָהַב יוֹסֵף מִכָּל־בָּנָיו וְעָשָׂה לוֹ כְּתֹ֫נֶת. וְאֶחָיו רָאוּ כִּי־אָהַב יַעֲקֹב יוֹסֵף וְהֵם לֹא אָהֲבוּ יוֹסֵף.

יוֹסֵף חָלַם חֲלוֹמוֹת וְהוּא אָמַר לְאָבִיו וּלְאֶחָיו, "הַחֲלוֹם אֲשֶׁר חָלַ֫מְתִּי — וְהִנֵּה אֲנִי מָשַׁ֫לְתִּי בַּכֹּל." וְאֶחָיו אָמְרוּ לוֹ, "אַתָּה נַ֫עַר וּמָשַׁ֫לְתָּ בְּאָבִ֫יךָ וּבְאִמְּךָ וּבְאַחֶ֫יךָ?!" וְהֵם שָׂנְאוּ יוֹסֵף.

וְאֶחָיו הָלְכוּ וְרָעוּ הַצֹּאן בִּשְׁכֶם. וַיַּעֲקֹב אָמַר אֶל־יוֹסֵף, "הֲלוֹא הָלְכוּ אַחֶ֫יךָ אֶל־שְׁכֶם? וְהָלַ֫כְתָּ וְרָאִ֫יתָ שְׁלוֹם אַחֶ֫יךָ וּשְׁלוֹם הַצֹּאן וְשָׁלַ֫חְתָּ דָּבָר." וַיַּעֲקֹב שָׁלַח יוֹסֵף אֶל־שְׁכֶם.

יוֹסֵף הָלַךְ אַחַר אֶחָיו וּמָצָא אֶחָיו בְּדֹתָן (לֹא בִשְׁכֶם). וְאֶחָיו רָאוּ יוֹסֵף מֵרָחֹק
וְהֵם אָמְרוּ אִישׁ אֶל־אָחִיו, "הִנֵּה אִישׁ הַחֲלֹמוֹת!" וְהֵם הִפְשִׁיטוּ כֻּתָּנְתּוֹ —
הַכֻּתֹּנֶת אֲשֶׁר עָלָיו — וְשָׁלְחוּ יוֹסֵף בְּבוֹר (וְאֵין מַיִם בַּבּוֹר).

דְּבָרִים חֲדָשִׁים

שָׁלוֹם 	אָח (אַחִים) 	כֻּתֹּנֶת (כָּתְנֹת) 	שְׁבַע־עֶשְׂרֵה 17
דָּבָר word, thing	רֹעֶה (רֹעִים) 	בּוֹר 	שָׁנָה (שָׁנִים)
כֹּל (כָּל־, כֶּל־) all, every	צֹאן 	מַיִם 	חֲלוֹם (חֲלוֹמוֹת)
רָעָה 	שָׁלַח 	חָלַם 	אָהַב
יָדַע 	מָצָא 	מָשַׁל 	שָׂנֵא
		הִפְשִׁיט to strip something off	עָשָׂה to do, make
			כִּי because, when, if, though, but; that

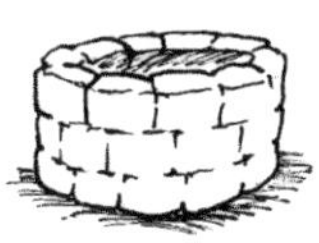

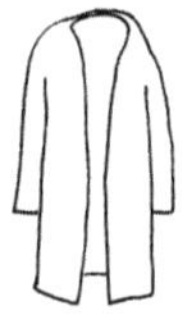

א. תִּבְחַר אֶת־הַמַּעֲנֶה *(Choose the Answer)*

א) הָאַחִים אָמְרוּ, "_____ חֲלוֹמוֹת־יוֹסֵף."

אֲהַבְתֶּן
אָהֲבוּ
שָׂנֵאתִי
שָׂנֵאנוּ

ב) יוֹסֵף וְאֶחָיו _____ הַצֹּאן.

אָכְלוּ
רְעִיתֶם
רָעוּ
רָעָה

ג) יַעֲקֹב אָמַר לְבָנָיו, "_____ אֶל־שְׁכֶם."

וּמְשַׁלְתֶּם
וְהָלַכְנוּ
וַהֲלַכְתֶּם
הֲלַכְתֶּם

ד) אֲחֵי־יוֹסֵף _____ הַכֻּתֹּנֶת.

הִפְשִׁיטָה
מָצְאוּ
הִפְשִׁיטוּ
הִפְשַׁטְנוּ

ב. תַּחֲלִיף ל-

א) הוּא אָהַב יוֹסֵף מִכָּל־בָּנָיו וְעָשָׂה לוֹ כֻּתֹּנֶת. (fem. ⇔ masc.)

____

ב) הוּא הָלַךְ אַחַר אֶחָיו וּמָצָא אֶחָיו בְּדֹתָן. (1st ⇐ 3rd)

____

ג) הֵם הִפְשִׁיטוּ כֻּתָּנְתּוֹ — הַכֻּתֹּנֶת אֲשֶׁר עָלָיו — וְשָׁלְחוּ יוֹסֵף. (2nd ⇐ 3rd)

____

ד) הֵם רָאוּ כִּי־הוּא אָהַב יוֹסֵף וְהֵם שָׂנְאוּ יוֹסֵף. (fem. ⇐ masc.)

____

ג. תְּדַבְּרוּ אִישׁ אֶל־רֵעֵהוּ

Choose the correct forms to have the following conversation with a partner. Practice it until the two of you can have the conversation easily (i.e., without pausing to choose the correct forms). (It is best to play person 1 as an increasingly irritated male, and person 2 as a clueless naïf.)

Person 1	Person 2
א) שָׁלוֹם! הֲשָׁלוֹם {לְךָ/לְךְ}?	א) שָׁלוֹם! שָׁלוֹם {לָנוּ/לִי}. מִי {אַתָּה/ אַתְּ}?
ב) מִי אֲנִי? {אַתָּה/אַתְּ} לֹא שָׁמַעְ{תָּ/תְּ} עָלַי?	ב) לֹא, אֲנִי לֹא שָׁמַעְ{תָּ/תִּי} עָלֶיךָ.
ג) לֹא! הממממ . . . כְּיוֹסֵף יֵשׁ לִי אַחִים. מִי אֲנִי?	ג) לֹא יָדַעְתִּי.
ד) כַּאֲשֶׁר הָיִיתִי נַעַר, אֲנִי הָיִיתִי רֹעֶה כְּיוֹסֵף. מִי אֲנִי?	ד) אֲנִי יָדַעְתִּי! {אַתָּה/אַתְּ} מֹשֶׁה!
ה) לֹא! אֲנִי לֹא מֹשֶׁה. כְּיוֹסֵף אֲנִי מָשַׁלְתִּי בְּאַחַי וּבְאָבִי וּבְאִמִּי. אֲנִי לֹא חָלַמְתִּי אֲשֶׁר מָשַׁלְתִּי, אֲנִי עָשִׂיתִי!	ה) אההה . . . {אַתָּה/אַתְּ} שְׁלֹמֹה הַמֶּלֶךְ!
ו) מָה! שְׁלֹמֹה לֹא הָיָה רֹעֶה! {אַתָּה/אַתְּ} לֹא יָדַעְ{תָּ/תְּ} . . . שְׁלֹמֹה בְּנִי! אֲנִי דָּוִיד הַמֶּלֶךְ!	ו) טוֹב {לְךָ/לְךְ}. שָׁלוֹם!
ז) (לֹא שָׁלוֹם {לְךָ/לְךְ} . . .)	

ד. תְּמַלֵּא אֶת־הַמָּקוֹם

א) ______ יוֹסֵף אָהַב ______ מִכָּל־______ וְהוּא ______ כְּתֹנֶת לְ______ וְ______ עָשָׂה ______ לְאֶחָיו. וְהֵם ______, "אֲנַחְנוּ ______ יוֹסֵף!"

[כְּתֹנֶת אֲבִי אָמְרוּ אֶחָיו לֹא עָשָׂה יוֹסֵף שָׂנֵאנוּ יוֹסֵף]

ב) ______ אָהֲבוּ ______ וּבָנָיו ______ יוֹסֵף. הוּא ______ כִּי ______ מָשַׁל בְּאָבִיו וּבְ______ וּבְאֶחָיו.

[חָלַם לֹא אִמּוֹ יַעֲקֹב הוּא חֲלוֹמוֹת]

ג) אֲבִי יוֹסֵף אָמַר לְ______, "______ הָלְכוּ וְ______ הַצֹּאן בְּ______. ______ בְּנִי וְהָלַכְתָּ וְ______ ______ בָּנַי." וְיוֹסֵף אָמַר, "אֲנִי ______ וְשָׁלַחְתִּי דָּבָר עַל ______."

[שְׁלוֹם וֹ- שְׁכֶם אַחֶיךָ רָאִיתָ רָעוּ בָּנֶיךָ בִּנְךָ אַתָּה]

ד) ______ יוֹסֵף אָמְרוּ אִישׁ אֶל־________, "הִנֵּה ______ הִפְשַׁטְנוּ
כֻּתָּנְתּוֹ וְ__________ יוֹסֵף _________!"
[בַּבּוֹר אַחֵי שָׁלַחְנוּ אָחִיו אֲנַחְנוּ]

ה. תַּעֲשֶׂה תְּמוּנוֹת

יַעֲקֹב עָשָׂה כֻּתֹּנֶת לַבּוֹר	יוֹסֵף רָעָה אֶחָיו	יוֹסֵף חָלַם עַל מַיִם

ו. תִּכְתֹּב

Write five sentences with at least one verb and one סְמִיכוּת phrase.

א) ____
____

ב) ____
____

ג) ____
____

ד) ____
____

ה) ____
____

מִקְרָא ה

גַּן־עֵ֫דֶן (ב): חֵ֫לֶק א

יהוה אָמַר לָאִישׁ, ”תֹּאכַל מִן פְּרִי כֹל עֵץ הַגָּן וְלֹא תֹאכַל מִן פְּרִי הָעֵץ בְּתוֹךְ הַגָּן!“

דְּבָרִים חֲדָשִׁים

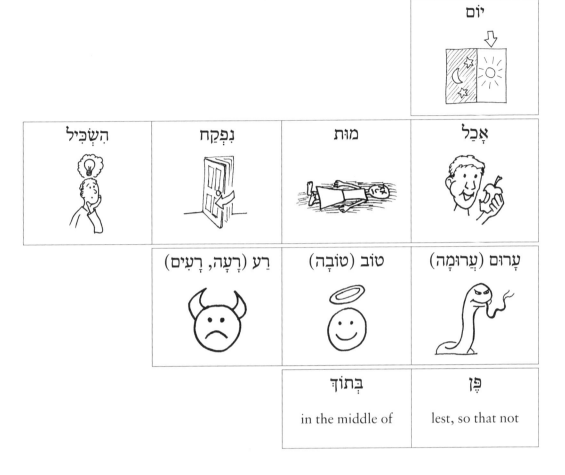

יוֹם

אָכַל

מוּת

נִפְקַח

הִשְׂכִּיל

עָרוּם (עֲרוּמָּה)

טוֹב (טוֹבָה)

רַע (רָעָה, רָעִים)

פֶּן

lest, so that not

בְּתוֹךְ

in the middle of

א. תִּבְחַר אֶת־הַמַּעֲנֶה

א) אֱלֹהִים אָמַר לָאִישׁ, "____ מִן פְּרִי."

תִּרְאֶה

יֹאכַל

תֹּאכְלִי

תֹּאכַל

ב) הַנָּחָשׁ אָמַר לָאִשָּׁה, "לֹא ____!"

תֹּאכְלִי

תָּמוּת

תָּמ֫וּתִי

אָמוּת

ג) הָאִשָּׁה אָמְרָה לָאִישׁ, "____ הַפְּרִי."

יִקַּח

תִּקַּח

אֶקַּח

תִּמְשֹׁל

ד) הָאִישׁ לֹא ____ .

יָמוּת

תָּמ֫וּתִי

יֹאכַל

אָמוּת

ב. מָה הַמַּעֲנֶה?

א) לְמִי אָמַר יהוה?

____

ב) מָה לֹא טוֹב לֶאֱכֹל?

____

ג) לְמִי אָמַר הַנָּחָשׁ?

____

ד) מָה אָמַר הַנָּחָשׁ?

____

ה) לָמָּה רָאֲתָה אֵשֶׁת הָאִישׁ בַּפְּרִי?

____

ו) מָה הִיא עָשְׂתָה?

____

ז) אַיֵּה הָאִישׁ?

____

ג. תְּמַלֵּא אֶת־הַמָּקוֹם

א) ________ אָמַר לְ________, "לֹא ________ אֶת־פְּרִי
________ אֲשֶׁר בְּתוֹךְ הַגָּן פֶּן־________!"
[יהוה הָעֵץ תֹּאכַל אָכַלְתָּ תָּמוּת אִישׁ]

ב) ________ אָמַר יהוה לָמָּה לֹא טוֹב לֶ________ פְּרִי מִן הָעֵץ
בְּתוֹךְ ________.
[הַגָּן אֱכֹל שְׁמַע לֹא]

ג) ________ אָמַר הַנָּחָשׁ לָאִשָּׁה? כִּי הִיא לֹא ________, "לֹא
________," מִן יהוה.
[שָׁמְעָה לָמָּה תֹּאכְלִי אָכַלְתְּ]

ד) ________ אָמַר לָאִשָּׁה, "לֹא ________ תְּמוּתִי." וְהִיא ________
לַנָּחָשׁ וְ________ ________־הַפְּרִי.
[תִּשְׁמַע אֶת מוֹת הַנָּחָשׁ אָכְלָה שָׁמְעָה]

גַּן־עֵדֶן (ב): חֵלֶק ב

וְהֵם תָּפְרוּ עֲלֵה תְאֵנָה וַעֲשׂוּ חֲגֹרֹת.

וְעֵינֵי הָאִישׁ וְעֵינֵי הָאִשָּׁה נִפְקְחוּ וְהֵם יָדְעוּ כִּי עֵירֻמִּם הֵם.

וְהָאִשָּׁה נָתְנָה לְאִישָׁהּ עִמָּהּ וְהוּא אָכָל.

אֵיךְ?

אֶת־קֹלְךָ שָׁמַעְתִּי בַּגָּן וָאִירָא כִּי־עֵירֹם אָנֹכִי וָאֵחָבֵא!

הֵם שָׁמְעוּ אֶת־קוֹל יְהוָה אֱלֹהִים בַּגָּן לְרוּחַ הַיּוֹם.

וְהָאִישׁ וְאִשְׁתּוֹ הִתְחַבְּאוּ מִן יְהוָה אֱלֹהִים בְּתוֹךְ עֵץ הַגָּן.

דְּבָרִים חֲדָשִׁים

קוֹל (קוֹלוֹת) 	רוּחַ (רוּחוֹת) 	חֲגוֹרָה (חֲגוֹרוֹת) 	תְּאֵנָה (תְּאֵנִים) 

יָרֵא 	הִתְחַבֵּא 	תָּפַר 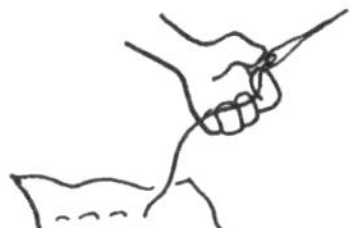	נָתַן 

ד. תְּמַלֵּא אֶת־הַמָּקוֹם

א) הָאִשָּׁה _________ אֶת־הַפְּרִי לְ_________.
[עָשְׂתָה לָקְחָה אֱכֹל לָקַחַת]

ב) הָאִישׁ וְהָאִשָּׁה _________ כִּי הֵם _________.
[טוֹבִים רָאוּ עֵירֻמִּים יָרְאוּ]

ג) הָאֲנָשִׁים _________ אֶת־עֲלֵה הַתְּאֵנָה לְ_________ לָהֶם חֲגֹרוֹת.
[תָּפְרוּ לָקְחָה עֲשׂוֹת]

ד) כְּ_________ אֶת־_________ יְהוָה _________ הָאִישׁ.
[קוֹל הִתְחַבֵּא שָׁמְעוֹ יִתְחַבֵּא]

ה. תַּעֲנֶה—אֱמֶת אוֹ לֹא אֱמֶת, וְלָמָּה?

א) הָאִישׁ יָדַע כִּי הַנָּחָשׁ עֵירֹם. _______

____

ב) יהוה תָּפַר חֲגוֹרוֹת הָאִישׁ. _______

____

ג) הָאִישׁ שָׁמַע קוֹל הָאִשָּׁה. _______

____

ד) יהוה וְהָאִישׁ יָרְאוּ אֶת־הָאִשָּׁה. _______

____

ה) הַנָּחָשׁ הָלַךְ בַּגָּן. _______

____

ו. תַּחֲלִיף ל-

א) הָאִישׁ אָמַר, "אֲנִי לָקַחְתִּי אֶת־הַפְּרִי וְאָכַלְתִּי אֹתוֹ וְיָרֵאתִי." (imperf. ⇐ perf.)

____

____

ב) הִיא נָתְנָה לִי פְּרִי. וַאֲנִי לָקַחְתִּי אֶת־הַפְּרִי וְאַתָּה יָרֵאתָ. (plur. ⇐ sing.)

____

____

גַּן־עֵ֫דֶן (ב): חֵ֫לֶק ג

דְּבָרִים חֲדָשִׁים

דֶּרֶךְ (דְּרָכִים)	כְּרוּב (כְּרוּבִים)	חַיִּים	אֶחָד
			1
			חֶרֶב (חֲרָבוֹת)

הִגִּיד	הִשְׁכִּין	שָׁמַר

גַּם	מִמֶּנּוּ = מִן+מִן+נוּ or מִן+מִן+הוּ
also, even	

ז. תְּמַלֵּא אֶת־הַמָּקוֹם

א) הָאִישׁ אָמַר, "הָאִשָּׁה ______ לִי אֶת־______."

ב) אֱלֹהִים אָמַר, "הָאֲנָשִׁים ______ יָדָם וְ______ מֵעֵץ הַחַיִּים!"

ג) הַכְּרוּבִים ______ אֶת־הַגָּן לְ______ הָאֲנָשִׁים מֵ______ מֵעֵץ הַחַיִּים.

[יִשְׁמְרוּ שָׁמְרוּ הַפְּרִי יִקְחוּ אֱכֹל נָתְנָה שְׁמֹר יִשְׁלְחוּ שָׁלְחוּ]

ח. תַּעֲנֶה—אֱמֶת אוֹ לֹא אֱמֶת, וְלָמָּה?

א) הָאִישׁ אָמַר לַיהוה, "אֲנִי לֹא אָכַלְתִּי!" ______

____

ב) יהוה שָׁלַח הַנָּחָשׁ לִשְׁמֹר הַגָּן. ______

____

ג) הָאֲנָשִׁים שָׁמְעוּ לַיהוה. ______

____

ט. מָה הַמַּעֲנֶה?

א) מִי עָשָׂה אֶת־מָה?

____

ב) אֶת־מִי שָׁלַח יהוה מִן הַגָּן?

____

ג) מָה עָשׂוּ הַכְּרוּבִים לַגָּן?

____

י. תַּעֲשֶׂה תְּמוּנוֹת

הָאִשָּׁה אָכְלָה הַנָּחָשׁ	הַכְּרוּבִים שָׁמְרוּ הָאִשָּׁה	הָאִישׁ הָיָה כַּפְּרִי אֲשֶׁר אָכַל

מִקְרָא ו

עֲקֵדַת־יִצְחָק (ב): חֵלֶק א

דְּבָרִים חֲדָשִׁים

שְׁנַיִם	בֹּקֶר (בְּקָרִים)	אֶרֶץ (אֲרָצוֹת)
2		earth, region, country

בִּקַּע	הִשְׁכִּים	הֶעֱלָה	נִסָּה

קוּם

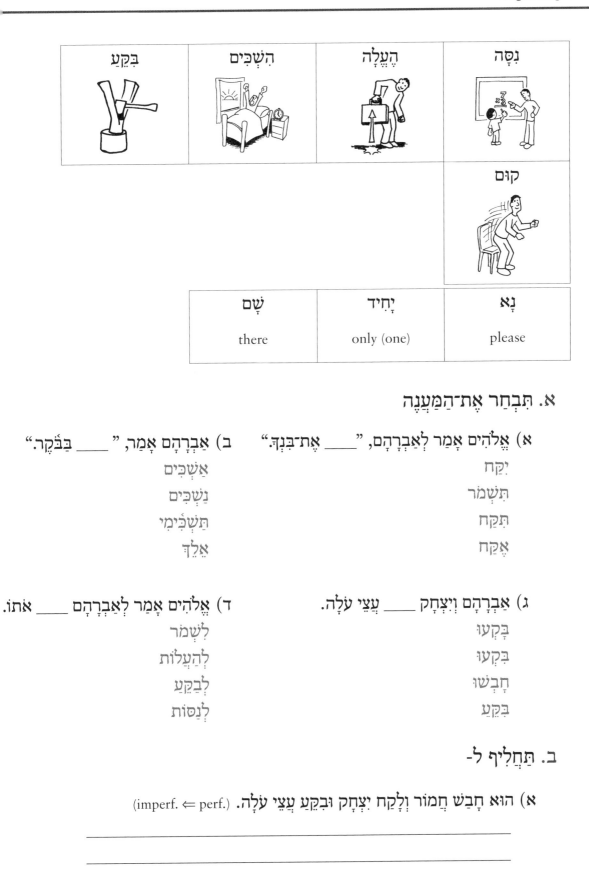

שָׁם	יָחִיד	נָא
there	only (one)	please

א. תִּבְחַר אֶת־הַמַּעֲנֶה

א) אֱלֹהִים אָמַר לְאַבְרָהָם, "____ אֶת־בִּנְךָ."

יִקַּח

תִּשְׁמֹר

תִּקַּח

אֶקַּח

ב) אַבְרָהָם אָמַר, "____ בַּבֹּקֶר."

אַשְׁכִּים

נַשְׁכִּים

תַּשְׁכִּימִי

אֵלֵךְ

ג) אַבְרָהָם וְיִצְחָק ____ עֲצֵי עֹלָה.

בָּקְעוּ

בִּקְעוּ

חָבְשׁוּ

בִּקַּע

ד) אֱלֹהִים אָמַר לְאַבְרָהָם ____ אֹתוֹ.

לִשְׁמֹר

לְהַעֲלוֹת

לְבַקֵּעַ

לְנַסּוֹת

ב. תַּחֲלִיף ל-

א) הוּא חָבַשׁ חֲמוֹר וְלָקַח יִצְחָק וּבִקַּע עֲצֵי עֹלָה. (imperf. ⇐ perf.)

ב) הֵם חָבְשׁוּ חֲמוֹר וְלָקְחוּ יִצְחָק וּבִקְעוּ עֲצֵי עֹלָה. (imperf. ⇐ perf.)

ג) תִּקַּח־נָא אֶת־בִּנְךָ אֲשֶׁר־אָהַבְתָּ וְתֵלֵךְ אֶל־אֶרֶץ הַמֹּרִיָּה וְתַעֲלֶה אֹתוֹ שָׁם לְעֹלָה. (fem. plur. ⇐ masc.)

ד) הוּא הָלַךְ אֶל־הַמָּקוֹם בֶּהָרִים. אֱלֹהִים אָמַר לוֹ.
(join the two clauses by אֲשֶׁר ⇐)

ה) הוּא לָקַח יִצְחָק. הוּא אָהַב יִצְחָק. (join the two clauses by אֲשֶׁר ⇐)

ג. מָה הַמַּעֲנֶה?

א) אָנָה אָמַר אֱלֹהִים לְאַבְרָהָם לָלֶכֶת? לָמָּה?

ב) מָה יִהְיֶה יִצְחָק?

ג) לָמָּה אָמַר אֱלֹהִים לְאַבְרָהָם לָקַחַת בְּנוֹ?

עֲקֵדַת־יִצְחָק (ב): חֵלֶק ב

דְּבָרִים חֲדָשִׁים

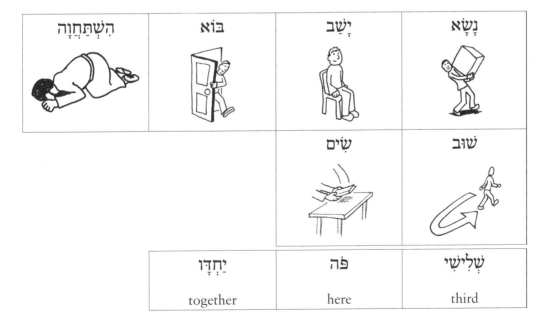

הִשְׁתַּחֲוָה	בּוֹא	יָשַׁב	נָשָׂא
		שִׂים	שׁוּב

יַחְדָּו	פֹּה	שְׁלִישִׁי
together	here	third

ד. תִּבְחַר אֶת־הַמַּעֲנֶה

א) אַבְרָהָם אָמַר לַנְּעָרִים "_____ פֹּה."
תֵּשַׁבְנָה
תֵּשְׁבוּ
תַּעֲלוּ
נֵשֵׁב

ב) אַבְרָהָם וּבְנוֹ _____ אֶל־הַמָּקוֹם.
רָאוּ
הָלַךְ
הָלְכוּ
לָלֶכֶת

ג) יִצְחָק אָמַר לְאָבִיו "לָמָּה לֹא _____ הַשֶּׂה לְעֹלָה?"
לָקַחְנוּ
נִקַּח
לָקַחְתְּ
לָקַחַת

ד) אַבְרָהָם אָמַר לִבְנוֹ "אֱלֹהִים _____ לוֹ."
תִּרְאֶה
יֹאמַר
רָאִיתִי
יִרְאֶה

ה. תַּעֲנֶה—אֱמֶת אוֹ לֹא אֱמֶת, וְלָמָּה?

א) בַּיּוֹם הַשְּׁלִישִׁי הִשְׁכִּים אַבְרָהָם בַּבֹּקֶר. ______

____

ב) אַבְרָהָם יָשַׁב וְיִצְחָק וּשְׁנֵי הַנְּעָרִים עָלוּ הָהָר. ______

____

ג) אַבְרָהָם אָמַר, "אֲנַחְנוּ נִרְאֶה לְשֶׂה לְעֹלָה." ______

____

ו. תַּעֲשֶׂה תְּמוּנוֹת

הַנְּעָרִים יָשְׁבוּ עַל הַחֲמוֹר	יִצְחָק נָשָׂא עֵינֵי אַבְרָהָם	אַבְרָהָם לָקַח הָאֵשׁ בְּרֹאשׁוֹ

עֲקֵדַת־יִצְחָק (ב): חֵלֶק ג

דְּבָרִים חֲדָשִׁים

מְאוּמָה	קֶרֶן 	שָׁמַיִם 	מַלְאָךְ 
anything, something			

נֶאֱחַז	קָרָא 	עָרַךְ 	
to be caught			

תַּחַת	עַתָּה	אַל	
under; instead of	now	don't!	

ז. תִּבְחַר אֶת־הַמַּעֲנֶה

א) אַבְרָהָם _____ הַמִּזְבֵּחַ בָּהָר.
בָּנוּ
שָׁחַט
יִבְנֶה
בָּנָה

ב) אַבְרָהָם שָׁלַח יָדוֹ _____ אֶת־בְּנוֹ.
לָקַחַת
לִשְׁחֹט
לִקְרֹא
לַעֲרֹךְ

ג) הַמַּלְאָךְ אָמַר לְאַבְרָהָם כִּי הוּא לֹא _____ יָדוֹ אֶל־יִצְחָק.
יִשְׁלַח
תִּשְׁלַח
לִשְׁלֹחַ
יַעֲשֶׂה

ד) אַבְרָהָם _____ אֶת־הָאַיִל לְעֹלָה.
קָרָא
רָאָה
הֶעֱלָה
עָלָה

ח. תְּמַלֵּא אֶת־הַמָּקוֹם

א) _________ אָמַר, "אַחֲרֵי _________ אֶת־הַמִּזְבֵּחַ, _________ עָרַכְתִּי
אֶת־הָעֵצִים וְ_________ אֶת־בְּנִי וְ_________ אֹתוֹ עַל הַמִּזְבֵּחַ.
אֲנִי לָקַחְתִּי אֶת־_________ לְ_________ אֹתוֹ, כַּאֲשֶׁר אָמַר אֱלֹהִים,
וּ_________ קָרָא לִי וְ_________ לֹא _________ אֶת־בְּנִי!"
[אַבְרָהָם בָּנִיתִי אֲנִי שַׂמְתִּי מַלְאָךְ שְׁחֹט
עָקַדְתִּי הַמַּאֲכֶלֶת שָׁחַטְתִּי]

ב) לָמָּה _________ הַמַּלְאָךְ לְ_________ "לֹא תִשְׁלַח _________ אֶל _________"?
_________ יָדַע _________ כִּי אַבְרָהָם _________ אֹתוֹ וְהוּא שָׁמַע לְ_________
וְלָקַח _________ לִשְׁחֹט אֹתוֹ לְ_________.
[יָרֵא אָמַר כִּי אֱלֹהִים אלהים בִּנְךָ בְּנוֹ עֹלָה אַבְרָהָם יָדְךָ]

ג) אַחֲרֵי _________ הַמַּלְאָךְ, _________ עָשָׂה אַבְרָהָם _________ לִבְנוֹ. הֵם
מָצְאוּ _________ _________ בְּ_________ וְשָׁחֲטוּ אֹתוֹ לְעֹלָה _________ בְּנוֹ.
[מְאוּמָה קָרָא קַרְנַיִם תַּחַת לֹא נֶאֱחַז אַיִל]

ט. תַּחֲלִיף לְ-

א) הוּא בָּנָה מִזְבֵּחַ וְעָרַךְ עֵצִים וְעָקַד אֶת־בְּנוֹ וְשָׂם אֹתוֹ עַל־הַמִּזְבֵּחַ.

(imperf. ⇐ perf.)

ב) לֹא־תִשְׁלַח יָדְךָ אֶל־הַנַּעַר וְלֹא־תַעַשׂ לוֹ מְאוּמָה. (plur. ⇐ sing.)

ג) וְהוּא הָלַךְ וְלָקַח אֶת־הָאַיִל וְהֶעֱלָה אֹתוֹ לְעֹלָה תַּחַת יִצְחָק.

(imperf. fem. plur. ⇐)

ד) אֱלֹהִים יָדַע כִּי יָרֵא אֹתוֹ אַבְרָהָם. הַמַּלְאָךְ קָרָא לְאַבְרָהָם.

(join the two clauses by כִּי ⇐)

ה) אַבְרָהָם רָאָה אַיִל נֶאֱחַז בְּקַרְנָיו. אַבְרָהָם לֹא שָׁחַט אֶת יִצְחָק.

(join the two clauses by כִּי ⇐)

מִקְרָא ז

כְּתֹנֶת־יוֹסֵף (ב): חֵלֶק א

דְּבָרִים חֲדָשִׁים

דִּבָּה	תֹּלְדוֹת	זְקֻנִים	פַּסִּים
			meaning unknown; perhaps: a. many-colored b. decorated with needlework c. extending to the wrists and ankles

דִּבֵּר	יָכֹל	הֵבִיא
	to be able	

א. תִּבְחַר אֶת־הַמַּעֲנֶה

א) יַעֲקֹב יָשַׁב בְּאֶרֶץ ______ .

טוֹב
מִצְרַיִם
טוֹבָה
רַע

ב) יוֹסֵף הֵבִיא דָבָר ______ עַל־אֶחָיו.

טוֹב
רַע
רָעָה
טוֹבָה

ג) יַעֲקֹב אָהַב כָּל־בָּנָיו וְעָשָׂה כְּתֹּנֶת ______.

לָהֶם
לוֹ
לָנוּ
בּוֹ

ד) אֲחֵי־יוֹסֵף רָאוּ כִּי ______ אָהַב אֶת־יוֹסֵף מִ______.

אָבִיו, כֻּלּוֹ
אִמָּם, כֻּלּוֹ
אֱלֹהִים, אִמּוֹ
אֲבִיהֶם, כֻּלָּם

ב. מָה הַמַּעֲנֶה?

א) אֵיפֹה יָשְׁבוּ יַעֲקֹב וּבָנָיו?

____

ב) מִי יוֹסֵף?

____

ג) מָה עָשָׂה יוֹסֵף? הֲזֹאת הָיְתָה טוֹבָה אִם לֹא?

____

ד) לָמָּה נָתַן יַעֲקֹב כְּתֹּנֶת לְיוֹסֵף?

____

ה) לָמָּה שָׂנְאוּ אֶחָיו אֶת־יוֹסֵף?

____

ג. תִּבְחַר אֶת־הַמַּעֲנֶה

Choose the adjective whose form correctly matches the noun. (Look up unknown adjectives in the glossary.)

א) יוֹסֵף הָיָה {זְקֵנָה/צָעִיר}.
ב) אֲחֵי יוֹסֵף הָיוּ {גְּדוֹלִים/קְטַנּוֹת} מִיּוֹסֵף.
ג) יוֹסֵף הֵבִיא אֶל־אָבִיו דִּבָּה {רַע/טוֹבָה}.
ד) יַעֲקֹב נָתַן לְיוֹסֵף כְּתֹנֶת {גָּדוֹל/קְטַנָּה}.
ה) יוֹסֵף הָיָה אָח {טוֹבָה/לֹא טוֹב}.

כְּתֹנֶת־יוֹסֵף (ב): חֵלֶק ב

דְּבָרִים חֲדָשִׁים

אַחַד עָשָׂר	שֶׁמֶשׁ	כּוֹכָב (כּוֹכָבִים)	יָרֵחַ
11			

בַּעַל (בְּעָלִים) 			

הוֹסִיף 	סִפֵּר	גָּעַר	קִנֵּא

הֵשִׁיב to return (something)	קָרַב	הֵמִית	הָרַג

עוֹד still; again	־ָה to, toward (attached to end of noun)	בְּטֶרֶם before

ד. תִּבְחַר אֶת־הַמַּעֲנֶה

א) יוֹסֵף הִגִּיד אֶת־חֲלֹמוֹתָיו לְאֶחָיו
וְהֵם שָׂנְאוּ הַחֲלֹמוֹת _____.

הַהוּא
הָאֵלֶּה
הַהִיא
הַזֶּה

ב) יַעֲקֹב אָמַר לְיוֹסֵף, "הַחֲלוֹם _____
לֹא _____."

הַזֶּה, טוֹב
זֶה, טוֹב
זֹאת, טוֹבָה
הַזֹּאת, רָעָה

ג) אֲחֵי־יוֹסֵף רָעוּ אֶת־צֹאן ______.

אִמָּם
אָבִיו
אֲבִיהֶם
אֲבוֹתֵיהֶם

ד) אֲחֵי־יוֹסֵף רָאוּ ______ מֵרָחוֹק.

אֶחָיו
אַחֵיהֶם
אָחִינוּ
אֲחִיהֶם

ה. תְּמַלֵּא אֶת־הַמָּקוֹם

א) אֲחֵי יוֹסֵף לֹא ________ אֹתוֹ ________ הוּא חָלַם עַל______ — הֵם
הָיוּ ________ וְ________ וְ________ הָיוּ הַשֶּׁמֶשׁ וְהַיָּרֵחַ
וְכֻלָּ________ ____________ לְיוֹסֵף!
[כִּי -יהֶם הִשְׁתַּחֲווּ הַכּוֹכָבִים אֲבִיהֶם אָהֲבוּ אִמָּם -ם]

ב) כַּאֲשֶׁר __________ שָׁמְעוּ עַל __________, הֵם __________
______ יוֹסֵף.
[בְּ חֲלוֹמוֹ אֶחָיו קִנְאוּ]

ג) אַחֲרֵי __________ אֲחֵי יוֹסֵף __________, אֲבִיהֶם ________ אֶת־יוֹסֵף
__________ אֶת־__________.
[הָלְכוּ לִרְאוֹת שָׁלַח שְׁלוֹמָם לִרְעוֹת]

ד) אֶחָיו אָמְרוּ, "כַּאֲשֶׁר __________ יוֹסֵף, __________ נַהֲרֹג אֹתוֹ!"
[אֲנַחְנוּ אֶחָיו יִקְרַב]

ו. תַּעֲשֶׂה תְּמוּנוֹת

הַצֹּאן הִשְׁתַּחֲווּ לַשֶּׁמֶשׁ	אֲחֵי יוֹסֵף רָעוּ כּוֹכָבִים

כֻּתֹּנֶת־יוֹסֵף (ב): חֵלֶק ג

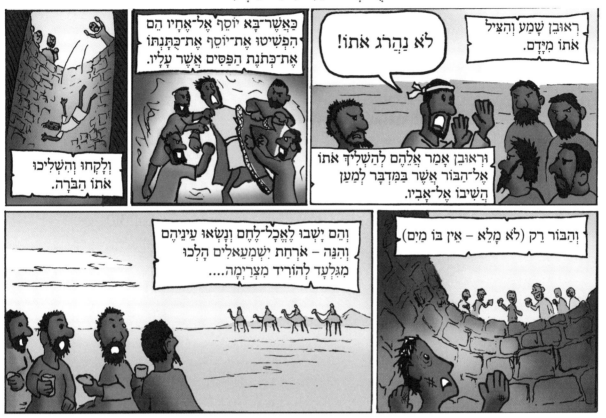

דְּבָרִים חֲדָשִׁים

לֶחֶם	מִדְבָּר	אֹרְחָה
הִצִּיל	הִשְׁלִיךְ	הוֹרִיד

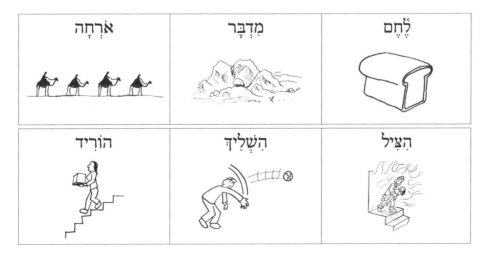

רֵק	מָלֵא
	לְמַעַן in order to

ז. תִּבְחַר אֶת־הַמַּעֲנֶה

א) רְאוּבֵן שָׁמַע ______ וְאָמַר ______, "לֹא נַהֲרֹג אֹתוֹ!"

אָחִיו, לוֹ
אֶחָיו, לָהֶם
אָבִיו, לוֹ
גָּמָל, לוֹ

ב) כַּאֲשֶׁר הִפְשִׁיטוּ אֶת־יוֹסֵף, הֵם אָמְרוּ, "______ תִּהְיֶה ______!"

כֻּתָּנְתְּךָ, כֻּתָּנְתֵּנוּ
אָבִיךָ, אָבִינוּ
חֲלוֹמוֹתֶיךָ, חֲלוֹמוֹתֵינוּ
כֻּתֳּנֹתֶיךָ, כֻּתֳּנֹתֵינוּ

ח. תַּעֲנֶה—אֱמֶת אוֹ לֹא אֱמֶת, וְלָמָּה?

א) רְאוּבֵן הִצִּיל אֶת־יַעֲקֹב מִיַּד בָּנָיו. ______

____

ב) אֶחָיו הִפְשִׁיטוּ אֶת־יוֹסֵף אֶת־חֲגוֹרָתוֹ. ______

____

ג) אֶחָיו הִשְׁלִיכוּ אֶת־יוֹסֵף בְּבוֹר מְלֵא מָיִם. ______

____

ד) יוֹסֵף אָכַל לֶחֶם וְהָלַךְ אֶל־יַעֲקֹב. ______

____

ט. מָה הַמַּעֲנֶה?

א) מִי רְאוּבֵן?

____

ב) מָה עָשָׂה רְאוּבֵן?

____

ג) הֲשָׁמְעוּ הָאַחִים לִרְאוּבֵן?

_____

ד) אַחֲרֵי הֵם הִשְׁלִיכוּ אֹתוֹ בַּבּוֹר, מָה עָשׂוּ הָאַחִים?

_____

מִקְרָא ח

גַּן־עֵ֫דֶן (ג): חֵ֫לֶק א

וַיְצַו יְהוָה אֱלֹהִים עַל־הָאָדָם לֵאמֹר, "מִכֹּל עֵץ־הַגָּן אָכֹל תֹּאכֵל. וּמֵעֵץ הַדַּ֫עַת טוֹב וָרָע לֹא תֹאכַל מִמֶּ֫נּוּ כִּי בְּיוֹם אֲכָלְךָ מִמֶּ֫נּוּ מוֹת תָּמוּת!"

דְּבָרִים חֲדָשִׁים

אָדָם 	דַּ֫עַת 	שָׂדֶה
צִוָּה 	נָגַע 	
תַּאֲוָה delightful	נֶחְמָד desirable	אַף כִּי is it really that . . ?

א. מָה הַמַּעֲנֶה?

א) מָה צִוָּה יהוה?

____

ב) מָה הַנָּחָשׁ?

____

ג) אֵיךְ הָיָה הַנָּחָשׁ עָרוּם?

____

ד) הֲשָׁמְעָה הָאִשָּׁה?

____

ה) הִיא אָכְלָה מִן הַפְּרִי? הֲמֵ֫תָה הָאִשָּׁה?

____

ב. תְּמַלֵּא אֶת־הַמָּקוֹם

א) ______ הָאִשָּׁה כִּי ______ אֱלֹהִים ______ לֹא ______ מִפְּרִי
הָעֵץ ______ הַגָּן וּ______ ______ בּוֹ פֶּן ______.
[אֹתָם וַתֹּ֫אמֶר לִנְגֹּעַ צִוָּה בְּתוֹךְ יָמֻ֫תוּ לֶאֱכֹל לֹא]

ב) ________ הַנָּחָשׁ לָאִשָּׁה, "________ ________ לֹא הָאֱמֶת—
________ יָדַע ________ הֵם לֹא יָמֻ֫ותוּ מֵ________ מִפִּרְיוֹ! הֵם
________ טוֹב וָרָע."
[וַ֫יֹּאמֶר אֱכֹל כִי כִּי יֵדְעוּ זֹאת אֱלֹהִים]

ג) ________ פְּרִי הָעֵץ ________ ________ לָאִשָּׁה וַיְהִי ________
לְ________. ________ אֹתוֹ.
[וַ֫יֵּרָא וַתֹּאכַל תַאֲוָה הַזֶּה עֵינֶ֫יהָ טוֹב]

גַּן־עֵ֫דֶן (ג): חֵ֫לֶק ב

דְּבָרִים חֲדָשִׁים

זֶ֫רַע	תְּשׁוּקָה	עֶ֫צֶב	עָקֵב
מָשַׁל	יָלַד	שׁוּף	נֶחְבָּא
			הִשִּׁיא
			אָרוּר (אֲרוּרָה)

לְבִלְתִּי not (with infinitive)	עִמָּדִי with me	מִפְּנֵי from the presence of

ג. תַּחֲלִיף ל-

א) וַתִּפָּקַ֫חְנָה עֵינֵי שְׁנֵיהֶם וַיֵּדְעוּ כִּי עֵירֻמִּם הֵם. (perf. ⇐ past narr.)

ב) וַיִּתְפְּרוּ עֲלֵה תְאֵנָה וַיַּעֲשׂוּ לָהֶם חֲגֹרֹת. (Nifal ⇐ Qal)

ג) הוּא שָׁמַע אֶת־קוֹל יְהוָה אֱלֹהִים בַּגָּן וְהוּא יָרֵא אֶת־יְהוָה.
(Nifal past narr. ⇐ Qal perf.)

ד) אַתָּה נָתַ֫תָּה הָאִשָּׁה אֲשֶׁר עִמָּדִי וְהִיא נָתְנָה־לִּי מִן־הָעֵץ וַאֲנִי אָכַ֫לְתִּי.
(plur. past narr. ⇐ sing. perf.)

ד. תִּבְחַר אֶת־הַמַּעֲנֶה

א) וַיִּשְׁמְעוּ הָאֲנָשִׁים ...
אֶת קוֹל הַנָּחָשׁ בָּעֵץ.
אֶת קוֹל יְהוָה בַּשָּׁמַיִם.
אֶת חֲגוֹרוֹתָם.
אֶת קוֹל יְהוָה בַּגָּן.

ב) וַיֹּ֫אמֶר יְהוָה אֱלֹהִים ...
לָאִישׁ, "אַיֵּה הָאִשָּׁה?"
לָאִשָּׁה, "אַתָּה תָּמוּת!"
לָאִישׁ, "לָ֫מָּה עָשִׂיתָ זֹאת?"
לָאִישׁ, "אַיֵּה אַתָּה?"

ג) וַיִּירָא הָאִישׁ כִּי ...
הוּא יָדַע כִּי הָיָה עֵירֹם.
הוּא רָאָה כִּי הָאִשָּׁה הָיְתָה עֵירֻמָּה.
הוּא אָכַל אֶת הַפְּרִי וְשָׂנֵא אֹתוֹ.
הוּא רָאָה כִּי דִּבֵּר הַנָּחָשׁ.

ד) כִּי עָשָׂה הַנָּחָשׁ זֹאת ...
הָאֲדָמָה אֲרוּרָה.
יָדְעוּ הָאֲנָשִׁים כִּי הָיוּ עֵירֻמִּים.
הוּא הָיָה אָרוּר.
הוּא יֵלֵךְ עַל יָדָיו.

ה. תַּעֲשֶׂה תְּמוּנוֹת

הַנָּחָשׁ יָלַד בָּנִים	הָאִשָּׁה שָׂפָה רֹאשׁ הָאִישׁ

גַּן־עֵ֫דֶן (ג): חֵלֶק ג

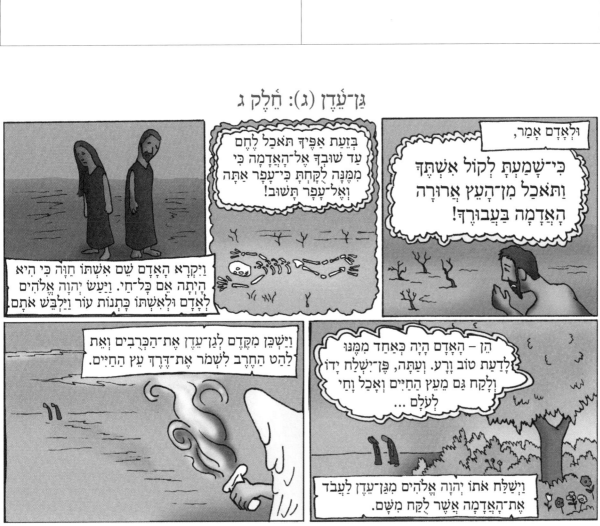

דְּבָרִים חֲדָשִׁים

אֲדָמָה 	אַף	עוֹר	לַהַט
זֵעָה 	עָפָר	שֵׁם name	
הִלְבִּישׁ 	עָבַד	חָיָה	

בַּעֲבוּר on account of	הֵן behold! look!	לְעוֹלָם	מִקֶּדֶם at the east

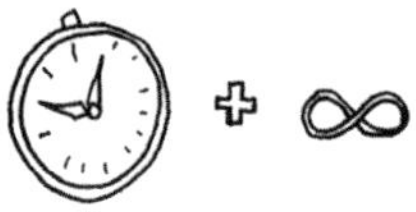

ו. מָה הַמַּעֲנֶה?

א) בַּמֶּה הָאִישׁ אָרוּר?

_____

_____

ב) מִי קָרָא אֶת־הָאִשָּׁה וּמָה נִקְרָא שְׁמָהּ? לָמָּה?

_____

_____

ג) אַחֲרֵי אָכְלוּ הָאֲנָשִׁים אֶת־הַפְּרִי, עַל־מָה דָאַג[1] יְהוָה?

_____

_____

1. Worry.

ז. תְּסַפֵּר לִי עַל . . . *(Tell Me About . . .)*

א) הַגָּן:

____

____

ב) הַנָּחָשׁ:

____

____

ג) דִּבְרֵי הָאִשָּׁה וְהָאִישׁ:

____

____

ד) לָ֫מָּה שָׁלַח יְהוָה אֶת־הָאֲנָשִׁים מִן הַגָּן:

____

____

מִקְרָא ט

עֲקֵדַת־יִצְחָק (ג): חֵלֶק א

וַיֵּלְכוּ שְׁנֵיהֶם יַחְדָּו. וַיָּבֹאוּ אֶל־הַמָּקוֹם אֲשֶׁר אָמַר־לוֹ הָאֱלֹהִים.

הִנֵּה הָאֵשׁ וְהָעֵצִים – וְאַיֵּה הַשֶּׂה לְעֹלָה?

אֱלֹהִים יִרְאֶה־לּוֹ הַשֶּׂה לְעֹלָה, בְּנִי.

הִנֶּנִּי, בְּנִי.

אָבִי?

א. תַּעֲנֶה—אֱמֶת אוֹ לֹא אֱמֶת, וְלָמָּה?

א) אֱלֹהִים יָדַע כִּי יִשְׁמַע לוֹ אַבְרָהָם. _____

_____

ב) וַיִּקַּח אַבְרָהָם שְׁלוֹשָׁה נְעָרִים וּשְׁנֵי בָנָיו אֶל־הָהָר. _____

_____

ג) וַיַּעַל אַבְרָהָם אֶת־עֲצֵי הָעֹלָה וְאֶת־הָאֵשׁ וְאֶת־הַמַּאֲכֶלֶת. וְהַשֶּׂה לְעֹלָה
עַל הָהָר. _____

_____

ב. תַּחֲלִיף לְ-

א) קַח אֶת־בִּנְךָ וְלֶךְ־לְךָ אֶל־אֶרֶץ הַמֹּרִיָּה וְהַעֲלֵהוּ שָׁם לְעֹלָה.
(imperf. ⇐ impv.)

_____

ב) וַיַּשְׁכֵּם בַּבֹּקֶר וַיַּחֲבֹשׁ חֲמוֹר וַיִּקַּח אֶת־בְּנוֹ וַיָּקָם וַיֵּלֶךְ אֶל־הָהָר.
(impv. ⇐ past narr.)

_____

ג) קַח אֶת־בִּנְךָ וְלֶךְ־לְךָ אֶל־אֶרֶץ הַמֹּרִיָּה וְהַעֲלֵהוּ שָׁם לְעֹלָה.
(3rd ⇐ 2nd)

_____

ד) קַח אֶת־בִּנְךָ וְלֶךְ־לְךָ אֶל־אֶרֶץ הַמֹּרִיָּה וְהַעֲלֵהוּ שָׁם לְעֹלָה.
(fem. ⇐ masc.)

_____

ג. תִּבְחַר אֶת־הַמַּעֲנֶה

א) וַיֵּלְכוּ אַבְרָהָם וְיִצְחָק . . .

וַתָּבֹאוּ אֶל הָהָר אֲשֶׁר אָמַר אֱלֹהִים.

וַיָּבֹאוּ אֶל הָהָר אֲשֶׁר אָמְרָה אֱלֹהִים.

וַיָּבֹאוּ אֶל הָהָר אֲשֶׁר אָמַר אֱלֹהִים.

וַיִּבֶן מִזְבֵּחַ שְׁנֵיהֶם יַחְדָּו.

ב) וַיֹּאמֶר יִצְחָק לְאַבְרָהָם, " . . . "

אָבִי — לָ֫מָּה שַׂמְתָּ עֵצִים עָלַי?

אָבִי — לָ֫מָּה עָקַדְתָּ אֹתִי?

אָבִי — יֵשׁ אֵשׁ וְעֵצִים. אַיֵּה הַשֶּׂה?

אִמִּי — נֵלֵךְ לְבֵיתֵ֫נוּ.

עֲקֵדַת־יִצְחָק (ג): חֵ֫לֶק ב

דְּבָרִים חֲדָשִׁים

סְבַךְ

חָשַׂךְ

ד. מָה הַמַּעֲנֶה?

א) מָה בָּנָה אַבְרָהָם? לָ֫מָּה?

____

____

ב) הֲשָׁחַט אַבְרָהָם אֶת־בְּנוֹ? לָ֫מָּה?

____

____

ג) יְהוָה רָאָה כִּי אַבְרָהָם . . . מָה?

____

____

ה. תְּמַלֵּא אֶת־הַמָּקוֹם

א) ______ אַבְרָהָם מִזְבֵּחַ כִּי ______ אֱלֹהִים לְ________ אֶת־יִצְחָק
בְּאֶ֫רֶץ ________.
[שְׁחֹט וַיִּ֫בֶן הַמֹּרִיָּה צִוָּ֫הוּ]

ב) ______ אֱלֹהִים אֶת־מַלְאָכוֹ לְ______ לְאַבְרָהָם ______ לֹא יַעֲשֶׂה
________ לִבְנוֹ.
[לְ֫מַעַן וַיִּשְׁלַח מְאוּמָה קְרֹא]

ג) אַבְרָהָם _____ לְיִצְחָק כִּי אֱלֹהִים ______ לְשֶׂה לְעֹלָה ______ לוֹ
לָ_____ אֶת־הָאַ֫יִל בַּסְּבַךְ.
[תֵּת אָמַר יִרְאֶה וַיַּרְא]

עֲקֵדַת־יִצְחָק (ג): חֵ֫לֶק ג

דְּבָרִים חֲדָשִׁים

יָם	שָׂפָה	חוֹל	נְאֻם announcement
	הִרְבָּה to increase, make more	בֵּרֵךְ to bless	נִשְׁבַּע to swear
			יַ֫עַן because, on account of

ו. תַּחֲלִיף לְ-

א) כִּי־בָרֵךְ אֲבָרֶכְךָ וְהַרְבָּה אַרְבֶּה אֶת־זַרְעֲךָ כְּכוֹכְבֵי הַשָּׁמַיִם.

(past narr. ⇐ imperf.)

ב) בִּי נִשְׁבַּעְתִּי כִּי יַעַן אֲשֶׁר עָשִׂיתָ אֶת־הַדָּבָר הַזֶּה וְלֹא חָשַׂכְתָּ אֶת־בִּנְךָ.

(plur. ⇐ sing.)

ג) כִּי־בָרֵךְ אֲבָרֶכְךָ וְהַרְבָּה אַרְבֶּה אֶת־זַרְעֲךָ כְּכוֹכְבֵי הַשָּׁמַיִם.

(3rd fem. plur. ⇐ all)

ז. תְּסַפֵּר לִי עַל . . .

א) בַּמָּה נִסָּה יְהוָה אֶת־אַבְרָהָם:

ב) יִצְחָק:

ג) אֲשֶׁר עָשׂוּ אַבְרָהָם וְיִצְחָק עַל הָהָר:

מִקְרָא י

כְּתֹנֶת־יוֹסֵף (ג): חֵלֶק א

דְּבָרִים חֲדָשִׁים

מָגוּר	אֲלֻמָּה
dwelling place	

מֶלֶךְ	סָבַב	נִצַּב	אִלֵּם

א. מָה הַמַּעֲנֶה?

א) מִי יַעֲקֹב?

____

ב) לָמָּה אָהַב יַעֲקֹב אֶת־יוֹסֵף?

____

ג) לָמָּה שָׂנְאוּ אֶחָיו אֶת־יוֹסֵף?

____

ד) מָה הִגִּיד יוֹסֵף לְמִשְׁפַּחְתּוֹ?

____

ב. תִּבְחַר אֶת־הַמַּעֲנֶה

א) וַיֵּשְׁבוּ יַעֲקֹב וּמִשְׁפַּחְתּוֹ . . .

בְּאֶרֶץ מְגוּרִים.

בְּבֵית אָבִיו.

בְּאֶרֶץ כְּנָעַן.

בְּאֶרֶץ קָנָדָה.

ב) וַיַּחֲלֹם יוֹסֵף כִּי . . .

הַנָּחָשׁ מְדַבֵּר עִמּוֹ.

הוּא אָהַב חַוָּה.

הֶעֱלָהוּ אָבִיו עַל הַר לְשַׁחֲטוֹ.

הִשְׁתַּחֲוְתָה לוֹ מִשְׁפַּחְתּוֹ.

ג) וַיֹּאמְרוּ אֲחֵי יוֹסֵף, ". . . "

רָאִינוּ כִּי אָהַב אָבִינוּ לְדַבֵּר עִם נָשָׁיו וְלֹא עִמָּנוּ!

יוֹסֵף הָיָה בֵּן טוֹב מִמֶּנּוּ!

חֲלוֹמוֹת יוֹסֵף נֶחְמָדִים!

נַעַר לֹא יִמְשֹׁל בָּנוּ!

כֻּתֹּנֶת־יוֹסֵף (ג): חֵלֶק ב

דְּבָרִים חֲדָשִׁים

נֶפֶשׁ 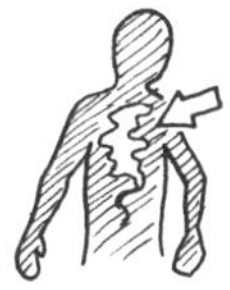	דָּם 	עֵמֶק 
צֳרִי	לֹט	נְכֹאת
balsam	gum	resin

שָׁפַךְ 	הִתְנַכֵּל 	בִּקֵּשׁ 	תָּעָה 

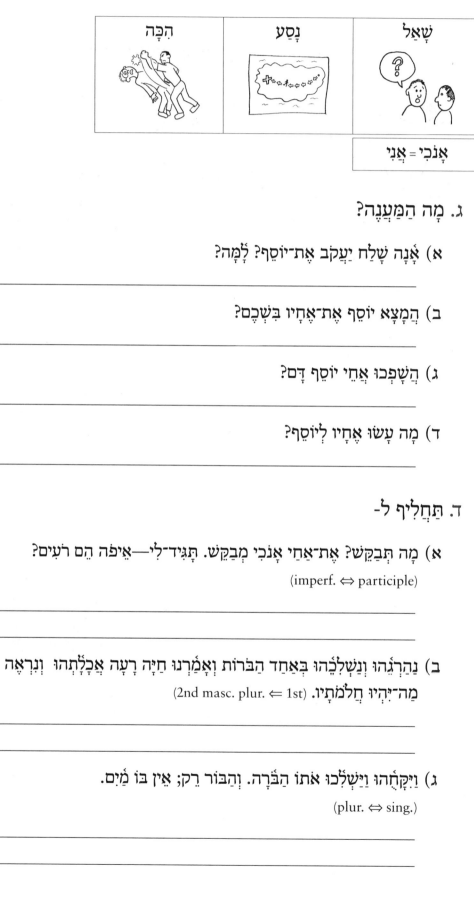

הִכָּה	נָסַע	שָׁאַל

אָנֹכִי = אֲנִי

ג. מָה הַמַּעֲנֶה?

א) אָנָה שָׁלַח יַעֲקֹב אֶת־יוֹסֵף? לָמָּה?

____

ב) הֲמָצָא יוֹסֵף אֶת־אֶחָיו בִּשְׁכֶם?

____

ג) הֲשָׁפְכוּ אֲחֵי יוֹסֵף דָּם?

____

ד) מָה עָשׂוּ אֶחָיו לְיוֹסֵף?

____

ד. תַּחֲלִיף ל-

א) מָה תְּבַקֵּשׁ? אֶת־אַחַי אָנֹכִי מְבַקֵּשׁ. תַּגִּיד־לִי—אֵיפֹה הֵם רֹעִים?
(imperf. ⇔ participle)

____

____

ב) נַהַרְגֵהוּ וְנַשְׁלִכֵהוּ בְּאַחַד הַבֹּרוֹת וְאָמַרְנוּ חַיָּה רָעָה אֲכָלָתְהוּ וְנִרְאֶה מַה־יִּהְיוּ חֲלֹמֹתָיו. (2nd masc. plur. ⇐ 1st)

____

____

ג) וַיִּקָּחֻהוּ וַיַּשְׁלִכוּ אֹתוֹ הַבֹּרָה. וְהַבּוֹר רֵק; אֵין בּוֹ מָיִם.
(plur. ⇔ sing.)

____

____

כֻּתֹּנֶת־יוֹסֵף (ג): חֵלֶק ג

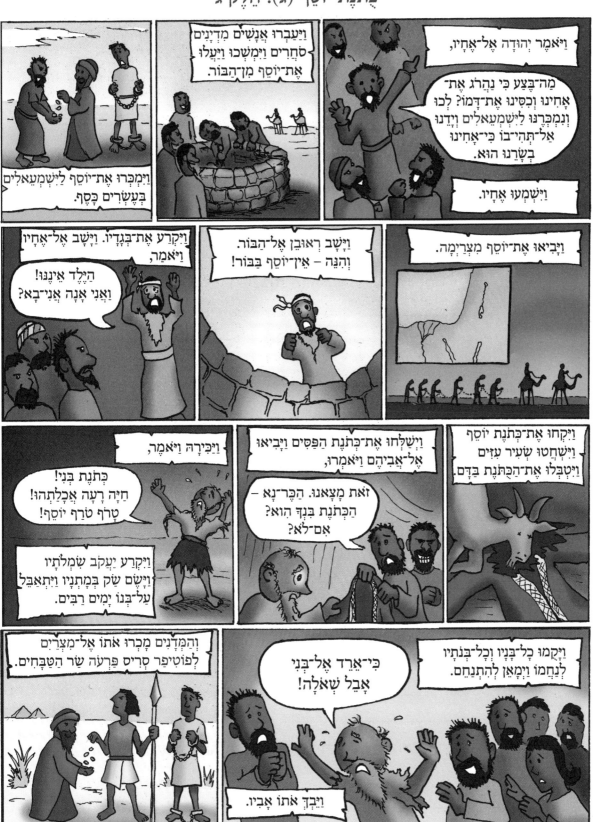

דְּבָרִים חֲדָשִׁים

בֶּצַע unlawful gain	עֶשְׂרִים 20	שַׂק 	סָרִיס
בָּשָׂר 	בֶּגֶד 	מָתְנַיִם 	שַׂר
סֹחֵר 	שִׂמְלָה 	אֵבֶל mourning	טַבָּח bodyguard
כֶּסֶף 	שָׂעִיר 	שְׁאוֹל 	
כִּסָּה to cover (something)	קָרַע 	הִתְאַבֵּל 	מֵאֵן
מָכַר 	טָרַף to rend, tear (prey)	נִחַם 	עָבַר
טָבַל 	הִתְנַחֵם to נחם oneself or to be נחם-ed	מָשַׁךְ 	הִכִּיר

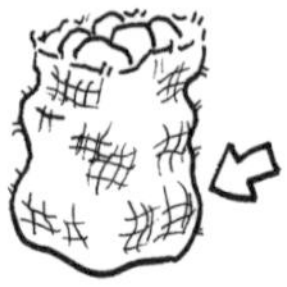

בָּכָה

ה. תִּבְחַר אֶת־הַמַּעֲנֶה

א) אַחֲרֵי הִשְׁלִיכוּהוּ בַבּוֹר, אֲחֵי יוֹסֵף . . .

הֶעֱלוּהוּ וְשָׁלְחוּהוּ לַבַּיִת.

הָיוּ שׁוֹאֲלִים אֹתוֹ עֶשְׂרִים שְׁאֵלוֹת.

מָכְרוּהוּ לַיִּשְׁמְעֵאלִים בְּעֶשְׂרִים כָּסֶף.

בָּכוּ וַיְכַסּוּ אֶת־רֹאשָׁם.

ב) כַּאֲשֶׁר הֵבִיאוּ אֲחֵי יוֹסֵף אֶת־כְּתָנְתּוֹ לַאֲבִיהֶם וַיֹּאמֶר יַעֲקֹב, ״ . . . ״

מָה עָשָׂה יוֹסֵף לְכֻתָּנְתּוֹ?! הוּא 'יָמוּת'!

הֲזֶה כְתֹנֶת בְּנִי? אֵיפֹה הוּא?

בְּנִי! בְּהֵמָה אֲכָלַתְהוּ!

כַּמָּה כֶּסֶף מְכַרְתֶּם אֹתוֹ?.

ו. תְּסַפֵּר לִי עַל . . .

א) הַדָּבָר הָרָע אֲשֶׁר עָשָׂה יַעֲקֹב:

____

____

ב) הַדָּבָר הָרָע אֲשֶׁר עָשָׂה יוֹסֵף:

____

____

ג) הַדָּבָר הָרָע אֲשֶׁר עָשׂוּ אֲחֵי יוֹסֵף:

____

____

מִקְרָא יא

הַבְּרִיאָה: חֵלֶק א

דְּבָרִים חֲדָשִׁים¹

חֹשֶׁךְ	בֹּהוּ	תֹּהוּ	רֵאשִׁית
יַבָּשָׁה	רָקִיעַ	עֶרֶב	פָּנִים
מִין	עֵשֶׂב	דֶּשֶׁא	מִקְוֶה
מֶמְשָׁלָה	מוֹעֵד	אוֹת	מָאוֹר
הַדְשִׁא	נִקְוָה	הִבְדִּיל	רִחֵף
	הֵאִיר	הוֹצִיא	הִזְרִיעַ
	מְאֹד	רְבִיעִי	שֵׁנִי

א. מָה הַמַּעֲנֶה?

א) מָה עָשָׂה אֱלֹהִים בְּרֵאשִׁית?

_____

ב) מָה עָשָׂה אֱלֹהִים בַּיּוֹם הַשֵּׁנִי?

_____

ג) מָה עָשָׂה הָאָרֶץ בַּיּוֹם הַשְּׁלִישִׁי?

_____

ד) מָה רָאָה אֱלֹהִים?

_____

1. From this point on, new vocabulary will no longer be illustrated with icons. Students should look up the new words in either the glossary in this book or a separate lexicon. Appendix D offers some guidance on the most commonly used lexica.

ב. תִּבְחַר אֶת־הַמַּעֲנֶה

א) וַיִּקְרָא אֱלֹהִים . . .
לַלַּיְלָה חֹשֶׁךְ וְלַיּוֹם אוֹר.
לַמָּאוֹר הַגָּדוֹל שֶׁמֶשׁ.
לָאוֹר יוֹם וְלַחֹשֶׁךְ לָיְלָה.
לָאוֹר לַיְלָה וְלַחֹשֶׁךְ יוֹם.

ב) וַתּוֹצֵא הָאָרֶץ . . .
דֶּשֶׁא וְעֵץ הַחַיִּים.
עֶרֶב וּבֹקֶר.
עֵץ עֹשֶׂה פְּרִי אֲשֶׁר לֹא זַרְעוֹ בוֹ.
דֶּשֶׁא וְעֵץ לְמִינֵיהֶם.

ג) וַיֹּאמֶר אֱלֹהִים, ". . ."
יְהִי רָקִיעַ בְּתוֹךְ הָאָרֶץ!
תַּדְשֵׁא יַבָּשָׁה דֶּשֶׁא!
יִקָּווּ הַמַּיִם תַּחְתַּי!
יְהִי רָקִיעַ בְּתוֹךְ הַמָּיִם!

ג. תַּחֲלִיף ל-

א) אַרְבָּעָה עֵצִים ______________________ (ordinal ⇐ cardinal)

ב) שָׁלוֹשׁ מְאוֹרוֹת ______________________ (ordinal ⇐ cardinal)

ג) שְׁתֵּי רוּחוֹת ______________________ (ordinal ⇐ cardinal)

ד) יוֹם אֶחָד ______________________ (ordinal ⇐ cardinal)

ה) וַיִּקְרָא אֱלֹהִים לַיַּבָּשָׁה אֶרֶץ וּלְמִקְוֵה הַמַּיִם קָרָא יַמִּים. (plur. ⇔ sing.)

____

____

ד. תְּסַפֵּר לִי עַל . . .

א) הָרָקִיעַ:

____

____

ב) הַחֹשֶׁךְ:

____

____

ג) הַמְּאוֹרוֹת:

____

____

הַבְּרִיאָה: חֵ֫לֶק ב

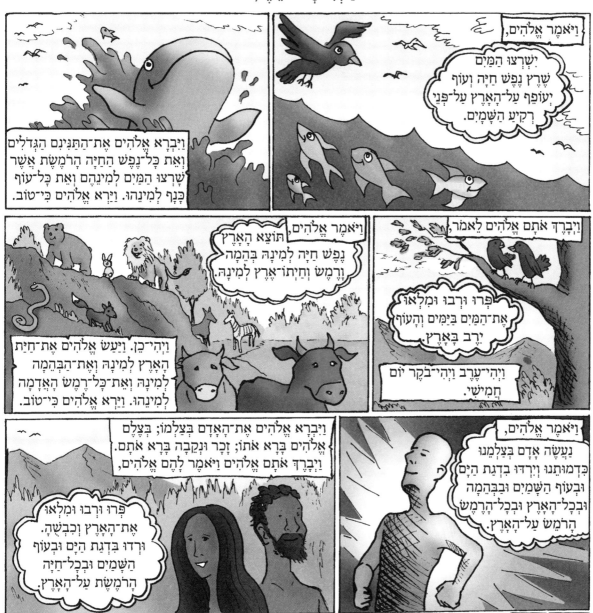

דְּבָרִים חֲדָשִׁים

תַּנִּין	עוֹף	חַיָּה	שֶׁרֶץ
דְּמוּת	צֶלֶם	רֶמֶשׂ	כָּנָף
אָכְלָה	נְקֵבָה	זָכָר	דָּגָה
	יֶרֶק	מְלָאכָה	צָבָא
פָּרָה	רָמַשׂ	עוֹפֵף	שָׁרַץ
כָּבַשׁ	רָדָה	מָלֵא	רָבָה
נִבְרָא	קִדֵּשׁ	כָּלָה	זָרַע
	שִׁשִּׁי	חֲמִישִׁי	

ה. מָה הַמַּעֲנֶה?

א) מָה בַיַּמִּים?

___

ב) אֱלֹהִים צִוָּה אֵת כָּל־הַחַיּוֹת . . . (לַעֲשׂוֹת מָה?)

___

ג) מָה בָּרָא אֱלֹהִים בַּיּוֹם הַשִּׁשִּׁי?

___

ד) הָאָדָם חָיָה . . . לָמָּה וּבַמָּה?

___

ו. תִּבְחַר אֶת־הַמַּעֲנֶה

א) וַיֹּאמֶר אֱלֹהִים, ". . ."

יְעוֹפֵף עוֹף בָּאָרֶץ.
יִשְׁרְצוּ חַיּוֹת בַּשָּׁמַיִם.
יִשְׁרְצוּ חַיּוֹת עַל־פְּנֵי הָרָקִיעַ.
יְעוֹפֵף עוֹף עַל־פְּנֵי הָרָקִיעַ.

ב) וַיִּבְרָא . . .

אֱלֹהִים אֶת־הַתַּנִּינִים הַגְּדוֹלוֹת.
הַתַּנִּינִים הַגְּדוֹלִים אֶת־הָאֱלֹהִים.
אֱלֹהִים אֶת־הַכֹּל.
אֱלֹהִים אֶת־הַתַּנִּינִים הַגְּדוֹלִים.

ג) וַיֹּאמֶר אֱלֹהִים, ". . ."

נַעֲשֶׂה בַּיִת לָאִישׁ וְאִשָּׁה.
נַעֲשֶׂה אֲנָשִׁים בְּצַלְמֵנוּ.
אֶעֱשֶׂה אָדָם בְּצַלְמִי.
נַעֲשֶׂה דָגָה לֶאֱכֹל.

ז. תְּמַלֵּא אֶת־הַמָּקוֹם

א) אֱלֹהִים ______ אֶת־כָּל־הַחַיּוֹת בַּמַּיִם ______ לִפְרוֹת וְלִ________
וְהֵם ________ אֶת־הַמַּיִם.

[בַּיַּמִּים וַיְצַוֵּם מָלְאוּ עוֹף בֵּרֵךְ רְבוֹת]

ב) ______ אֱלֹהִים אֶת־הַכֹּל בְּ______ יָמִים. בַּיּוֹם הַ______ בָּרָא אֶת־
אָדָם ______ בְּכָל־הָאָרֶץ כִּי אָדָם ________ בְּ______ אֱלֹהִים.

[צֶלֶם שִׁשָּׁה לִרְדוֹת שֵׁשׁ וַיִּבְרָא שִׁשִּׁי נִבְרָא]

ח. תְּסַפֵּר לִי עַל . . .

א) אָדָם:

____

____

ב) אָכְלָה לָאֲנָשִׁים:

____

____

ג) כָּל־אֲשֶׁר עָשָׂה אֱלֹהִים:

____

____

ט. תִּמְצָא אֶת־The Topic

Find and explain each syntactic and clause topic in the examples below. Remember that they may or may not be the same constituent.

א) נַעֲשֶׂה אָדָם בְּצַלְמֵ֫נוּ כִּדְמוּתֵ֫נוּ.

____

____

ב) וַיִּבְרָא אֱלֹהִים אֶת־הָאָדָם בְּצַלְמוֹ.

____

____

ג) זָכָר וּנְקֵבָה בָּרָא אֹתָם.

____

____

מִקְרָא יב

יוֹסֵף וּמִשְׁפַּחְתּוֹ בְּמִצְרַיִם: חֵלֶק א׳[1]

1. The texts for readings 12 and 13 include the traditional accents, which are introduced in lesson 47.

דְּבָרִים חֲדָשִׁים

בָּקָר	קָצֶה	מִרְעֶה	רָעָב
מֵיטָב	חַיִל	מִקְנֶה	מָגוֹר
אֲחֻזָּה	טַף	כֶּסֶף	שֶׁבֶר
הִצִּיג	גּוּר	הוֹשִׁיב	הֶעֱמִיד

לֶקֶט	לָהָה	כִּלְכֵּל	הִשִּׂיג
יָהַב	תָּמַם	שָׁבַר	נִמְצָא
מֵאָה	שְׁלֹשִׁים	כָּבֵד	חֲמִשָּׁה
		אָפֵס	מְעַט
		נֶ֫גֶד	לְפִי

א. מָה הַמַּעֲנֶה?

א) לָ֫מָּה בָּא יוֹסֵף לְפַרְעֹה?

____

ב) מָה שָׁאַל פַּרְעֹה לַאֲחֵי יוֹסֵף? מָה עָנוּ?

____

ג) אַיֵּה הוֹשִׁיב יוֹסֵף אֶת־מִשְׁפַּחְתּוֹ?

____

ד) מָה עָשָׂה יוֹסֵף עַל הָרָעָב?

____

ב. תְּסַפֵּר לִי עַל . . .

א) אֶ֫רֶץ גֹּ֫שֶׁן:

____

____

ב) חַיֵּי יַעֲקֹב:

____

____

ג. תִּמְצָא אֶת־הַטַּ֫עַם *(Find the Accent)*

Find, circle, and name each accent in the example. The first (not listed in lesson 47) is done for you.

אֶ֤רֶץ מִצְרַ֙יִם֙ לְפָנֶ֣יךָ הִ֔וא בְּמֵיטַ֣ב הָאָ֔רֶץ הוֹשֵׁ֥ב אֶת־אָבִ֖יךָ
וְאֶת־אַחֶ֑יךָ יֵשְׁבוּ֙ בְּאֶ֣רֶץ גֹּ֔שֶׁן וְאִם־יָדַ֗עְתָּ וְיֶשׁ־בָּם֙
אַנְשֵׁי־חַ֔יִל וְשַׂמְתָּ֛ם שָׂרֵ֥י מִקְנֶ֖ה עַל־אֲשֶׁר־לִֽי׃

א) ֽ = מְהֻפָּךְ

ב) ______________________

ג) ______________________

ד) ______________________

ה) ______________________

ו) ______________________

ז) ______________________

ח) ______________________

ט) ______________________

י) ______________________

כ) ______________________

ל) ______________________

מ) ______________________

נ) ______________________

ס) ______________________

ע) ______________________

פ) ______________________

צ) ______________________

ק) ______________________

יוֹסֵף וּמִשְׁפַּחְתּוֹ בְּמִצְרָיִם: חֵלֶק ב

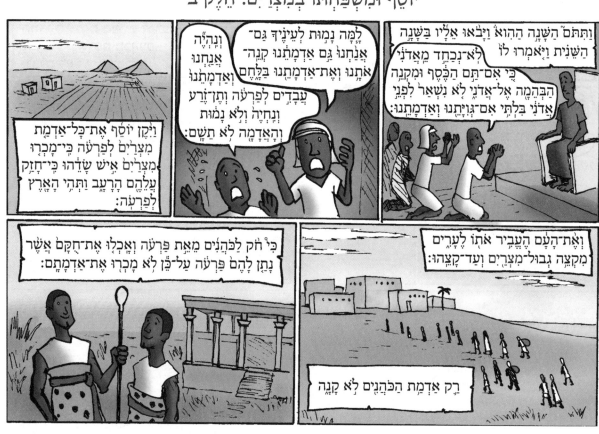

וַיֹּאמֶר יוֹסֵף אֶל־הָעָם
הֵן קָנִיתִי אֶתְכֶם הַיּוֹם וְאֶת־אַדְמַתְכֶם לְפַרְעֹה הֵא־לָכֶם זֶרַע וּזְרַעְתֶּם אֶת־הָאֲדָמָה׃
וְהָיָה בַּתְּבוּאֹת וּנְתַתֶּם חֲמִישִׁית לְפַרְעֹה וְאַרְבַּע הַיָּדֹת יִהְיֶה לָכֶם לְזֶרַע הַשָּׂדֶה וּלְאָכְלְכֶם וְלַאֲשֶׁר בְּבָתֵּיכֶם וְלֶאֱכֹל לְטַפְּכֶם׃
וַיֹּאמְרוּ
הֶחֱיִתָנוּ נִמְצָא־חֵן בְּעֵינֵי אֲדֹנִי וְהָיִינוּ עֲבָדִים לְפַרְעֹה׃
וַיָּשֶׂם אֹתָהּ יוֹסֵף לְחֹק עַד־הַיּוֹם הַזֶּה עַל־אַדְמַת מִצְרַיִם לְפַרְעֹה לַחֹמֶשׁ רַק אַדְמַת הַכֹּהֲנִים לְבַדָּם לֹא הָיְתָה לְפַרְעֹה׃
וַיֵּשֶׁב יִשְׂרָאֵל בְּאֶרֶץ מִצְרַיִם בְּאֶרֶץ גֹּשֶׁן וַיֵּאָחֲזוּ בָהּ וַיִּפְרוּ וַיִּרְבּוּ מְאֹד׃
וַיְחִי יַעֲקֹב בְּאֶרֶץ מִצְרַיִם שְׁבַע עֶשְׂרֵה שָׁנָה וַיְהִי יְמֵי־יַעֲקֹב שְׁנֵי חַיָּיו שֶׁבַע שָׁנִים וְאַרְבָּעִים וּמְאַת שָׁנָה׃
וַיִּקְרְבוּ יְמֵי־יִשְׂרָאֵל לָמוּת וַיִּקְרָא ׀ לִבְנוֹ לְיוֹסֵף וַיֹּאמֶר לוֹ
אִם־נָא מָצָאתִי חֵן בְּעֵינֶיךָ שִׂים־נָא יָדְךָ תַּחַת יְרֵכִי וְעָשִׂיתָ עִמָּדִי חֶסֶד וֶאֱמֶת
אַל־נָא תִקְבְּרֵנִי בְּמִצְרָיִם׃ וְשָׁכַבְתִּי עִם־אֲבֹתַי וּנְשָׂאתַנִי מִמִּצְרַיִם וּקְבַרְתַּנִי בִּקְבֻרָתָם
וַיֹּאמַר
אָנֹכִי אֶעֱשֶׂה כִדְבָרֶךָ׃
וַיֹּאמֶר
הִשָּׁבְעָה לִי
וַיִּשָּׁבַע לוֹ וַיִּשְׁתַּחוּ יִשְׂרָאֵל עַל־רֹאשׁ הַמִּטָּה׃ פ

דְּבָרִים חֲדָשִׁים

גְּוִיָּה	כֹּהֵן	חֹק	תְּבוּאָה
חֵן	חֹ֫מֶשׁ	יָרֵךְ	חֶ֫סֶד
אֱמֶת	קְבוּרָה	מִטָּה	
כִּחֵד	נִשְׁאַר	קָנָה	חָיָה
שָׁמֵם	חָזַק	הֶעֱבִיר	הֶחֱיָה
קָבַר	שָׁכַב		
אַרְבָּעִים			
רַק	הֵא	לְבַד	

ד. מָה הַמַּעֲנֶה?

א) הֲמֵ֫תוּ כָל-אַנְשֵׁי מִצְרַ֫יִם? לָ֫מָּה?

____

____

ב) הֲקָנָה יוֹסֵף אֶת־כָּל־הָאֲדָמָה בְּמִצְרַ֫יִם?

____

____

ג) לָ֫מָּה קָרָא יַעֲקֹב אֶת־יוֹסֵף?

____

____

ה. תְּסַפֵּר לִי עַל. . .

א) אַדְמַת מִצְרַ֫יִם:

____

____

ב) חֲמִישִׁית לְפַרְעֹה:

____

____

ו. תַּבְדִּיל בֵּין Complement וּבֵין Adjunct

In the clauses below, identify the shaded constituents as complements or adjuncts and provide your reason for doing so.

א) וַיִּ֫קֶן יוֹסֵף אֶת־כָּל־אַדְמַת מִצְרַ֫יִם לְפַרְעֹה כִּי־מָכְרוּ מִצְרַ֫יִם אִישׁ שָׂדֵ֫הוּ.

____

____

ב) נִמְצָא־חֵן בְּעֵינֵי אֲדֹנִי וְהָיִ֫ינוּ עֲבָדִים לְפַרְעֹה.

____

____

ג) וַיְחִי יַעֲקֹב בְּאֶ֫רֶץ מִצְרַ֫יִם שְׁבַע עֶשְׂרֵה שָׁנָה.

____

____

מִקְרָא יג

מוֹת יַעֲקֹב וּמוֹת יוֹסֵף: חֵלֶק א

דְּבָרִים חֲדָשִׁים

שֵׁבֶט	בְּרָכָה	מְעָרָה	קֶבֶר
חֲנֻטִים	שִׁבְעִים	בְּכִית	רֶכֶב
פָּרָשׁ	מַחֲנֶה	גֹּרֶן	עֵבֶר
מִסְפֵּד	אֵבֶל		

נֶאֱסַף	אָסַף	גָּוַע	נָפַל
נָשַׁק	רָפָא	חָנַט	הִשְׁבִּיעַ
כָּרָה	עָזַב	סָפַד	
זָקֵן			

א. מָה הַמַּעֲנֶה?

א) הֲשָׁלוֹם לְיַעֲקֹב? לָמָּה?

______

ב) מָה צִוָּה לְבָנָיו?

______

ג) מָה עָשָׂה יוֹסֵף כַּאֲשֶׁר שָׁמַע עַל־מוֹת יַעֲקֹב?

______

ד) מִי בָא לִקְבּוֹר אֶת־יַעֲקֹב?

______

ב. תְּסַפֵּר לִי עַל . . .

א) מוֹת יַעֲקֹב:

______

______

ב) קֶבֶר יַעֲקֹב:

______

______

ג. תִּמְצָא אֶת־The Cases

Identify the case relations of each constituent in the examples below. Use *Subjective*, *Objective*, *Attributive*, and *Other* to specify the relationships.

א) וַיִּבְכּוּ אֹתוֹ מִצְרַיִם שִׁבְעִים יוֹם.

______

______

ב) רַק טַפָּם וְצֹאנָם וּבְקָרָם עָזְבוּ בְּאֶרֶץ גֹּשֶׁן.

מוֹת יַעֲקֹב וּמוֹת יוֹסֵף: חֵלֶק ב

דְּבָרִים חֲדָשִׁים

שְׁלֹשִׁים	לֵב	חַטָּאת	פֶּשַׁע
	אָרוֹן	עֶצֶם	בֶּרֶךְ
יֶלֶד	חָשַׁב	גָּמָל	שָׂטַם
			כֹּה

ד. מָה הַמַּעֲנֶה?

א) מָה רָאוּ הַכְּנַעֲנִים?

ב) מָה עָשָׂה יוֹסֵף אַחֲרֵי קָבְרוֹ אֶת־יַעֲקֹב? מָה עָשׂוּ אֶחָיו?

ג) לָ֫מָּה בָכָה יוֹסֵף?

ה. תְּסַפֵּר לִי עַל . . .

א) קְבוּר יַעֲקֹב:

ב) יוֹסֵף וְאֶחָיו אַחֲרֵי מוֹת יַעֲקֹב:

ג) יוֹסֵף בִּזְקֻנָיו:

ו. תִּמְצָא אֶת־הַדָּבָר

Use your lexicon to look up each shaded word in the examples below. Use the context of the example to choose the best contextual sense among the listed options in your lexicon.

א) וְאַתֶּם חֲשַׁבְתֶּם עָלַי רָעָה אֱלֹהִים חֲשָׁבָהּ לְטֹבָה.

ב) וַיֹּ֫אמֶר יוֹסֵף אֶל־אֶחָיו אָנֹכִי מֵת וֵאלֹהִים פָּקֹד יִפְקֹד אֶתְכֶם וְהֶעֱלָה
אֶתְכֶם מִן־הָאָ֫רֶץ הַזֹּאת אֶל־הָאָ֫רֶץ אֲשֶׁר נִשְׁבַּע לְאַבְרָהָם לְיִצְחָק
וּלְיַעֲקֹב.